1964년 4월 11일 美 워싱턴에서 맥아더 원수의 장례식이 열린 것과 때를 맞춰 국내에서도 서울 중앙청 광장서 추도식이 열렸다. 이날 인천 자유공원의 맥아더 동상을 찾은 추모객들.

1964년 1월 19일 朴대통령은 청와대에서 한일국교정상화를 주제로 로버트 케네디 美법무장관과 회담했다.

1964년 3월 28일, 한일회담의 막후 지원 활동을 중지하고 귀국한 金鍾泌 의장이 김포공항에서 기자회견을 하고 있다.

신임 장기영 부총리는 경제팀장으로서 경제 도약 전략의 사령탑이 되었다. 사진은 자청 「야전군 사령실」이라는 한국일보 사장실에서 서류와 신문을 보면서 동시에 전화까지 받고 있는 모습

한일 국교 정상화 반대 데모를 벌이는 시위대와 진압경찰들(64년 6월 3일).

「對日 굴욕외교」에 반대하는 야당의원들이 6월 19일 오후 서울시청 앞 광장서 시위를 벌였다. 윤보선·박순천 의원 등 30여명의 국회의원들이 참석했다.

이동원 외무장관과 시나 日 외상이 일본 도쿄에서 한일회담 조인식을 가졌다(65년 6월 22일).

1964년 12월 7일 아침, 서독 본 공항에 도착한 박정희 대통령이 뤼브케 서독 대통령(왼쪽)의 안내로 3군 의장대를 사열하고 있다.

朴대통령 부부가 미국을 방문해 존슨 대통령 부부의 영접을 받았다(65년 5월 16일).

65년 7월 15일부터 내린 집중호우로 40년 만에 한강이 범람해 서울에만 7만여 명의 수재민이 발생했다. 집을 잃고 국민학교 교실로 대피한 수재민들.

청계천 복개공사가 시작됐던 1965년 8월의 청계천변.

1965년 5월의 서울 명동 입구.

이승만 前 대통령의 장례식이 열린 정동교회. 李박사의 유해는 이날 국립묘지까지 도보로 운구해 오후 6시 안장됐다. 연도엔 수많은 시민들이 나와 애도했다.(65년 7월 27일).

1965년 7월 27일 아침 서울역 상공에서 내려다본 도심부.

朴正熙
7

개방형 大戰略

부끄럼 타는 한 소박한 超人의 생애

'인간이란 실로 더러운 강물일 뿐이다. 인간이 스스로 더럽히지 않고
이 강물을 삼켜 버리려면 모름지기 바다가 되지 않으면 안 된다.'

　박정희를 쓰면서 나는 두 단어를 생각했다. 素朴(소박)과 自主(자주).
소박은 그의 인간됨이고 자주는 그의 정치사상이다. 박정희는 소박했기
때문에 自主魂(자주혼)을 지켜 갈 수 있었다. 1963년 박정희는《국가와
혁명과 나》의 마지막 쪽에서 유언 같은 다짐을 했다.

　〈소박하고 근면하고 정직하고 성실한 서민 사회가 바탕이 된, 자주독
립된 한국의 창건, 그것이 본인의 소망의 전부다. 본인은 한마디로 말해
서 서민 속에서 나고, 자라고, 일하고, 그리하여 그 서민의 인정 속에서
생이 끝나기를 염원한다〉

　1979년 11월 3일 國葬(국장). 崔圭夏 대통령 권한대행이 故박정희의
靈前(영전)에 건국훈장을 바칠 때 국립교향악단은 교향시 〈차라투스트
라는 이렇게 말했다〉를 연주했다. 독일의 리하르트 슈트라우스가 작곡
한 이 장엄한 교향시는 니체가 쓴 同名(동명)의 책 서문을 표현한 것이
다. 니체는 이 서문에서 '인간이란 실로 더러운 강물일 뿐이다'고 썼다.

그는 '그러한 인간이 스스로를 더럽히지 않고 이 강물을 삼켜 버리려면 모름지기 바다가 되지 않으면 안 된다'고 덧붙였다. 박정희는 지옥의 문턱을 넘나든 질풍노도의 세월로도, 장기집권으로도 오염되지 않았던 혼을 자신이 죽을 때까지 유지했다. 가슴을 관통한 총탄으로 등판에서는 피가 샘솟듯 하고 있을 때도 그는 옆자리에서 시중들던 두 여인에게 "난 괜찮으니 너희들은 피해"란 말을 하려고 했다. 병원에서 그의 屍身을 만진 의사는 "시계는 허름한 세이코이고 넥타이 핀은 도금이 벗겨지고 혁대는 해져 있어 꿈에도 대통령이라고는 생각하지 못했다"고 한다.

소박한 정신의 소유자는 잡념과 위선의 포로가 되지 않으니 사물을 있는 그대로, 실용적으로, 정직하게 본다. 그는 주자학, 민주주의, 시장경제 같은 외래의 先進思潮(선진사조)도 국가의 이익과 민중의 복지를 기준으로 하여 비판적으로 소화하려고 했다. 박정희 주체성의 핵심은 사실에 근거하여 현실을 직시하고 是非(시비)를 국가 이익에 기준하여 가리려는 자세였다. 이것이 바로 實事求是(실사구시)의 정치철학이다. 필자가 박정희를 우리 민족사의 실용-자주 노선을 잇는 인물로 파악하려는 것도 이 때문이다.

金庾信(김유신)의 對唐(대당) 결전의지, 세종대왕의 한글 창제, 광해군의 國益 위주의 외교정책, 실학자들의 實事求是, 李承晩(이승만)의 反共(반공) 건국노선을 잇는 박정희의 조국 근대화 철학은 그의 소박한 인간됨에 뿌리를 두고 있다.

박정희는 파란만장의 시대를 헤쳐 가면서 榮辱(영욕)과 淸濁(청탁)을 함께 들이마셨던 사람이다. 더러운 강물 같은 한 시대를 삼켜 바다와 같은 다른 시대를 빚어낸 사람이다. 그러면서도 자신의 정신을 맑게 유지했던 超人(초인)이었다. 그는 알렉산더 대왕과 같은 호쾌한 영웅도 아니고 나폴레옹과 같은 電光石火(전광석화)의 천재도 아니었다. 부끄럼 타는 영웅이고 눈물이 많은 超人, 그리고 한 소박한 서민이었다. 그는 한국인의 애환을 느낄 줄 알고 그들의 숨결을 읽을 줄 안 土種(토종) 한국인이었다. 민족의 恨(한)을 자신의 에너지로 승화시켜 근대화로써 그 한을 푼 혁명가였다.

自主人(자주인) 박정희는 실용-자주의 정치 철학을 '한국적 민주주의'라는 그릇에 담으려고 했다. '한국적 민주주의' 란, 당시 나이가 30세도 안 되는 어린 한국의 민주주의를 한국의 역사 발전 단계에 맞추려는 시도였다. 국민의 기본권 가운데 정치적인 자유를 제한하는 대신 물질적 자유의 확보를 위해서 國力을 집중적으로 투입한다는 限時的(한시적) 전략이기도 했다.

박정희는 인권 탄압자가 아니라 우리나라 역사상 가장 획기적으로 인권신장에 기여한 사람이다. 인권개념 가운데 적어도 50%는 빈곤으로부터의 해방일 것이고, 박정희는 이 '먹고 사는' 문제를 해결함으로써 다음 단계인 정신적 인권 신장으로 갈 수 있는 길을 열었다. '먹고 사는' 문제를 해결하는 것이 정치의 主題라고 생각했고 이를 성취했다는 점이 그를 역사적 인물로 만든 것이다. 위대한 정치가는 상식을 실천하는 이다.

당대의 대다수 지식인들이 하느님처럼 모시려고 했던 서구식 민주주의를 감히 한국식으로 변형시키려고 했던 점에 박정희의 위대성과 이단성이 있다. 주자학을 받아들여 朱子敎(주자교)로 교조화했던 한국 지식인의 사대성은 미국식 민주주의를 民主敎(민주교)로 만들었고 이를 주체적으로 수정하려는 박정희를 이단으로 몰아붙였다. 물론 미국은 美製

(미제) 이념을 위해서 충성을 다짐하는 기특한 지식인들에게 강력한 지원을 아끼지 않았다. 그러면서도 미국은 냉철하게 박정희에 대해선 외경심 어린 평가를, 민주화 세력에 대해선 경멸적인 평가를 내리고 있었음을, 그의 死後 글라이스틴 대사의 보고 電文에서 확인할 수 있다.

박정희는 1급 사상가였다. 그는 말을 쉽고 적게 하고 행동을 크게 하는 사상가였다. 그는 한국의 자칭 지식인들이 갖지 못한 것들을 두루 갖춘 이였다. 자주적 정신, 실용적 사고방식, 시스템 운영의 鬼才, 정확한 언어감각 등. 1392년 조선조 개국 이후 약 600년간 이 땅의 지식인들은 사대주의를 추종하면서 자주국방 의지를 잃었고, 그러다 보니 전쟁의 의미를 직시하고 군대의 중요성을 계산할 수 있는 능력을 거세당하고 말았다. 제대로 된 나라의 지도층은 文武兼全(문무겸전)일 수밖에 없는데 우리의 지도층은 문약한 반쪽 지식인들이었다. 그런 2, 3류 지식인들이 취할 길은 위선적 명분론과 무조건적인 평화론뿐이었다. 그들은 자신들과는 차원을 달리하는 선각자가 나타나면 이단이라 몰았고 적어도 그런 모함의 기술에서는 1류였다.

박정희는 日帝의 군사 교육과 한국전쟁의 체험을 통해서 전쟁과 군대의 본질을 체험한 바탕에서 600년 만에 처음으로 우리 사회에 尙武정신과 자주정신과 실용정치의 불씨를 되살렸던 것이다. 全斗煥 대통령이 퇴임한 1988년에 군사정권 시대는 끝났고 그 뒤에 우리 사회는 다시 尙武·자주·실용정신의 불씨를 꺼버리고 조선조의 파당성·문약성·명분론으로 회귀하려는 움직임을 보이고 있다. 이 복고풍이 견제되지 않으면 우리는 자유통일과 일류국가의 꿈을 접어야 할 것이다. 한국은 이승만, 박정희, 전두환, 노태우 네 대통령의 영도 하에서 국민들의 평균 수준보다는 훨씬 앞서서 一流 국가의 문턱까지 갔으나 3代에 걸친 소위 文民 대통령의 등장으로 성장의 動力과 국가의 기강이 약화되어 제자리 걸음을 하고 있다.

1997년 IMF 관리 체제를 가져온 外換위기는 1988년부터 시작된 민주화 과정의 비싼 代價였다. 1988년에 순채권국 상태, 무역 흑자 세계 제4위, 경제 성장률 세계 제1위의 튼튼한 대한민국을 물려준 歷代 군사정권에 대해서 오늘날 국가 위기의 책임을 묻는다는 것은 세종대왕에게 한글 전용의 폐해 책임을 묻는 것만큼이나 사리에 맞지 않다.

1987년 이후 한국의 민주화는 지역 이익, 개인 이익, 당파 이익을 민주, 자유, 평등, 인권이란 명분으로 위장하여 이것들을 끝없이 추구함으로써 國益과 효율성, 그리고 국가엘리트층을 해체하고 파괴해 간 과정이기도 했다. 박정희의 근대화는 國益 우선의 부국강병책이었다. 한국의 민주화는 사회의 좌경화·저질화를 허용함으로써 박정희의 꿈이었던 강건·실질·소박한 국가건설은 어려워졌다. 한국의 민주화는 조선조적 守舊性을 되살리고 사이비 좌익에 농락됨으로써 국가위기를 불렀다. 싱가포르의 李光耀는 한국의 민주화 속도가 너무 빨라 法治의 기반을 다지지 못했다고 비판했다.

박정희는 자신의 '한국적 민주주의'를 '한국식 민주주의', 더 나아가서 '한국형 민주주의'로 국산화하는 데는 실패했다. 서구 민주주의를 우리 것으로 토착화시켜 우리의 역사적·문화적 생리에 맞는 한국형 제도로 발전시켜 가는 것은 이제 미래 세대의 임무가 되었다. 서구에서 유래한 민주주의와 시장 경제를 우리 것으로 소화하여 한국형 민주주의와 한국식 시장경제로 재창조할 수 있는가, 아니면 民主의 껍데기만 받아

들여 우상 숭배의 대상으로 삼으면서 선동가의 놀음판을 만들 것인가, 이것이 박정희가 오늘날의 우리에게 던지는 질문일 것이다.

조선일보와 月刊朝鮮에서 9년간 이어졌던 이 傳記 연재는 月刊朝鮮 전 기자 李東珤 씨의 주야 불문의 충실한 취재 지원이 없었더라면 불가능했을 것이다. 아울러 많은 자료를 보내 주시고 提報를 해주신 여러분들께 감사드린다. 이 책은 박정희와 함께 위대한 시대를 만든 분들의 공동작품이다. 필자에게 한 가지 소망이 있다면, 박정희가 소년기에 나폴레옹 傳記를 읽고서 군인의 길을 갈 결심을 했던 것처럼 누군가가 이 박정희 傳記를 읽고서 지도자의 길을 가기로 결심하는 것이다. 그리하여 그가 21세기형 박정희가 되어 이 나라를 '소박하고 근면한, 자주독립·통일된 선진국'으로 밀어 올리는 날을 기대해 보는 것이다.

2007년 3월

趙甲濟

7 개방형 大戰略

제22장 대통령의 눈물

제23장 미국 순방

제21장

韓日 국교정상화

朴正熙

걸프의 등장

광부와 간호사들의 서독 취업과 비슷한 시기에 박정희 정권의 경제 정책에 중대한 변화가 일어났다. 기간산업을 건설하여 輸入代替(수입대체)를 이룩한다는 다분히 이상적이고도 민족주의적인 당초의 계획에 제동이 걸리면서 외자도입에 의한 공업화와 수출중심의 경제발전 전략이 자리 잡기 시작한 것이다.

5·16 직후 제1차 경제개발 5개년 계획을 세울 무렵 혁명정부는 종합제철소와 정유공장 건립안을 반영했었다. 근대 국가의 국력을 가늠하는 2대 전략물자를 상징하는 '강철'과 '기름'—종합제철소와 정유공장 건설을 위해서 혁명정부는 이상적인 계획을 세웠다.

정유공장의 경우 국제석유자본의 영향력을 차단하기 위해서 건설자금을 민족자본, 즉 內資(내자)를 확보하여 조달하기로 했다. 1962년 9월 10일 정부는 6억 2,500만 원을 1차 불입금으로 하여 대한석유공사를 설립하고 초대 사장에 李成浩(이성호) 전 해군참모총장을 임명했다.

그해 10월 17일엔 미국의 플루어 社(사)와 공장건설 계약을 맺었다. 총공사비는 1,599만 7,000달러. 油公(유공)은 공사비의 10%를 계약금조로 플루어 사에 지급했다. 플루어 사는 이 공사를 따기 위해 6·25전쟁 때 주한 미군 사령관이었던 밴플리트를 한국으로 보내 로비를 벌이기도 했었다. 1963년 봄부터 물새 울고 잡초 무성한 울산 태화강변에 정유공장 기자재가 들어오기 시작했다.

1963년 박정희 정부는 물가폭등, 흉작에 따른 식량부족 사태, 미국 측의 원조동결 조치, 외국차관 도입의 차질 등 경제위기를 겪는 과정에서 정유공장의 건설 포기를 거론하기도 했다. 대한석유공사에 대한 정부의 2차 출자도 미뤄졌다. 플루어 사에 대한 중도금도 제대로 지급하기 어려운 사정이었다. 정부 일각에선 플루어 사에 준 계약금을 떼이더라도 정유공장 건설을 중지해야 한다는 의견을 내기도 했다.

이성호 사장은 박충훈 상공장관과 함께 박 의장을 찾아갔다. 이 사장은 "외국 자본의 도입 없이는 정유공장 건설이 어렵다"고 보고했다.

박 의장은 "이 어려울 때 정유공장을 꼭 지어야 하는가"라고 물었다. 이 사장은 "꼭 지어야겠다"고 버텼다. 박 의장은 다시 "다른 방법이 없을까"라고 또 물었다. 이 사장은 "없다"고 대답했다. 박 의장은 "좋다. 외자를 도입해서 지어라. 외자 도입에 따른 全權(전권)은 이 제독에게 준다"고 말했다.

이성호 사장은 당시 한국 내의 석유판매권을 독점하고 있던 코스코 사의 세 회원사인 칼텍스, 쉘, 엣소(엑슨의 전신)와 접촉해보았다. 신통한 반응이 없었다. 며칠 뒤 전혀 예상하지 않았던 손님이 재향군인회장실로 이 사장을 찾아왔다. 이 사장은 재향군인회장을 겸직하고 있었다. 장대한 몸집에 반들거리는 대머리의 소유자는 자신을 미국 걸프석유회사의 극동지역 조정관이라고 소개했다. 30대 후반의 굿맨은 하버드 대학을 나와 한때는 캄보디아 등 동남아의 미국 대사관에서 일한 경험이 많아 아시아 통으로 알려져 있었다. 굿맨은 유공 정유공장에 투자하고 싶다는 의사를 전달했다. 그는 에드워드라는 변호사를 데리고 왔다.

즉답을 피한 이성호 사장은 며칠 뒤 도쿄로 가서 그곳에 있는 메이저 석유회사들의 현지 책임자들, 그리고 일본의 해외석유개발 회사를 방문하여 합작의사를 타진했다. "흥미가 있으면 내가 서울로 돌아가기 전에 계획서를 내달라"고 말했다.

계획서를 낸 회사는 걸프뿐이었다. 굿맨의 계획서는 구체적이어서 협상초안이라고 할 만했다. 더구나 액수가 컸다. 걸프는 2,500만 달러를 투자하겠다고 했다. 당시 한국의 연간 수출액의 반이나 되는 액수였다. 이성호 사장은 서울로 돌아와 박정희 의장에게 보고했다.

박 의장은 "우선 짓고 보자"면서 걸프와의 합작협상을 지시했다. '정유회사만은 민족자본으로 건설하여 미국 측의 영향력을 막아보자'고 생각했던 박정희로서는 현실적 판단을 한 셈이다. 그의 머리에는 북한이 작은 정유공장을 지어 이미 가동하고 있다는 것이 여간 자존심 상하는 일이 아니었을 것이다.

박 의장의 결단에 따라 이성호 사장은 전민제 이사를 위원장으로 하여 10여 명의 社內(사내) 간부로 '대한석유공사 원유구입 및 借款(차관)교섭위원회'를 구성했다. 상공부의 吳源哲(오원철, 중화학공업담당 경제수석비서관 역임), 경제기획원의 黃秉泰(황병태, 뒤에 민자당 국회의원), 재무부의 李載卨(이재설, 뒤에 체신부 장관) 과장들도 협상과정에 간여했다. 법률자문을 맡은 사람은 崔德彬(최덕빈), 金興漢(김흥한) 변호사였다.

걸프가 한국에 투자하기로 결심한 배경에는 쿠웨이트 국내 사정이 있었다. 걸프는 1938년 쿠웨이트에서 불간 유전이란 세계 최대의 기름밭을 발견했다. 당시 매장량은 720억 배럴. 1946년부터 이 유전이 생산을 개시했다. 걸프는 그 뒤 볼리비아, 나이지리아, 콜롬비아에서도 잇따라 거대유전들을 발견했다. 걸프의 문제는 석유생산은 많은데 판로가 약하다는 점이었다.

메이저 석유회사의 실력은 생산-수송-정제-판매의 단계별 유통과정을 수직으로 통합하여 기름을 그 수직 폐쇄회로에 따라 굴려감으로써 한 단계씩 거칠 때마다 이익을 얻는 일관체제에서 우러나온다. 생산에는 강하고 판매에는 약했던 걸프는 1960년대에 들어서면서 석유소비지에 정유공장을 세운다는 전략을 추진하고 있었다. 이때 정유공장을 짓고 있던 한국시장을 주목하게 된 것이다.

불평등 계약?

1963년 정치위기와 함께 온 경제위기 속에서 박정희 의장은 민족 자본에 의한 정유공장 건설이란 당초 계획을 포기하고 미국의 메이저 석유회사 걸프와 합작하기로 결심했다. 이에 따라 걸프와 대한석유공사 사이의 합작 사업 교섭이 계속되었다. 걸프의 교섭단은 수십 명이나 되었다. 이들은 조선호텔의 한 층을 빌려 7, 8명을 常駐(상주)시켰다. 원유판매, 운송, 기술, 차관, 법률 등 각계 전문가들을 대표한 걸프 측의 교섭 책임자는 제임스 E. 리였다. 그는 필리핀의 걸프계 정유공장 책임자였다.

화이트포드 걸프 회장, 브라키트 사장, 밥 도시 부사장 등도 수시로 한국을 들락날락했다. 한국 프로젝트에 관계 한 이들은 그 뒤 걸프 경영층의 주류를 이루게 된다. 밥 도시와 제임스 리는 걸프 회장, 굿맨은 계열회사 사장을 역임한다.

유공 측의 교섭단에는 김홍한 변호사가 끼어 있었다. 그는 장면 총리의 비서실장을 지냈다고 하여 정치활동이 금지되어 있었다. 유공의 이성호 사장이 회사법에 밝고 국제감각이 있는 그를 강권하다시피 하여 교섭단에 참여시켰고, 그는 계약서 작성에서 중요한 역할을 했다고 한다. 당시 박정희 정부는 외환보유고가 1억 달러에도 미치지 못한 상태에서 걸프가 약속한 투자가 조속히 이루어지기를 목마르게 바라는 입장에 있었다. 미국 정부도 같은 태도였다. 1975년 5월 16일 밤 도시 걸프 회장은 미 상원의 다국적기업 소위원회에서 증언하는 가운데 이렇게 말했다.

"걸프가 한국의 기간산업에 경영참여 형태의 투자를 하도록 요청받았을 때—그 투자금액은 외국 민간회사로서는 최대 규모였다—미국 정부는 우리를 밀어주었다. 미국 정부는 해외보험공사(OPIC)를 통해 우리의 한국 내 투자분에 대해 보험을 걸어두도록 했다."

미국 해외보험공사는 걸프의 투자분에 대해 재산이 몰수되거나 兌換(태환) 불능의 경우엔 200%, 전쟁으로 인한 경우엔 100%의 보상을 약속했다. 그동안 미국은 한국에 대한 석유공급권을 미군이나 미국계 석유회사를 통해서 독점적으로 행사함으로써 상당한 정치적 지렛대를 유지해왔다. 그런 미국으로서는 민족주의 성향이 강한 박정희 정부의 석유사업에 미국계 거대석유회사를 참여시켜 놓는 것이 안전판이라고 생각했을 것이다. 유공 측과 걸프가 합의한 합작 투자안의 대강은 이러했다.

- 주식: 걸프가 489만 달러를 투자, 유공 주식의 25%를 인수한다.
- 차관: 2,011만 달러(정유공장 건설용)를 年利(연리) 4.5%로 제공한다.
- 원유공급: 유공은 15년간 또는 2억 배럴의 원유를 처리할 때까지 積出港(적출항)의 본선인도 가격으로 걸프의 원유만 도입한다.
- 원유수송: 걸프가 독점한다.

• 이사회 구성: 한국 측 이사 4명(감사는 별도)에 대해 걸프는 이사 3명과 감사 1명을 선임하며 예산안은 걸프 측 이사와 한국 측 이사가 합의하여야 통과될 수 있다.

걸프는 25% 투자보다도 훨씬 강력한 권한을 행사할 수 있게 되었다. 두고두고 불평등 계약이란 비판을 듣게 되는 소지가 만들어졌다.

유공 측 교섭단의 최덕빈 변호사가 협정안을 보고하자 박정희 의장은 듣기만 했다. 車均禧(차균희) 기획원 차관은 유공의 체제를 민영으로 바꾸자는 의견을 냈고, 박충훈 상공장관은 지금대로 국영이어야 한다고 주장했다.

박 의장은 "그대로 해!"라고 간단하게 정리하더니 일어나면서 "그렇지 않아도 민영으로 해주면 정치자금을 제공하겠다는 업자가 있었어"라고 하더란 것이다.

걸프와의 협정이 타결된 후 박정희 정부는 나누어 받게 되어 있던 걸프의 투자금액을 일부 앞당겨 받아 은행에 예치함으로써 외환위기를 일시적으로 벗어날 수 있었다고 한다. 걸프와 박정희 정권의 이런 밀접한 관계는 나중에 공화당에 대한 정치자금 제공으로 발전하면서 한·미관계의 한 쟁점이 된다.

걸프와의 협상에 개입했던 한 인사는 이렇게 회고했다.

"우리 쪽은 별다른 카드를 쓸 수 없는 최악의 입장에서 협상에 임했습니다. 그렇다고 걸프가 한국의 이런 상황을 악의적으로 이용했다고는 생각하지 않습니다. 원유독점 공급이나 가격 기준 등의 조건에서는 우리가 손해를 보았지만 차관상환 조건에선 유리한 대우를 받았지요. 총체적으로 본다면 우리가 불평등한 대우를 받았다고 볼 수는 없었습니다. 메이저는 결코 보따리장수일 순 없었지요. 그들은 국제적으로 관례가 된 계약의 틀을 가지고 있었으며 한국에 적용한 것이 다른 나라에 비해 본질적으로 불리하다는 증거는 없었습니다."

미국 정부는 걸프를 밀어 한국의 정유공장 사업에 투자하도록 한 바로 이 시기 종합제철 건설에 대해서는 냉담한 반응을 보여 그 계획을 좌절시켰다.

혁명정부는 제 1차 경제개발 5개년 계획을 발표하면서 銑鐵(선철) 25만 톤, 鋼塊(강괴) 22만 톤 생산 규모의 종합제철소를 울산에 짓겠다고 했다. 소요자금은 외자 3,000만 달러와 내자 300억 환(30억 원)으로 계획되었다. 1963년에 들어 主(주)차관선인 미국의 국제개발처(AID)는 '이 정도 규모의 제철소를 돌리는 데는 철광석과 석탄 수입에만 연간 3,500만 달러가 필요한데 한국은 연간 수출실적이 4,200만 달러(1961년)밖에 안 되니 도저히 원료수입을 감당할 수 없다' 면서 반대론을 들고 나왔던 것이다.

수출 드라이브

박정희 군사 정부는 종합제철을 건설하는 재원을 마련하기 위해 부정축재 기업인 8명으로 하여금 투자공동체를 설립하게 한 뒤 서독으로 보내 차관교섭을 하도록 했었다. 그런 한편 미국으로는 민간 교섭단을 보내 투자자를 찾았다. 한때는 우리 정부가 서독과 미국 양쪽의 투자 선을 놓고 장단점을 비교할 정도였다.

1962년 12월 30일 우리 정부는 미국 측의 조건이 유리하다고 판단한 뒤 한·미 합작 종합제철 건설 기본계약을 김유택 기획원 장관, 이정림 한국종합제철 사장, 포이 미 투자공동체 대표 간에 체결하였다. 연산 31만 톤 규모의 종합제철 공장을 외자 1억 1,780만 달러, 내자 49억 549만 원(3,780만 달러)을 들여 42개월 이내에 울산에 짓기로 한다는 것이었다.

웨스팅하우스 등 4社(사)로 구성된 미국 투자공동체는 외자의 75%를 미국의 외국원조기관인 국제개발처(AID) 차관으로 조달키로 했었다. 1963년에 들어서면서 AID는 투자의 타당성에 의문을 제기하기 시작했던 것이다. 왜 미국이 한국의 종합제철 건설에 제동을 걸었느냐 하는 문제는 지금도 학자들의 흥미 있는 연구 주제가 되고 있다. 경제정책에 대한 박정희 정부의 자율성과 미국의 영향력 정도를 파악할 수 있는 한 사례이기 때문이다.

당시 미국 정부는 한국에 막대한 원조를 제공하는 대신 경제정책에도 구체적으로 간여하고 있었다. 5·16 이전 한·미 두 나라는 재정안정 계획이란 것에 합의하여 시행하고 있었다. 혁명정부는 5·16 이후 적극적인 공업화 계획을 추진하면서 이 계획을 무시했다. 이 계획은 분기별 자금 수요를 재정, 금융, 외환의 3대 부문별로 잡아 목표액을 설정한 것이다. 물가상승과 재정적자를 막기 위한 관리계획이었다.

1962년 6월 군사정부가 의욕적으로 추진한 통화개혁이 실패로 끝나고 경제 전반이 자금난으로 잘 돌아가지 않자 박정희는 단기적으로 통화팽창을 통한 경기부양을 꾀했다.

미국의 對韓(대한) 원조기관인 유솜(USOM)은 한국 측에 대해 물가안정계획의 부활을 요구하고 나왔다. 미국 측은 박정희 정부의 過慾(과욕)이 물가상승을 유도하고 이는 정치불안을 유발하고 말 것이라고 경고했다.

1963년 한국 정부가 경제위기에 직면하여 미국에 대한 추가 원조를 요청하자 미국은 재정안정계획, 외환수급계획, 물자수급계획에 관해 미국 측의 권고를 받아들일 것을 요구했다. 미국은 한국 측의 다짐을 듣고 추가 원조를 약속했다. 미국은 또 한·미 경제협력위원회란 상설 기구를 만들어 한국의 경제정책에 대한 개입을 제도화했다.

이런 사정에 따라 1963년도 예산도 축소 조정될 수밖에 없었고 제1차 경제개발 5개년 계획도 같은 운명에 처하게 되었다. 이 과정에서 외자확보에 실패한 종합제철 건설 계획은 취소된 것이다. 1964년 1월 박정희 정부는 제1차 경제개발 5개년 계획을 보완하고 수정한 계획을 발표했다. 이 보완계획엔 박정희 정부가 추진하려고 했던 수입대체산업 육성 전략을 수정하여 수출주도로 전환한다는 뜻이 반영되어 있었다.

이 보완계획은 제1차 경제개발 5개년 계획 기간 중의 연평균 성장률 목표치를 7.1%에서 5%로 줄였다. 투자배분에선 농업에서 공업으로 중심을 옮겼다. 투자 재원의 조달에서도 당초 계획보다 정부 몫을 줄이고 민간 몫을 늘렸다. 수출 목표 전체는 줄였지만 공산품 수출 목표는 4배 정도로 늘렸다. 이는 1963년도 상반기에 벌써 1차 산품의 수출이 부진한 대신 공산품의 수출이 좋은 성적을 올리기 시작한 추세를 반영한 것이었다.

브라질 이민선 출발, 서독에 광부 및 간호사 진출, 선원수출, 원양어업 개척, 한일 국교정상화 추진, 월남파병 검토, 통화개혁에 의한 내자동원의 실패, 울산정유공장에 걸프의 투자, 재정안정계획의 부활, 제1차 경제개발 5개년 계획 수정, 수입대체정책의 포기와 공산품 수출의 적극적

추진….

이런 일련의 사건들은 아무 연관성 없이 일어난 것처럼 보이지만 역사의 흐름 속에서 일정한 방향성을 보여준다. 박정희 정부는 명분론적이고 폐쇄적인 민족주의를 버리고 개방적이고 실용적인 개발전략을 선택한다. 이는 국내가 아닌 세계를 민족의 활동공간으로 삼겠다는 역사적 결단이었다.

1963년을 전후한 이런 국가적 선택은 대한민국을 세계 속으로 내던져 극심한 생존경쟁을 자초했다. 한국인의 핏줄 속에서 잠들어 있던 야성과 생존력은 이런 경쟁체제에 편입됨으로써 강제된 극한상황에서 부활한 것이다.

1964년에 들어서면 박충훈 상공장관의 지휘 하에 수출 드라이브 정책에 가속도가 붙는다. 수출업자들에 대한 제도적 지원 장치가 이때 갖추어진다.

• 수출입 링크제: 수출업자에게 수출액과 같은 액수의 수입권을 인정, 소요 달러를 배정함으로써 수출에 성공하면 특혜를 받을 수 있다는 동기부여를 했다.

• 기술소득 제도: 원료를 수입하여 수출품을 만들 때 거기에 들어간 원료에 대한 세금을 면제해주었다. 생산성을 높여 수입한 원자재를 적게 사용했을 경우 남은 원자재에 대해서도 세금을 면제해주었다. 기술개발을 촉진하기 위한 것이었다.

• 수출품 생산업체 지정: 1964년에 165개 업체를 지정, 시설자금 및 외화의 배정에 우선권을 주었다.

박 대통령은 이즈음 "우리나라가 잘되려면 직업의식이 土農工商(사농

공상)에서 商工農士(상공농사)로 바꿔어야 한다"면서 무역에 가장 역점을 두고 직접 수출정책을 꼼꼼히 챙기기 시작한다.

漁父之利

수출 드라이브 정책의 사령탑이었던 故 朴忠勳(박충훈) 상공장관은 자신의 회고록에서 이렇게 주장했다.

〈수입대체란 해외에서 수입하는 물건을 국내에서 만들어 쓰자, 그렇게 하여 외화를 아끼자는 것이다. 듣기에 따라서는 자급자족하고 자립경제를 건설하자는 게 그럴 듯하지만 결코 단순한 것이 아니다. 철강 공업을 예로 들자면 막대한 투자로 건설한 공장이 수출산업으로서 국제경쟁력이 없으면 지탱해 나갈 수 없다는 게 뻔한 이치다. 그런 공장에서 만들어진 제품은 국내에서 국제시세보다도 훨씬 비싼데도 울며 겨자 먹기로 사 써야 한다. 수출이 안 되면 외화를 벌 수 없고 외화가 없으면 필요한 물건을 사 올 수 없다. 그렇게 되면 저개발상태를 벗어날 수 없는 것이다. 수출지향적인 경제는 前向的(전향적)이고 적극적인 데 비하여 수입대체형은 방어적이고 소극적이다. 수출제일주의라는 것은 자유기업, 시장경제의 원칙과 자유민주주의 창달에 기여하는 것이다〉

우리는 수출 정책을 취함으로써 물건을 만들 때 세계 시장에서 다른 나라 제품들과 경쟁하여 이겨야 한다는 각오를 하지 않으면 안 되게 되었다. 수입대체 정책을 폈다면 국내 시장과 국내 소비자만 생각해서 적당히 만들었을 것인데 우리는 처음부터 국제경쟁을 생각하면서 자신들을 혹사하지 않으면 안 되는 절박한 상황을 만든 것이다.

이것이 한국인들로 하여금 자신들의 능력 한계 끝까지 스스로를 밀어붙이도록 했던 것이다. 수출정책은 또 정부와 기업인들이 세계시장뿐 아니라 국제관계나 문화의 동향에 민감하게 반응하도록 만들었다. 자연히 나라가 개방체제로 변해갔고 이런 흐름에서는 정치적 탄압에도 한계가 생기지 않을 수 없었다. 경제의 개방화는 정치의 개방화를 결과할 수밖에 없게 되는 것이다.

박정희 대통령 당선자는 1963년 11월 26일의 6대 국회의원 선거에서 압승한 공화당을 기반으로 하여 새로운 권력구조를 짜기 시작했다. 박정희 총재는 金鍾泌을 당 의장으로 임명, 院內(원내) 요직의 人選(인선)을 맡겼다. 金鍾泌 의장은 자신의 외유 중 공화당을 끌고 가느라고 고생했던 鄭求瑛 전 총재를 국회의장으로 추천할 생각이었다.

12월 1일 金鍾泌은 鄭求瑛을 만나 "국회의장직을 맡아주십시오"라고 청했다. 사흘 뒤 박정희도 鄭求瑛을 불러 국회의장 직을 부탁했다. 이 자리에서 鄭求瑛은 박정희 당선자에게 싫은 말을 했다는 것이다.

"정부·국회·당의 개편에 대해서는 박 의장께서 김종필 의장, 그리고 사무처의 金東煥(김동환), 吳學鎭(오학진), 申允昌(신윤창), 그리고 이후락 이렇게 군 출신 다섯 사람들하고만 의논하시는데 군정연장의 냄새가 납니다. 정 어쩔 수 없다면 쇼라도 좀 하십시오."

"쇼가 뭡니까."

"민간 출신 정치인들을 불러 의논한다면서 별실에 연금하고 군 출신들끼리 결정한 뒤 민간인 누구도 참석했다고 발표하면 될 것 아닙니까."

"그것이 아닙니다. 신문의 오보를 보고 자꾸 그러시는군요."

박정희는 청와대를 나서는 정구영을 따라 나오면서 "국회의 조직문제를 구상해 주십시오. 최고회의에서 인계할 인원이 약 200명 됩니다"라고 했다.

그리고 며칠 후 김종필 당 의장이 정구영을 보자고 하더니 이런 말을 하더란 것이다.

"윤치영 씨가 선생님과 맞서서 국회의장을 희망하고 있지만 그 분을 지지하는 사람은 10여 명밖에 없고 압도적으로 선생님이 물망에 오르고 있습니다. 윤치영 씨는 국회의원을 그만두고 다른 요직에 취임하기로 내정되었습니다. 내일 공식으로 발표됩니다."

12월 7일 오후 공화당은 국회의장에 이효상, 부의장에 장경순, 원내총무에 김용태, 부총무에 최치환, 예춘호, 법제·사법위원장에 백남억 의원을 지명하는 등 국회요직의 인선 결과를 발표했다.

그때 57세이던 이효상은 대구고보(경북고의 전신)와 동경제대를 나와 대륜중학교 교장, 경북대 문리대 학장을 지내다가 4·19 혁명 이후 제5대 총선에서 참의원으로 당선되면서 정계에 입문했다. 산악회 운동도 하고 시도 짓고 능금 과수원도 운영하는 등 다양한 인생경험을 한 그는 '한솔'이란 雅號(아호)에 어울리는 中庸人(중용인)으로 평가되었다.

17명의 국회 요직인사 가운데 50대는 이효상, 김유택(당시 52세·재경위 원장), 백남억(당시 50세)뿐이고 40대가 여덟 명, 30대가 여섯 명이었다. 60대 이상은 아무도 없었다. 〈조선일보〉는 인사평에서 '反(반) 김종필파의 승리'라고 보도했다.

정구영은 박정희와 김종필이 자신에게 말 한마디 없이 국회의장 지명을 바꾼 데 대하여 섭섭했지만 침묵해버렸다. 국회의장직을 놓고 윤치영과 정구영이 경합하자 박정희는 제3자를 선택한 것이다. 당시 공화당 원내총무 김용태에 따르면, 박정희가 "이거 혼선이 생겼는데 어떻게 했으면 좋겠느냐"고 물었을 때 이렇게 답했다는 것이다.

"제가 원내총무로 내정되니까 두세 번 저를 찾아오시어 문공위원장을 한번 맡았으면 하시던 이효상 의원이 계신데 참의원 경험도 있고 하니 어떠실는지요."

12월 8일 박정희는 영국 옥스퍼드 대학에서 공부하고 있던 前(전) 주미 대사 정일권에게 전화를 걸었다. 丁一權이 "당선을 축하드립니다"고 하자 박 의장은 情感(정감) 있는 말투로 이렇게 말하는 것이었다.

"감사합니다. 그런데 정 형! 공부는 그만하시고 돌아오셔서 일 하나를 꼭 맡아 주셔야겠습니다."

崔斗善 내각

박정희 대통령 당선자는 12월 11일 李厚洛 최고회의 공보실장을 대통령 비서실장으로, 홍종철 최고위원을 경호실장으로 발령했다. 12일엔 崔斗善〈동아일보〉사장을 국무총리로 지명하면서 組閣(조각) 명단을 발표했다.

- 부총리 겸 경제기획원 장관=김유택(전 경제기획원장)
- 외무부 장관=정일권(전 주미대사)
- 내무부 장관=엄민영(전 최고회의 의장 고문)
- 재무부 장관=박동규(전 산업은행 총재)
- 법무부 장관=閔復基(민복기, 유임)
- 국방부 장관=김성은(유임)

- 문교부 장관=高光萬(고광만, 문교부 차관)
- 농림부 장관=원용석(전 경제기획원장)
- 상공부 장관=李丙虎(이병호, 전 상공부 차관)
- 건설부 장관=鄭樂殷(정낙은, 한전 부사장)
- 보사부 장관=朴柱秉(박주병, 전 중앙의료원장)
- 교통부 장관=金允基(김윤기, 유임)
- 체신부 장관=홍헌표(전 내무부 차관)
- 공보부 장관=金東晟(김동성, 전 대한공론사 이사장)
- 무임소 장관=김용식(전 외무장관)
- 무임소 장관=김홍식(전 공화당 서울시 사무국장)
- 총무처 장관=이석제(유임)
- 법제처장=徐壹敎(서일교, 전 법무부 차관)
- 원호처장=윤영모(유임)
- 원자력 원장=尹日善(윤일선, 전 서울대 총장)
- 서울시장=윤치영(전 공화당 의장)

최두선 총리는 12일 밤 자택에서 기자들과 만났다. 그는 상기된 얼굴로 "박정희 의장과 술을 나누고 오는 길이다"면서 "입각 교섭을 받기는 지난 12월 2일이 처음이었고, 6일 밤에는 박 의장이 집에 찾아와서 한 50분 동안 이야기를 했다"고 말했다. 그는 또 "집 안사람은 마침 여행 중이어서 아무도 몰랐고, 박 의장은 경호원 한 사람만 데리고 지프차를 타고 찾아왔기 때문에 내 차 운전사도 누구인지 몰랐다"고 했다. 최 총리는 공화당에 입당하지 않는다는 조건으로 총리직을 수락했음을 분명히 했다.

12월 16일 국가 재건 최고회의가 945일간의 군정을 끝내고 간판을 내렸다. 이날 오후 박정희 대통령 당선자는 청사(현 문화관광부)에서 해산식을 가진 뒤 전·현직 최고위원들과 기념촬영을 했다. 그는 소감을 묻는 기자들에게 "감개무량하오"라고 짤막하게 대답하면서 몇 번이고 8층짜리 건물을 뒤돌아보았다.

이날 제 1야당인 민정당은 17일의 대통령 취임식에 참석하느냐 마느냐로 왈가왈부했다. 柳鴻(유홍) 의원은 "부정선거로 당선된 대통령의 취임식에 참석할 수 없다"고 했고 박한상 의원은 "우리가 제기한 대통령 선거 무효소송은 취임식에 참석한다고 해서 아무런 영향을 받지 않는다"면서 참석론을 폈다. '정신적 대통령'을 자처했던 윤보선은 이렇게 말했다.

"대통령 선거가 끝났을 때 우리가 (박정희 후보에게) 꽃다발을 가져다 준 것은 중앙선거관리위원회의 발표를 시인한 것이고 사실상의 승패문제는 별도의 일이야. 우리가 선거소송에서 이기면 다시 가시덤불을 안기는 것이 아닌가. 십자군 전쟁 때 십자군 측 장군이 아랍 장군이 아프다고 의사와 약까지 보내주었던 것처럼 우리도 정정당당하게 나가야 돼."

제 3공화국이 공식적으로 닻을 올린 12월 17일 중앙청에선 제5代 대통령 취임식이, 세종로 국회의사당에서는 제6代 국회 개회식이 열렸다. 마흔여섯 살의 젊은 대통령은 취임사에서 '자주적 주체의식', '자립자조의 정신', '민족적 주체성', '자발적 적극참여' 등의 낱말들을 동원하여 새 역사 창조에 전 국민들이 同參(동참)해줄 것을 역설했다.

〈격동하는 시대, 전환의 시점에 서서 치욕과 후진의 굴레를 벗어나기 위해 오늘의 세대에 생존하는 우리들의 생명을 건 희생적 노력을 다하지 않는 한 내 민족의 역사를 뒤덮은 퇴영의 먹구름은 영원히 걷히지 않을 것입니다〉

박정희는 또 "강력정치를 빙자한 독재의 등장도, 민주주의를 도용한 무능·부패의 재현도 단연코 용납할 수 없다"면서 "聖書(성서)를 읽는다는 명목 아래 촛불을 훔치는 행위가 정당화될 수는 없다"고 말했다. 그는 '경제국민'이란 造語(조어)를 써가면서 '소박하고 근면하며 성실한 생활인의 자세'를 요구했다.

이날 육영수 여사는 단상에 앉아 보채는 다섯 살짜리 志晩(지만) 군을 달래느라고 진땀을 뺐다. 박정희 대통령은 시종 딱딱한 표정이었다.〈조선일보〉는 '2년 전 5월 웃지 않는 얼굴로 데뷔한 그는 대통령으로 취임하는 영광의 날에도 끝내 웃지 않는 얼굴로 일관했다'고 보도했다.

영국에서 유학 중이던 정일권 전 주미 대사를 중도에서 귀국시켜 외무장관에 앉혔던 박정희 대통령은 취임식 며칠 후 야밤에 그를 청와대로 초대했다. 육 여사가 끓인 생태찌개가 놓여 있는 식탁엔 소주병이 준비되어 있었다. 丁 장관이 먼저 "각하의 건강을 빕니다"하고 첫 잔을 권하자 박 대통령은 "정 형마저 이같은 私席(사석)에서 각하라 하십니까? 앞으로 사석에서는 呼兄(호형)하기로 합시다"라면서 굳이 동갑내기인 정일권에게 먼저 잔을 권했다(《정일권 회고록》에서 인용).

"정 형과 오랜만에 술잔을 들고 보니 만주군 시절에 정 형을 찾아가서 배급술을 바닥내던 일이 생각나는군요. 그때는 정말 고마웠습니다."

"서로 젊었을 때 일 아닙니까. 그립군요."

서너 잔을 나눈 다음 박 대통령이 불쑥 "알고 계십니까"하고 물었다.

"무슨 말씀인데요?"

"丁 형에게 왜 외무부를 부탁했는지 말입니다."

"전혀 모르고 있습니다."

"처음에는 국방부였습니다. 김성은(당시 국방장관)이 열심히 밀더군요. 한데, 8기생 애들이 반대합디다. 왠지 아십니까?"

丁兄!

정일권이 박정희 대통령의 질문에 "글쎄요…"라고 말을 끌자 대통령은 이렇게 말하는 것이었다.

"김형욱(당시 중앙정보부장)이 찾아와서 그러는데 정 형이 국방장관을 맡으면 위험하다는 겁니다."

"예?"

"하하하, 역시 놀라시는군요. 정 장군이 국방부에 들어오면 군 시절의 관록을 이용해서 저희들 8기생을 죽이기 시작할 거라는 겁니다."

"엄청난 오해군요."

"정 형의 인품을 한참 모르고 하는 소리지요."

"그래서 외무로 돌리셨군요?"

"아닙니다. 일본 때문입니다."

"한일 회담 때문에…"

"그렇습니다. 아시다시피 최고회의 때부터 시작한 것 아닙니까. 빨리 끝내야겠습니다."

"걸림돌이 많다고 듣고 있습니다."

"정 형, 지금 내 머릿속에는 경제부흥 이것 하나뿐입니다. 휴전선은 더 말할 것이 없지만 보릿고개부터 우선 없애고 봐야겠습니다. 경제부흥이 곧 민족부흥 아닙니까. 우리도 잘 살아보자, 하면 못 할 것 없다고들 하면서도 경제기획원, 농수산, 상공, 건설 등 모든 경제부서가 돈 걱정부터 하고 있습니다."

"…."

"지금 유일한 돈줄이 對日(대일) 청구권인데 종필이를 시켜 6억 달러를 약속받고 보니 메모쪽지가 터져 나와 야당, 학생 할 것 없이 '굴욕 외교다', '이완용이 再版(재판)이다' 하고 야단들이니 정말 큰일입니다."

"워싱턴에 있을 때 보니 러스크 장관도 걱정하고 있더군요."

"러스크와 친하게 지내셨다고 듣고 있습니다."

"예, 개인적으로도 많은 도움을 받았습니다."

"케네디가 저렇게 가버렸는데 존슨하고도 함께 있을 것 같습니까?"

"워낙 원만한 사람이라서 존슨 역시 그를 원할 것입니다. 바로 이틀 전 외무장관을 맡게 되었다고 전화했더니 각하의 안부를 묻더군요."

"고맙습니다. 앞으로 러스크의 도움이 필요합니다. 계속 줄을 대 주시지요. 일본의 사토(佐藤)하고는 어떻습니까."

"케네디 대통령 시절 워싱턴에서 몇 번 만났는데 인상이 아주 좋더군요."

"기시(岸) 전 총리의 동생이라지요?"

"그렇습니다. 양자로 가는 바람에 성이 달라졌답니다."

"지금은 이케다(池田)이지만 다음은 사토가 총리에 유망하다고 합니다."

"저도 그렇게 알고 있습니다. 만군 시절에 알고 지낸 장교 출신 자민당 의원이 그렇게 알려주더군요."

"정 형!"

"예, 각하."

"우리 힘 합쳐 우리 민족을 한번 살려봅시다. 일본과의 국교정상화에 전념해주십시오. 나 자신 이승만 박사 못지않게 일본을 미워하고 있으나 산업부흥, 민족중흥에 써야 할 유일한 돈줄이니 딴 도리가 없군요. 보릿고개를 없애고 우리도 한번 잘 살아봅시다."

"명심하겠습니다."

정일권은 '깊은 감명을 받고' 청와대를 물러났다(《정일권 회고록》).

'다만 그 진솔한 포부와 정열이 오염되거나 과열되지 않고 의욕이 지나쳐 카리스마의 유혹에 빠져드는 일이 없기를 바랄 뿐이었다'고 한다.

박정희 대통령의 취임식에 일본 정부를 대표하여 참석한 자민당 부총재 오노 반보쿠(大野伴睦)는 일본에서 "나와 박 대통령은 父子(부자)와 같은 사이다"는 말을 하고 왔다 하여 말썽을 일으켰다. 이른바 '오노 망언'에 대해 김영삼 민정당 대변인은 "세기적으로 的(적) 字(자)가 가장 많고 보잘 것 없는 (박 대통령의) 취임사를 세기적인 것이라고 찬양한 오노 씨야말로 세기적으로 어리석은 정치인 같다"고 혹평했고 김대중 민주당 대변인은 "잘 하라지. 父子관계라 했으니 아들 자랑이겠지"라고 말했다.

多事多難(다사다난)했던 1963년이 저무는 가운데 한국 사회의 단면을 보여주는 기사들이 신문 사회면을 장식하고 있었다.

'3공화국 등진 한국인. 23명이 일본에 건너갔다 붙잡혀', '부쩍 증가

한 고아(기아). 가난에 우는 인간 가족들 母情(모정)…. 無情(무정). 올 겨울 들어 벌써 100여 명-서울시내', '공무원의 요정 출입 엄단-박 대통령 지시', '시립영아원장 金龍洙(김용수)는 가난 때문에 버림받는 갓난아기의 경우가 7할쯤 된다'고 말한 것으로 보도되었다(〈조선일보〉 12월 20일자 사회면).

〈極貧(극빈)의 산모가 영양섭취 불충분으로 젖은 나오지 않고 우유를 사 먹일 처지도 못되기 때문에 버리지 않을 수 없다. 비락 우유 한 통이 350원 하는데 한 달에 열 통 먹일 돈이 없는 가정에 태어난 아이들이 부모를 잃게 된다〉

이 기사는 이렇게 끝맺었다.

〈通禁(통금) 시간을 알리는 사이렌이 울리는 밤이면 버린 어버이와 버림 받은 아기가 함께 운다〉

朴泰俊에게 내린 密命

1964년 1월 1일에 발표된 박정희 대통령 新年辭(신년사)의 신문 제목은 '부지런히 일합시다'였다. 그 내용도 온통 '일'과 관계되는 단어들로 채워졌다.

'능률 있는 정치', '행정의 능률', '성실한 일꾼', '일하는 정부', '일하는 국민' 등등. 최두선 국무총리의 신년사 제목도 '民族力量(민족역량)을 결집하자'였다.

정부가 일을 하는 데 필요한 정치적 안정을 책임진 김종필 공화당 의장은 1월 1일자 〈조선일보〉와의 인터뷰에서 "인구는 혁명 후 벌써 200

만이나 늘어났고 국민들의 불만 배출구가 어디 있어야 하는데 그것을 재건국민운동에 기대했으나 관청 하나만 더 만든 셈이 되었다"고 自責(자책)했다.

－경제정책에서도 계획경제에서 자유경제로 후퇴가 있었다고 지적되고 있는데….

"자유경제체제를 기초로 하여 경제계획을 필요로 하는 부분은 계획적으로 하고 나머지는 정부간섭을 止揚(지양)하는 혼합경제로 나아가겠다."

－근대화를 위해선 국내 자본 형성이 중요하지 않은가.

"말은 쉽지만 민족자본 형성은 어려운 것이다. 농민에게 더 이상 耐乏(내핍)을 요구할 수도 없고…. 여기에 한일문제가 관련되는 것이다."

기자는 '결국 근대화의 열쇠는 일본 자본의 도입에 있음을 시사했다'고 평했다. 김종필은 야당에 대해 이렇게 말했다.

"白紙(백지)에 우리가 원하는 대로, 국민이 원하는 대로 그림을 그려야겠는데 (문제는) 누가 그 백지를 빼앗아 가거나 먹칠을 할 때 우리는 어떻게 할 것이냐이다."

김종필 의장은 1월 2일 아침 민정당 대표최고위원인 윤보선의 자택을 찾아갔다. 박정희 대통령이 전하는 세단 한 대를 전달했다.

"몸도 불편하시고 할 텐데 외출하실 때는 승용차를 타셔야 할 게 아닙니까. 차 한 대를 놓고 갑니다."

윤보선은 다음날 이 차를 돌려보냈다.

1월 4일 신문들의 사회면 머리기사는 '제 2 指南號(지남호, 102톤, 제동산업) 침몰－남태평양 사모어서 참치 잡다가－승무원 17명 행방불명'

이란 기사였다. 7일자 신문엔 續報(속보)가 실렸는데 23명 중 두 사람이 살아났다는 것이었다. 배가 파도를 맞아 침몰하자 선원들은 모두 바다에 뛰어들어 고기잡이용 유리 공으로 뗏목을 만들었다. 거기에 매달려 표류하던 중 선장은 수평선 너머에 섬이 보이자 수영에 자신 있는 선원 네 명을 自願(자원)으로 뽑아 섬을 향해 헤엄쳐 가도록 했다. 그 가운데 두 명이 10시간 이상 헤엄친 끝에 섬에 도착했다는 기사였다. 遠洋(원양) 어장 개척과 海運(해운) 선원들의 해외취업이 본격화되면서 이런 선박 遭難(조난)과 선원 떼죽음 기사는 반복된다.

박정희 대통령은 1월 10일 국회에 나와 연두 교서를 발표했다. 그는 '정치인의 책임은 모든 동포가 다 먹고 살 수 있는 方途(방도)를 강구하는 것이다' 고 정의한 다음 '우리가 극복해야 할 난관은 세 가지' 라고 말했다. 공산주의와 대결하여 민주주의의 승리로 조국통일을 성취하는 길, 빈곤을 물리치는 길, 국민의 사고를 지배해온 의타심과 파벌의식과 대결하여 자주성을 확립하는 길.

과장된 몸짓도 어투도 쓸 줄 모르는 박 대통령은 48분간 연두 교서를 밋밋하게 낭독, 박수는 시작할 때와 끝날 때밖에 나오지 않았다. 의원들은 하품하거나 담배연기를 자욱하게 피우면서 무료함을 달래는 모습이었다.

이 무렵의 어느 날 저녁 박 대통령은 최고회의가 해산된 후 군에 복귀하지 않고 집에서 쉬고 있던 朴泰俊 전 최고위원을 청와대로 불렀다. 박 대통령은 육영수, 근혜, 근영, 지만 등 식구들과 함께 자리한 식탁에 박태준을 앉힌 뒤 飯酒(반주)를 들면서 이런저런 이야기를 하다가 한일관계에 들어갔다.

"경제개발은 해야겠는데 모든 게 돈 문제로 귀착된다. 당분간 稅收(세수)가 늘어날 것 같지도 않고 국가의 신용이 높지 않아 외자도입도 어렵다. 유일한 방법은 이미 합의한 대로 일본으로부터 무상 3억 달러, 유상 3억 달러의 청구권 자금을 받아 쓰는 것이다. 그런데 일본 내의 정치적 사정으로 국교정상화 협상이 진전되지 않고 있다. 대통령 취임식 때 자민당 부총재 오노 반보쿠가 와서 하는 말이 일본 정계는 각 파벌이나 개인의 정치적인 이해에 따라 생각이 다르기 때문에 공식적인 외교 이외에 '네마와시'라는 비공식 접촉을 통해서 이들을 설득하는 일이 중요하다고 했다.

그런 인물을 보내달라고 하는데 조건으로서 대통령이 신임하는 인물, 대통령과 함께 오래 일한 적이 있어 意中(의중)을 읽을 줄 아는 인물, 그리고 통역 없이 이야기가 되는 인물이어야 한다고 했다. 내가 수일 동안 생각해보았는데 아무래도 적임자는 자네 한 사람밖에 없는 것 같아. 미국에 가서 공부할 준비를 하고 있다는 것을 잘 알고 있는데 넉넉잡고 1년만 수고해주기 바란다. 국내에서는 한일 修交(수교)와 관련하여 정치자금 授受(수수) 의혹이 있으니 굴욕적이니 뭐니 해서 비판도 반대도 격심하지만 우리가 언제까지나 미국놈들에게서 밀가루나 얻어먹고 살아야 하겠나.

나라 경제를 일으키는 데는 이 길밖에 없다는 것이 내 신념이다. 설사 굴욕적인 측면이 있더라도 우리가 이 기회를 살리지 못하면 두고두고 왜놈들에게 더 큰 굴욕을 받아가면서 살아야 할 것이다. 나는 내 정치생명을 걸고 이 일을 추진할 생각이나 자네도 그쯤 알고 일해주기 바란다."

越南派兵을 제의하라!

박 대통령의 對日(대일) 밀사가 된 박태준 전 최고위원은 1964년 1월부터 8월 사이 일본에 머물면서 정부·정계·언론계 요인들을 만나 韓日(한일) 국교정상회담에 임하는 한국 측의 입장을 설명하고 다녔다. 2월초 도쿄 아카사카 거리의 한 요정에서 있었던 환영모임엔 자민당의 거두 오노 반보쿠 부총재를 비롯하여 후나다(船田中) 衆議院(중의원) 의장, 시나 외상, 나카가와(中川一郎) 의원 등이 참석했다.

박태준은 그 뒤 나카소네 의원(뒤에 총리), 기시 전 총리, 오히라 의원(뒤에 총리), 사토 의원(뒤에 총리) 등 자민당의 실력자들과 자주 만나고 지방을 돌면서 유지들과 접촉했다.

이때 박태준을 적극적으로 도와준 인물은 陽明學(양명학)의 대가인 야스오카(安岡正篤)였다. 그는 역대 총리들에게 자문을 하는 등 우익 政客(정객)들 사이에선 정신적 지주 역할을 하고 있었다. 야스오카는 '일본은 한국을 돕는 차원에서 국교정상화를 해야 한다'면서 정치인들을 설득하고 박태준에게 많은 要人(요인)들을 소개해주기도 했다. 야스오카는 그 뒤 박태준이 포항제철을 건설할 때도 많은 도움을 주게 된다. 박태준은 월 1회 정도 자신의 활동상을 청와대 李洛善 비서관을 통해서 朴 대통령에게 보고했다.

그가 만나본 바로는 기시 전 총리와 오노 부총재가 가장 협조적이었다. 박태준은 자신의 임무를 마친 다음에는 나카가와 의원의 안내를 받으면서 두 달 동안 일본 전국의 산업시설을 돌아다니면서 공부를 했다고 한다. 박태준은 '불과 20년 사이에 일본이 이룩한 눈부신 성장의 현장을 보니 피가 끓어오르는 듯한 느낌을 받았다'는 것이다. 그는 9월에 귀국하여 박 대통령에게 자신의 산업시찰 소감을 보고했고, 이것이 포항제철 건설의 대임을 맡게 된 계기가 되었을 것이라고 했다(이도성 편저《실록─박정희와 한일회담》에서 인용).

1963년 12월 20일 존슨 대통령의 안보보좌관인 맥조지 번디가 美 국무부의 정치담당 차관보 알렉시스 존슨에게 보낸 메모랜덤이 공개되어 있다. 이 문건에서 번디는 '주한미군과 한국군의 감축에 대해서 정치·군사적인 계획서를 만들 필요가 있다. 한국 정부에 우리의 감군계획을 전달하고 한일 국교정상화 조약의 체결을 위한 외교적인 입장을 정리하는 데 있어서 논리 개발이 필요하다'고 했다. 번디는 '존슨 대통령이 이 문제에 대해서 행동을 취하기를 바란다'면서 '이런 감군과 원조감축이 한국에 미칠 충격파를 감안하여 신중을 기하라'고 권고했다. 이 문맥으로 미루어 당시 미국 정부는 한일 국교정상화로 일본의 자본이 한국에 많이 들어오는 것을 이용하여 한국에 대한 군사·경제적 부담을 줄이고 싶어 했던 것으로 보인다.

1964년 이른 봄 주미 대사 金貞烈에게 박 대통령으로부터 밀서가 내려왔다. 그 요지는 이러했다(《金貞烈 회고록》에서 인용).

〈월남 사정을 잘 아는 최덕신 주독 대사를 貴地(귀지)에 보낼 터이니 所期(소기)에 월남에 관계하는 사람들과 접촉시켜 월남의 중요성을 역설케 하도록 알선하시오〉

당시 월남은 일 년 전에 있었던 고 딘 디엠 정권 축출 쿠데타 이후 연속되는 군부 쿠데타의 소용돌이에 휘말려 있었다. 이 틈을 타고 反정부 시위와 공산 게릴라 베트콩의 파괴 활동이 격화되고 있었다. 이때만 해도 미국 정부는 군사고문단 정도만 파견해 놓은 채 본격적인 전투병력 투입 여부를 아직 결정하지 않고 있었다.

며칠 뒤 최덕신 대사가 워싱턴에 왔다. 나중에 북한으로 넘어가 그곳에서 생을 마감한 최 대사는 김정렬에게 박 대통령의 特命(특명)을 구두로 전했다.

'미국 정부 요인들에게 월남 방어의 중요성을 역설하고 미국이 적극적으로 월남에 개입한다면 한국군을 파견하겠다고 제의하라.'

최덕신 대사가 전하는 박 대통령의 파병 제안 배경은 이러했다.

첫째, 월남이 공산화되면 도미노 현상이 일어날 것이다. 인도차이나 반도 전체의 공산화에 이어 태국, 말레이시아 등 동남아 국가 전체에도 그 영향이 확산될 것이고 필리핀을 거쳐 한국의 안보를 위협하게 될 것이다. 공산주의자의 세력 확산을 월남에서 저지해야 한다.

둘째, 미국은 지금 주한미군을 빼내가서 월남에 투입하려는 구상을 하고 있다. 이를 막기 위해서는 우리가 선수를 쳐서 한국군 몇 개 사단을 월남에 파견하는 대신 미군을 붙들어두어야 한다.

김정렬 대사는 최덕신 대사를 데리고 먼저 미 국무부 아시아 담당 차관보 윌리엄 번디를 찾아갔다. 박정희의 지시대로 월남 방어의 필요성을 설명했다. 윌리엄 번디의 동생이 바로 백악관 안보담당 보좌관인 맥조지 번디였다. 월남문제는 그의 밑에 있는 포레스틸이라는 사람이 맡고 있었다. 김 대사는 번디 차관보에게 부탁하여 동생을 통해 포레스틸을 만났다. 이 자리에서 최덕신 대사는 주월 대사 시절의 경험을 바탕으로 하여 자신의 주장을 폈다. 이런 설득활동을 약 일주일간 벌인 뒤 최 대사는 서독으로 돌아갔다. 한 달 뒤 미국 국무부로부터 김정렬 대사에게 통보가 왔다.

"한번 기다려봅시다."

김 대사로서는 다소 실망스런 답이었다.

케네디-러스크 장관의 방한

1964년에 들어와서 박 대통령이 추진하고 있던 韓日 국교정상화와 월남파병은 야당과 학생 세력의 격렬한 저항을 유발한다. 이런 대결의 戰端(전단)을 연 것은 소위 '정신적 대통령' 尹潽善 민정당 대표였다. 尹대표는 1월 14일 국회에서 한 정책기조 연설에서 박 대통령과 그 주변의 사상 문제를 또 들고 나왔다.

그는 "박 정권의 주변에는 사상적으로 불투명한 사람들이 있어 중요한 역할을 하고 있다는 의혹이 짙다"고 말한 뒤 과격한 표현을 구사하면서 질문을 던졌다.

"오늘날의 이 현상은 반공을 위하여, 부패일소를 위하여, 부정선거근절을 위하여, 民生苦(민생고) 해결을 위하여 박 정권을 타도할 혁명을 정당화할 사태가 아닌가에 대하여 본인은 박 정권의 분명한 답변을 요구하려고 한다."

윤 대표는 최두선 총리의 답변이 마음에 들지 않은지 의석에서 일어나 자신의 질문내용을 다시 설명했다. 장경순 부의장이 "그 곳은 말하는 데가 아니오"라고 소리쳤고, 젊은 차지철 의원은 책상을 치면서 흥분했다. 민정당 대변인 김영삼 의원은 "박정희 씨가 연설할 때는 야당에서 아무 소리하지 않았는데 왜 시끄럽게 떠들어!"라고 했다.

격앙된 공화당 의원들은 결석한 김종필 의장을 불러내 긴급 의원총회를 열었다. 그들은 15일에 민정당에 공개사과를 요구하고 불응하면 징계동의안을 제출하기로 결의했다. 김영삼 민정당 대변인은 "사과할 필요도 발언을 취소할 필요도 없다"고 했고 김대중 민주당 대변인은 "전직 대통령에 대해 그런 조급한 결의를 했다는 것은 言語道斷(언어도단)이다"고 했다.

이후락 대통령 비서실장은 이날 오후 공화당으로 김종필 의장을 찾아가 박 대통령의 의중을 전했다. 15일 공화당은 야당이 퇴장한 가운데 윤보선에게 발언 취소와 공개사과를 요구하는 징계동의안을 본회의에서 가결, 법사위에 넘겼다.

변호사 출신인 鄭求瑛 공화당 의원은 김종필 의장을 찾아가 이렇게 따졌다고 한다.

"국회법에는 국회의원의 언동에 대하여 징계하는 규정은 없다. 국회법의 형식적인 조건, 예를 들어 한국 사람이 아닌데 身元(신원)을 속이고 당선되었다든지 하는 자격 문제로 징계할 수는 있다. 언동이 나쁘다고 제명, 경고, 사과하게 할 수는 없다. 다만 의원의 발언에 대하여 의장이 제지하고 이에 불응하면 퇴장을 명하고 그 퇴장 명령에 응하지 않을 경우에는 징계할 수 있다."

정구영은 "이런 일은 법률가인 우리와 의논하고 했어야지"라고 불평하면서 "누구 지시냐"고 따졌으나 김종필 의장은 묵묵부답이었다.

김 의장은 "이미 징계동의안을 제출해버렸는데 어떻게 하겠습니까"라고 했다. 옆에 있던 김봉환 의원도 징계 불가론에 가세하여 징계안을 법사위로 넘긴 상태에서 처리하지 말고 자동 폐기되도록 하자는 쪽으로 의견이 모아졌다. 이는 야당은 선동적 언어로, 여당은 강경한 행동으로 대응하는 우리 정치의 한 定型(정형)이자 지금까지 되풀이되고 있는 전통이다.

1964년 1월 18일 로버트 케네디 미 법무장관이 서울에 왔다. 케네디 대통령의 동생인 그는 1962년 김종필 정보부장이 미국을 방문했을 때 만난 적이 있었다.

다음날 청와대에서는 金 당의장, 정일권 외무장관이 배석한 가운데 박-케네디 회담이 한 시간 동안 열렸다. 주제는 한일 국교정상화였다. 박 대통령은 이 자리에서 故(고) 케네디 대통령의 부인 재클린 여사와 그 가족들을 국빈으로 초청하고 싶다는 뜻을 전했다. 케네디 장관은 형의 저서 《용기 있는 사람들》을 내놓았고 육영수 여사는 자개로 만든 茶器(다기)를 선물했다.

1월 29일엔 러스크 국무장관이 來韓(내한), 청와대에서 박 대통령과 요담했다.

이 자리에서 박 대통령은 "요사이 외신에서 주한미군과 한국군의 감축설이 보도되고 있어 한국인들에게 큰 심리적 영향을 미치고 있다"고 해명을 요구했다(이후락 비서실장 겸 대변인 傳言).

이에 대해 러스크 장관은 "현 시국에 비추어 감군을 논할 때가 아니다"라고 말했다는 것이었다. 러스크 장관은 한일회담의 조속한 타결을 촉구했다.

박 대통령은 미국의 對韓(대한) 군사 및 경제원조가 한일 국교정상화를 계기로 줄어들지 않는다는 다짐을 러스크 장관으로부터 받으려 했다.

미국 정부는 한일회담의 조기 타결을 위해서 양국 지도부의 등을 동시에 밀고 있었다. 박정희 대통령도 연내 타결을 자신하고 있었다.

1월 30일 야간 국회에서 정일권 외무장관은 "평화선은 영해선이 아니다"고 답변함으로써 평화선을 포기할 것임을 시사했다. 그는 또 "김종필-오히라 메모 합의는 양국 정부에 의해서 확인된 내용이므로 유권적 외교 교섭이다"고 말했다.

국회 농림위원회는 '어족 보호와 영세어민의 권익을 지키기 위해서 평화선을 지키도록 정부는 최대의 노력을 해야 한다'는 요지의 결의를 했다.

軍政(군정)시대 때 비밀리 진행된 한일회담 내용이 이때부터 국회에서 공박당하기 시작함으로써 박 대통령의 한일회담 조기타결 의지는 도전을 받게 된다.

金大中 의원의 입장

박정희 대통령은 1964년 1월 10일 국회에서 읽은 연두교서를 통해서 '대혁신 운동'을 제창했다.

그는 '혼돈과 침체 속의 후진의 굴레에서 결연히 벗어나 우리의 조국을 근대화시켜야 한다는 원대한 목표를 설정하고 국민의 정신적 혁명을 기조로 정치적 정화운동, 사회적 청신운동, 경제적 검약증산운동을 전개해 나가자'고 호소했다.

박정희는 혁명 직후에도 재건국민운동을 벌였으나 이 운동의 발상자인 김종필의 표현을 빌면 '관청을 하나 더 만든 꼴'이 되어버렸다. 박정희의 경제발전 전략을 물질중심이라 오해하는 사람들은 그가 여러 차례

시도한 의식개혁운동에 유의할 필요가 있다.

박정희는 자조정신에 기초한 자립경제 건설, 자립경제에 기초한 자주국방 건설, 자주국방에 기초한 진정한 자주독립국가 건설이란 3단계의 국가발전 전략을 갖고 있었다. 초기에 박정희는 한국인의 自嘲(자조)정신을 自助(자조)정신으로 바꾸려고 애썼다. 대혁신운동은 재건국민운동에 이어 그가 시도한 두 번째 의식개혁운동이었다.

이것도 별 효험이 없자 4년 뒤엔 '제 2경제', 즉 실물경제를 뒷받침하는 경제윤리를 '제 2경제'라고 하여 의식개혁운동을 벌였다. 이 운동도 지식인층으로부터는 비아냥거림의 대상이 되고 말았다. 1970년대의 새마을 운동은 박정희로선 네 번째의 국민의식개혁운동이었던 것이다.

김종필 공화당 의장은 대혁신운동을 뒷받침하기 위하여 소집한 중앙상임위원회에서 다섯 가지 행동강령을 강조했다.

1. 현실을 직시하자.
2. 발을 굳게 땅에 딛고 발전적 자세를 취하자.
3. 집권당의 구성원이란 특권의식을 버리자.
4. 국민의 가슴에 의욕과 자각의 불을 붙이자.
5. 공화당은 사조직이나 朋黨(붕당)과는 다르니 당 중심으로 단결하자.

우리나라에서는 새 정부가 들어서면 국민의식 개혁운동을 벌이는 것이 관례처럼 되어 왔다. 김대중 정부가 벌인 '제2의 건국운동'도 그 뿌리를 거슬러 오르면 상당히 멀리 간다. 1964년 1월 29일 〈조선일보〉 1면에는 쟁점 지상토론 기사가 실렸다. 박 대통령이 제창한 대혁신운동을 두고 김동성 공보부 장관과 김대중 민주당 대변인이 맞섰다. 김대중 의원은 하향식 혁신운동을 비판했다.

"혁명 후 국민운동본부나 만들어 하향식으로 했으니 혁신이 될 리가 없었다. 정부는 자기 할 일이나 하고 윗사람부터 모범을 보이면 국민들은 따라갈 것이다. 아래로부터의 혁신운동만이 민주사회에서 가장 효율적이다."

김 장관은 혁신운동의 방법론으로 '언어순화, 아름다운 국민가요 제창 운동, 독서운동, 문맹퇴치운동' 등을 제안했으나 김대중 의원은 그런 생활운동에는 관심을 보이지 않고 정치정화운동의 중요성을 강조했다.

한일회담 반대 운동이란 태풍이 다가오고 있던 1964년 봄, 정계는 박정희-김종필의 공화당과 윤보선의 민정당이 對極點(대극점)을 이루고 있었다. 김영삼 의원은 민정당의 대변인이었고 김대중 의원은 장면 계열, 즉 舊(구)민주당 신파계인 박순천이 대표로 있던 민주당의 대변인이었다. 이 민주당은 윤보선-김영삼 세력에 비해서는 온건한 편이었다. 한일회담에 대해서도 윤보선의 민정당은 '무조건 반대'인 데 비해서 박순천과 김대중은 '원칙은 찬성, 각론에서 반대'였다.

김대중 전 대통령은 펴낸 자서전 《역사와 함께 시대와 함께》에서 '윤보선 측에서 (정부를) 매국노라고 몰아붙이면서 한일협정에 반대하는 것은 잘못되었다고 생각했다'고 썼다.

〈세계의 식민지와 그 舊(구)지배국의 관계를 보면, 영국이나 프랑스도 이전 식민지국들과 국교를 맺고 있었다. 서로를 미워하고, 때로는 전쟁으로 얼룩진 사이였지만 독립을 달성한 이후에는 서로 국교를 맺고 있었다. 더구나 우리는 독립한 지 이미 오래 됐고 가까운 이웃이 되었다.

그럼에도 옛 감정에만 사로잡혀 국교를 맺으려 하지 않는 것은 너무나 융통성이 없는 태도가 아닌가. 국가의 이익을 위해서도 세계사의 흐름에 역행하는 것이 아닌가. 이런 태도는 어느 나라로부터도 지지를 받을 수 없을 것이다. 미국 정부도 韓日 국교정상화를 촉진시키기 위해 한국 정부에 압력을 넣고 있다. 냉전시대에 미국의 권고를 무시할 순 없다. 우리는 북한, 소련, 중국 등 공산주의 국가와 싸우고 있는데 일본까지 적으로 삼는다면 어떻게 나라를 지킬 수 있겠는가〉

야당합동 연설회에서도 김대중 의원은 윤보선의 극단론에 맞서 代案(대안) 있는 반대를 했다고 한다.

"국교는 정상화해야 한다. 다만 굴욕적인 부분과 불이익 부분을 바꾸는 노력을 해야 하지 않는가. 기본조약의 초안은 이렇게 고치고, 어업문제는 이렇게 고쳐야 한다."

이런 식으로 연설했더니 청중들은 흥분된 분위기인데도 김대중 의원의 주장에 납득하는 것 같았다고 한다. 김대중 전 대통령은 "국민의 감정에 영합하여 자기 소신을 굽히는 일은 정치인이 할 일이 아니라 정치꾼이 할 짓이었다"고 회고했다.

매판 재벌 비판

일본 자민당은 1964년 1월 14일 오노 부총재, 마에오 간사장, 후지야마 총무회장, 미키 政調(정조)회장이 참석한 최고 간부회의를 열고 5월 17일로 끝나는 국회 회기를 연장해서라도 한일협정을 비준하기로 결정했다고 보도되었다.

韓日 국교정상화 회담에서 가장 큰 쟁점이었던, 평화선을 대체할 어업전관수역 및 공동규제수역 획정문제는 1964년 2월 18일에 도쿄에서

열린 한일어업고위실무자회담에서 대마도(쓰시마) 주변 수역의 劃定(획정)을 합의함으로써 한 고비를 넘기고 제주도 주변 수역만 남겨놓게 되었다.

이즈음 공화당의 정치 초년생들 사이에선 처음 맛보는 대중의회 정치의 실상에 실망하는 이른바 '국회 불신자들'이 생기고 있었다. 〈동아일보〉 정치부 기자 출신 공화당 전국구 의원 이만섭도 이렇게 말한 것으로 보도되었다.

"국회의 기능을 1, 2년간 정지하고 정부로 하여금 경제건설을 다 하도록 해야 해요. 후진국에서 의회는 부담이 되는 면이 없지 않아요. 국회에서 일하는 게 있습니까. 일은 행정부에서 하는 거지요. 밤낮 야당은 반대만 하고 싸움만 하려 하니 아예 공화당은 정권을 민정당에게 넘겨주자고 하고 싶어요."

이에 대해 민주당 대변인 김대중 의원은 "그나마 국회가 있기 때문에 군정 때처럼 정부가 마음대로 못 하는 것이 아닌가"라고 반박했다. 이 두 의원은 35년이 흐른 1998년에는 집권당의 총재와 권한대행으로서 국정을 책임지는 자리에 있었다. 두 사람은, 지금의 의회정치가 그 당시와 비교해서 얼마나 생산적으로 발전했는지, 또 우리 사회 다른 분야의 35년간 발전과 비교하면 그 발전 정도가 어떠한지를 알 수 있는 처지에 있다고나 할까.

1964년 2월에 들어서면 야당은 한일회담 반대와 三粉暴利(삼분폭리) 의혹 제기로 주도권을 잡기 시작한다. '제2의 이완용', '매국노', '평화선 사수', '매판기업에 의한 서민 착취'란 정치적 구호를 앞세운 야당의 공세는 사회적 통념을 선점함으로써 한 달 뒤 학생들이 거리로 쏟아져 나오게 하는 분위기를 조성한다. 이는 구세대가 지배하는 야당과 신세대인 학생이 손을 잡게 만들어 장년층이 주류를 이루는 박정희 정권을 포위하게 되는 것이다.

삼분폭리란 1963년의 물자부족 및 물가 상승기에 삼성그룹 계열(총수 이병철)의 제일제당, 동아그룹 계열(총수 이한원)의 대한제분, 개풍그룹 계열(총수 이정림)의 대한양회 등 여러 기업들이 설탕, 밀가루, 시멘트 등 세 가지 가루(粉) 물자의 값을 유통 과정에서 조작하여 수십억 원대의 폭리를 취했다는 의혹을 가리킨 말이다.

민정당과 민주당은 국회에 의한 三粉폭리 국정감사 결의안을 제출했고 공화당은 이를 저지했다.

2월 12일 金大中 의원은 삼성그룹에 대한 의혹을 폭로했다.

"삼성은 모방직, 설탕 등 소비재만 생산하여 외국자본의 이익을 위해 봉사하는 매판성을 띠고 있다. 아이스크림, 빵, 비누, 캐러멜 등 영세기업의 분야까지 진출하여 사회 안정 세력인 중산층을 몰락시키고 있다. 거액의 외화를 외국에 도피시켰다는 증거가 있다."

삼분폭리 사건을 계기로 야당과 언론의 집중적인 비판이 제기되면서 우리 사회에서는 재벌에 대한 반감이 고조되었다. 여론이 재벌을 외국자본을 위하여 봉사하는 매판적인 기업으로 몰아세움으로써 민족주의적인 열정이 강한 학생층을 흥분시켰다. 2월은 3월의 대폭발을 예비하는 인화물질이 뿌려진 시기이기도 했다.

이즈음 일어난 또 다른 자극적인 사건으로는 미군 보초병들에 의한 총격사건이 있었다. 1963년 12월부터 1964년 2월 17일 사이에 전국의 미군 주둔지역에서 일어난 총격사건은 19건이었다. 1962년과 1963년에 미군의 총격으로 피살된 한국인은 13명이었다. 하우스 미 8군 사령관은 '한 달에 도난당하는 물자가 7만 달러어치나 달하기 때문에 보초병들이 도난을 방지하기 위해 접근자들에게 어쩔 수 없이 총기를 사용하고 있다'고 해명했다.

경기도 경찰국에 따르면 미군 부대 도난사건이 가장 많이 발생하는 곳은 파주군. 인구 16만여 명 가운데 위안부만 약 3,500명이고 전과자만 약 1,000명이 득실대고 있으며 6만 3,000여 명은 직업 없는 사회 浮動層(부동층) 실업자라는 것이다. 파주군 내에서 1963년 한 해 동안 발생한 미군 부대 도난 사건은 512건. 이곳에서는 1963년 1월 이후 12건의 미군 보초병 총격사건이 일어나 한국인 10명이 중상, 2명이 사망했다.

이런 내용을 전하는 〈조선일보〉 2월 21일자 사회면에는 김재원이 쓴 '돌려다오 빼앗긴 우정을…. 총을 쏜 미군병사에게' 란 제목의 詩(시)가 실려 있었다.

〈총을 쏜 것은 美合衆國(미합중국)이 아니지만 그들이 쏘아서 쓰러뜨린 것, 그것은 우리의 조국 코리아다. 가난한 나라의 자존심이다. 그리고 없는 게 많은 어머니의 손등 트는 흘러간 세월들이다〉

이 詩 바로 곁 기사는 '이웃에 폐 끼치기 싫어 일가족 집단자살 기도, 세 모자 연탄가스 피워', '잠자던 4명 燒死(소사), 제기동 판잣집서 촛불 넘어져' 란 제목을 달고 있었다.

박정희나 김재원 시인이나 조국의 현실을 개탄하는 면에선 같았으나 갈 길은 달랐다. 詩情(시정)과 詩想(시상)이 없는 사람도 아닌 박정희는 '이런 국민들을 먹여 살리는 것보다 더 중요한 국정목표란 없다'는 생각으로 감상과 명분론을 억누르고 있었을 뿐이다.

사퇴하라면 하라지!

1964년 3월 11일 밤 박정희 대통령 부부는 출입기자들을 식당으로 초청하여 저녁을 대접했다. 보리 섞인 밥에 정종이 반주로 나왔다. 非보도를 전제로 한 이 자리에서 박 대통령은 자신의 울적한 심경과 야망을 솔직하게 또는 심각하게 털어놓았다.

"남의 나라에 비교해도 못살 여건이 아닌데 이다지도 가난한 걸 생각하면 어떤 때는 통곡하고 싶어요. 별 수 없습니다. 허리띠 졸라매고 대규모 증산운동을 벌여야지. 이미 야전군 장병들은 500만 군데의 호박 구덩이를 파놓고 있어요. 400대가 넘는 군 장비도 증산운동에 동원하려고 준비해놓고 있습니다."

기자들이 현안문제에 대해서 질문을 하기 시작하자 박 대통령은 일어서면서 "자, 이제 머리나 식히지. 우리 같이 영화나 봅시다"라고 했다.

김종필 공화당 의장은 이튿날 대만, 월남, 일본 방문 길에 올랐다. 그는 김포공항에서 "한국, 월남, 대만은 모두 국토가 분단된 공통점이 있고, 중국의 지위가 올라가면서 영향을 받고 있다. 우리 3국은 서로 유대를 강화할 필요가 있다"고 했다.

김 의장을 수행한 사람들 가운데는 이만섭 의원도 포함되어 있었다. 약 1년 전 김 의장이 '자의 반 타의 반'의 외유길에 올랐을 때의 쓸쓸했던 환송과는 사뭇 다른 풍경이었다. 장관들, 군 장성들, 국회 간부들, 그리고 기자들로 공항은 북새통을 이루었다.

김 의장이 대만을 방문한 이유는 마침 그곳을 방문할 예정인 기시 노부스케(岸信介) 전 일본 총리 및 이시이 미츠지로(石井光次郎) 자민당

의원을 만나 대만과 일본의 대화를 중개하고 동북아 반공체제에 일본이 적극적으로 참여하도록 설득하면서 동시에 한일회담에 대한 측면 교섭을 하려는 것이었다. 그러나 대만·일본 관계가 악화되어 기시 일행의 방문이 취소되었다. 대만의 외무장관은 일본이 중국에 군수물자를 수출하고 있는 것은 '이적행위이며 비우호적인 행위'라고 비난하면서 '일본의 공업화와 생산증대는 중국과 일본 사이에 자유중국과 한국이 있기 때문이다'라고 말했다.

김종필 의장은 蔣介石(장개석) 총통에게 "올해도 급할 때 우리가 요청하면 쌀을 수출해 달라"고 부탁하여 협조를 약속받았다. 蔣 총통은 김 의장을 수행한 한국기자들에게 '君子之交(군자지교)는 淡如水(담여수)'라고 한마디 했다.

윤보선의 민정당을 중심으로 한 야당과 재야세력의 연합체 對日굴욕외교반대 범국민투쟁위원회는 3월 15일부터 전국적으로 한일회담 저지 연설회를 열기 시작했다. 윤보선은 약 3만 명이 모인 부산 유세에서 "현 정부는 3억 달러를 받고 나라를 일본에 팔아넘기려 하고 있다"고 말했다.

박 대통령은 16일 제주도를 시찰한 자리에서 기자들의 서면 질의에 답하면서 '동북아 반공 국가의 유대강화는 그 어느 때보다도 필요하다'며 한일회담을 소신대로 추진하겠다는 뜻을 분명히 했다. 그는 윤보선 세력이 '민의를 대표하는 국회에서 정정당당하게 정치를 논하지 않고 가두로 나서서 투쟁한다는 것은 사회혼란을 조성하는 것이다'고 비판했다.

지방유세 중이던 윤보선은 19일 대구에서 기자회견을 갖고 "한일협정이 국회에서 통과되면 나는 의원직을 사퇴하고 목숨을 걸고 구국투쟁을 벌이겠다"고 선언했다.

3월 21일 야당과 여당은 서울과 부산에서 대통령 선거 유세를 방불케 하는 대중 집회를 열고 한일회담에 대한 찬반 유세전을 벌였다. 민정당 중심의 굴욕외교반대투쟁위원회가 주최한 서울 유세는 서울고등학교 교정에서 열렸는데 약 3만 명의 군중이 모였다.

윤보선은 "악질선거로 정권을 잡은 박정희는 군정 때의 무한 정치로 국고가 탕진되자 평화선을 일본에 팔려고 내놓았다"고 비난했고, 曺泳珪(조영규, 자민당)는 "박 정권의 외교는 오징어 외교다. 오징어 뱃속처럼 검게 비밀 흥정을 하고 있다가 앞에서 뭔가 닥치면 먹물을 뿌리고 달아난다"고 주장했다.

3월 23일 김종필 공화당 의장은 오히라(大平) 일본 외무장관과 요담했다. 두 사람은 3월 말까지 어업회담을 종결짓고 4월 초에 외무장관회담을 열어 모든 현안을 일괄 타결한 다음 4월 말까지 조약 초안을 작성하고 5월 초에 한일협정에 조인한다는 日程(일정)에 합의했다.

3월 24일 서울 시내에서는 4·19 혁명 이후 가장 큰 학생시위가 벌어졌다. 서울대·고려대·연세대와 대광고교 학생들 수천 명이 한일회담 반대시위를 벌이는 동안 일부 시민들도 가세했고 야당과 재야세력이 이를 응원했다. 경찰이 곤봉과 최루탄으로 진압하는 과정에서 250여 명의 부상자가 생기고 283명이 경찰에 연행되었다.

박 대통령은 3월 24일 경북 지방을 시찰하고 숙소인 대구 관광호텔에 돌아와서야 엄민영 내무장관의 전화 보고를 통해서 서울에서 벌어진 학생시위를 알게 되었다. 호텔 2층에 마련된 지방유지들 초청 칵테일 파티장에 들어와서도 박정희는 굳은 표정을 풀지 않고 무엇인가 골똘한 생각에 빠지는 모습이었다.

수행기자들이 다가가서 "서울에선 야당 의원들이 사퇴결의까지 했다는데요?"라고 물었다. 이후락 비서실장이 재빨리 박 대통령 곁으로 다가와서 "각하, 말씀 안 하시는 게 좋겠습니다. 식사시간이 되었는데요"라면서 대통령을 식당으로 모시려고 했다. 박 대통령은 默默不答(묵묵부답)으로 걸어가다가 몸을 돌려 기자들에게 물었다.

"그래서? 끝까지 말해보시오."

"야당 의원들의 사퇴결의에 대해서 한 말씀해 주셔야겠습니다."

"사퇴하려면 하라지!"

美軍, 한국군의 서울 진주 허용

1964년 3·24 학생시위를 집중적으로 보도한 신문들은 '대학가 휩쓴 뜨거운 바람', '플래카드에 나부낀 애국심', '압박과 설움에서 해방된 민족 노래 부르며 의사당까지 밀고 가', '沿道(연도)의 시민들도 합세', '몽둥이 세례가 웬 말이냐… 분노의 행진', '민족적 양심의 대학생 데모', '지성의 격랑, 政街(정가)를 뒤덮다'란 제목들이 보여주듯이 시위대에 호의적이었다. 야당의 선동과 언론의 이런 응원은 시위를 전국적으로 확산시키는 촉매제가 되었다.

한일회담 반대 시위는 25일엔 서울에서 11개 대학과 4개 고교, 그리고 지방의 6개 대학이 참여하는 전국 시위로 확대되었다. 26일에도 시위는 전국적으로 계속되었으나 대체로 평화롭게 진행되었다.

정부는 군의 무장 병력을 동원하여 청와대로 통하는 길목에 바리케이드를 쳤다. 전날 민기식 육군참모총장은 한국군에 대한 작전통제권을 가진 미 8군 사령관 하우스 장군에게 시위대로부터 청와대와 중앙청 일대를 보호하기 위해서 2개 예비사단 및 특전부대 소속 병력 1,500명을 서울에 진주시키고 싶다고 동의를 요청했다. 하우스 장군은 새뮤얼 버거 주한 미국대사와 의논한 뒤 병력이동을 허가했다.

이 병력은 26일 새벽에 서울로 들어와 수도경비사 병력을 지원하게 되었다. 최루탄과 소총으로 무장한 군 병력은 청와대와 중앙청으로 통하는 간선도로에 바리케이드를 쳤다.

민기식 총장은 하우스 사령관에게 "시위대가 바리케이드를 넘으면 최루탄을 쏠 것이고, 시위대가 바리케이드를 넘어 청와대로 쳐들어가는 식의 긴급할 경우에만 발포할 것이다"고 말했다.

미군 측이 한국군 측의 병력이동 요청을 쉽게 받아준 것은 한일회담의 성사를 갈망하는 미국 정부의 뜻을 반영한 것이었다. 4·19 학생시위 때와 1964년 학생시위의 결정적인 차이점은 4년 전에 학생과 야당 편에 섰던 미국 정부가 이때는 박정희를 적극적으로 지지하게 되었다는 점이다.

1964년 3월 26일 한일회담 반대 시위가 전국으로 확산되고 있는 가운데 국회에서는 자민당 소속 김준연 의원이 "정통한 소식통으로부터 지난 20일 들은 바에 의하면 박 정권은 일본으로부터 1억 3,000만 달러를 받았다고 한다. 작년 1월 김동하 전 최고회의 재경위원장이 '공화당의 정치자금 루트를 알면 국민은 질겁을 할 것이다'고 말한 바 있다"고 주장했다.

김 의원은 구체적인 증거를 대지는 않았다. 김용태 공화당 총무는 "김 의원은 자유당 정권 시절에도 원내 발언에 대한 면책특권을 이용하여 뉴델리에서 申翼熙(신익희·초대 국회의장)–趙素昻(조소앙·납북) 밀담이 있었다고 모략한 사람인데 똑같은 짓을 되풀이하고 있다. 조사 결과 사실이 아닌 것으로 드러나면 제명도 不辭(불사)하겠다"고 말했다.

김준연의 이 폭로는 완전한 조작이었다. 야당의 무책임한 선동에 대해서는 매우 관대했던 우리 언론은 김준연에 대해서 그 책임을 따진 적이 없다. 오히려 근거 없는 폭로를 정치쟁점으로 만들어 크게 보도함으로써 야당과 학생들을 자극하는 결과를 불렀다. 권력에 대한 저항이 용기로 치부되는 오랜 역사를 가진 우리나라에서는 약자의 행패와 억지는 강자의 오만과 무리만큼(때로는 그 이상으로) 관대하게 넘어가는 경향이 있다.

이날 박 대통령은 단호한 내용의 특별담화를 발표했다. "학생들의 우국충정은 이해하나 외교에는 도움이 되지 않는다"고 말한 그는 "나는 오늘 한일회담에 임하고 있는 우리 대표들에게 여러분들의 그 주장과 정신을 명심하고 굳건히 회담에 임하여 우리의 주장이 관철되도록 하라는 훈령을 보냈다"고 밝혔다. 박 대통령은 또 "시위는 의사를 표시하여 정부정책에 그 뜻을 반영시키는 수단은 될지 모르지만 전체 국민의 의사로써 세운 정부를 제약하고 그 뜻대로 해줄 것을 강요해서는 안 된다"고 했다. 박 대통령은 또 이날 있었던 김준연 의원의 조작된 폭로에 언급하면서 이렇게 말했다.

"만일 이 정부의 누구이든 黑幕(흑막)에 관계가 있다면 나는 그를 역적으로 규정하고 처단함에 주저하지 않을 것입니다."

3월 27일 오전 대통령비서실장 이후락은 '대통령은 정일영 외무차관에게 현재 일본에 체류 중인 김종필 당의장을 28일 중으로 귀국시키도록 지시했다'고 발표했다. 마치 대통령이 한일 정치회담을 벌이고 있는 김종필에게 소환명령을 내림으로써 회담을 일시 중단키로 한 것처럼 비친 발표였다. 공화당이 발끈했다.

의원총회는 이후락 실장을 소환하여 "원래 김종필 의장은 28일에 귀국하게 되어 있는데 소환은 무슨 소환이냐"고 따졌다.

이후락은 "나는 대통령이 김 의장에게 예정대로 28일에 귀국하도록 지시했다고 발표했을 뿐이다"고 해명했다. 이즈음 이후락은 '대통령의 당외 제 1측근' 이라 불리면서 김종필로 대표되는 공화당의 주류와 갈등 조짐을 보이기 시작한다.

3월 28일 김종필 의장은 일본에서 돌아왔다. 김포공항에 내린 김종필은 다소 피로해 보였다. 그는 마이크를 잡고 귀국 인사를 했다.

"이번 여행에서 우리가 고독과 고립 속에서 살아서는 안 되겠다고 느꼈습니다. 본인도 학생 이상으로 나라를 걱정하고 있는 입장에서 학생들이 오해를 하고 있는 부분은 만나서 대화를 통해서 풀도록 하겠습니다."

이날 국회 본회의는 야당이 제출한 엄민영 내무장관 해임결의안을 표결에 부친 결과, 공화당에서 20명 정도가 반란표를 던진 것으로 밝혀져 당내의 균열을 드러냈다.

내부 균열

야당과 학생들이 박정희 정권을 향하여 전국적인 시위로 대공세를 펼치고 있는 가운데 공화당 의원 약 스무 명이 야당 편을 들어 엄민영 내무장관 해임결의안에 동조한 것은 박정희의 속을 뒤집어놓았다.

정상적인 나라의 정부나 정당은 외부로부터의 위협에 직면하면 내부가 단결하는 것이 보통이다. 우리나라는 국가에 위기가 닥쳐오면 내부가 분열됨으로써 효과적인 대응을 하지 못하는 '이상한 현상'을 자주 보였다. 임진왜란을 앞둔 동인과 서인의 분열, 병자호란 전후의 斥和派(척화파)와 主和派(주화파)의 분열, 개화기 때의 開化派(개화파)와 偉正斥邪派(위정척사파)의 분열, 지난 제16대 대선 기간 중 한나라당의 분열 등등.

이런 현상은 사대주의에 물들어 자주국방을 포기함으로써 외부에서 主敵(주적)을 찾지 못하자 내부에서 적을 찾아 치열한 권력투쟁을 계속해온 조선조 정치의 체질과 무관하지 않다. 정치인의 제 1조건은 정확한 彼我(피아)구분과 主敵(주적)개념인데 우리 정치는 오늘날까지도 '중요한 것은 간과하고 사소한 데 목숨을 걸고 싸우는' 행태를 보이고 있다.

무력 대치의 분단상황에서 여야 공동의 주적은 북한정권인데도 여당은 야당을, 야당은 여당을 주적으로 삼고 있으니 정치의 제 1주제가 되어야 할 안보와 경제는 뒷전으로 밀리고 상대방의 약점잡기 경쟁과 폭로와 모략이 판을 치는 정치의 저질화가 악순환되는 것이다.

박정희 대통령은 정권이 야당·재야·학생의 연합세력으로부터 도전을 받아 위기에 처했는데도 공화당 내부가 단결하기는커녕 또 다시 김종필과 反김종필 세력으로 갈려 갈등조짐을 보이고 있는 데 대하여 개탄하고 있었다. 그로서는 1년 전 민정이양 기간 중에 있었던 최고회의의 내부 분열과 이로 인한 방황과 번민이 악몽처럼 떠올랐을 것이다.

1964년 3월 29일 밤 공화당 간부들은 김종필 의장 집에서 대책회의를 열었다. 김 의장이 한일회담에서 손을 떼고 黨務(당무)에 전념하기로 하는 한편 국민들을 상대로 대대적인 계몽선전 활동을 전개하기로 의견을 모았다. 이 자리에서 공화당 간부들은 야당이 정부와 여당을 저자세라고 비난한 데 대하여 울분을 터뜨렸다.

국회시찰단의 일원으로 일본을 다녀온 권오훈 농림위원장은 "우리가 자민당 부총재 오노 반보쿠(大野伴睦) 씨를 방문했더니 그는 치료 중인 몸인데도 무릎을 꿇고 앉아 시종 겸손하게 응대했다"고 말했다.

김종필도 "이런 말을 해선 안 되는 것이지만…"하면서 털어놓았다.

"자민당 간부들과 만난 자리에서 '우리가 전선에서 피를 흘리며 싸울 때 당신네들은 군수경기로 연간 10억 달러를 벌지 않았는가. 한국한테 6억 달러가 아니라 60억 달러를 준다 해도 아까울 게 없는 것이 아닌가. 당신들이 성의를 보이지 않으니 한국에서 학생들이 일어나 우리를 격려하고 있는 것이다'라고 따졌어요. 그랬더니 마에오 간사장과 스즈키 부간사장이 자세를 고쳐 무릎을 꿇고 앉아 '참으로 미안하게 되었다'고 사죄합디다."

옆에서 듣고 있던 길재호 국회 내무위원장은 "김 의장, 한일교섭이 타결될 때까지 평화선을 침범하는 일본어선을 철저히 잡읍시다"라고 말했다.

박 대통령은 3월 30일 오후엔 서울시내 종합대학 대표 학생 11명을 청와대로 초청하여 약 두 시간 동안 한일회담의 진행상황에 대해서 설명하고 질문을 받았다.

'박 대통령은 외교상의 기밀과 전략문제까지도 자세히 밝혀가면서 정부의 입장을 설명하고 이해를 요청했다'고 이후락 비서실장 겸 대변인이 전했다.

학생들은 그러나 "평화선은 우리 영해인데 왜 양보하는가", "김종필-오히라 메모를 공개하라"고 요구하면서 굽히지 않았다.

박 대통령은 "내일 정일영 외무차관이 학생들을 만나 더 자세히 설명해주도록 하겠다"고 약속했다.

이즈음 계절은 이른바 '잔인한 春窮期(춘궁기)'였다. 귀족 집안 출신 윤보선-부자 집안 출신 김영삼으로 상징되는 민정당이 대안 없이 한일회담 전면 거부투쟁을 벌이고 있는 사이 조국의 山野(산야)는 이 보릿고개에 굶어죽지 않기 위해 칡뿌리를 캐러 나서는 사람들로 몸살을 앓고 있었다.

조선일보 춘성郡(군) 주재 기자가 전해온 소식은 '그나마 야산의 칡뿌리는 모두 캐어먹고 없어 30~40리를 걸어 深山(심산)으로 들어가야 구할 수 있다'고 했다. '한 지게의 칡뿌리를 캐 와 나흘 걸려서 가루로 만들면 서너 되를 얻을 수 있다. 이것으로 떡도 만들 수 있으련만 가루를 아껴 먹는다고 죽으로 연명한다'는 것이었다.

1964년 4월 4일 미 8군 사령관 하우스 대장은 박정희 대통령과 金聖恩 국방장관을 방문, 요담했다.

하우스가 "한일회담은 계속될 것인가"라고 묻자 김 장관은 이렇게 말했다(4월 5일 하우스가 미 합참에 보고 한 電文).

"회담의 속도는 다소 늦추어질 것이다. 이 기간에 정부는 홍보를 강화할 계획이다. 지금 외무부에서 사람이 와서 국방부 간부들에게 한일 국교정상화의 이점을 설명해주고 있다. 한국군의 모든 참모들과 일반인들에게도 이런 교육이 이루어질 것이다.

이번 폭동은 한일회담에 대한 반대일 뿐 아니라 김종필에 대한 반대이

기도 하다. 많은 국민들은 김종필이 너무 일본과 가깝다고 생각하고 있다. 야당에서는 '김종필이 일본으로부터 많은 돈을 미리 받아 지난 선거 때 썼기 때문에 정부가 김종필을 비호해주기 위해 회담을 서둘고 있다'고 주장하고 있다."

계엄령 준비

1964년 4월 4일 미 8군 사령관 하우스 장군이 金聖恩 국방장관과 나눈 대화록에는 우리 정부가 주한미군의 감축 가능성에 대해서 신경을 곤두세우고 있었음이 잘 드러나 있다.

김 장관은 하우스에게 "만약 미국이 주한미군 2개 사단 중 1개 사단이라도 빼간다면 우리는 그에 상응한 병력증강을 하지 않을 수 없게 될 것이다. 우리로서는 그래야 외국자본의 투자에 유리한(안정된) 환경을 조성할 수 있기 때문이다"라고 말했다.

외자도입에 의한 경제개발 전략을 세운 박정희 정부로서는 안보도 경제적인 측면에서 계산하지 않을 수 없게 된 것이다. 그래서 박 대통령은 주한미군을 붙들어 놓는 방법으로써 한국군의 월남파병을 미국 측에 먼저 제의해놓고 있었던 것이다.

이날 하우스 장군을 만난 박정희 대통령은 "북한이 잠수함 두 척을 가지고 있는데 국군도 잠수함을 도입하는 것이 어떨까"라고 물었다. 하우스 사령관은 "잠수함을 운영하는 데는 많은 경비가 들기 때문에 사치품이 될 가능성이 있다"고 반대 의사를 표시했다. 하우스는 그 대신 한국 해군이 對(대)잠수함 작전훈련을 강화하는 것이 좋을 것이라고 말했다.

"미군 측에서는 이미 한국 해군이 잠수함의 전술과 회피 동작을 더 정확히 이해할 수 있도록 미국 잠수함에 한국군 장병들이 훈련·교육 목적으로 탈 수 있도록 해놓았습니다."

박 대통령은 최근의 한일회담 반대시위 사태에 대해서는 이렇게 말했다.

"학생시위는 誤導(오도)된 애국심과 야당의 선동에 의한 것이다. 이런 사태는 한일 국교정상화의 진전에 극히 작은 영향을 끼칠 뿐이다. 한편 우리 정부는 학생들과 공무원들을 상대로 한일 국교정상화의 필요성에 대한 교육을 실시하고 있다. 나는 일본을 방문 중인 정일권 외무장관을 통해서 '일본 측에 회담에 임하는 우리의 입장은 변함이 없다'고 통보하도록 했다."

4월에 들어서 학생시위는 잠잠해졌지만 이때 박 대통령은 민기식 육군참모총장에게만 비밀리에 지시하여 계엄령 실시 계획을 미리 짜두도록 했다. 민기식 총장은 경기도 양평에 주둔하는 15사단(사단장 이병엽 준장)과 강원도 철원 근방의 제 6사단(사단장 김재규 준장)을 출동부대로 선정, 작전 준비를 명령했다. 민 총장은 육군 방첩대장과 작전참모에게만 이 사실을 알리고 다른 장관들에게는 비밀에 부쳤다. 그는 미군 측에 이런 動向(동향)이 새나가는 것을 경계했다.

서울에 중대 사태가 발생하면 서울로 진입할 계엄부대로서 두 사단은 통신망 설치, 점령 장소 확인, 진입로 점검, 이동 시간 측정, 야간 이동 준비, 언론통제 준비, 對民(대민)정책 준비 작업 등을 조용히 하고 있었다. 박정희는 겉으로는 참고 양보하는 모습을 보이면서 뒤로는 반격을 준비하고 있었다.

3월 31일 박정희는 정일영 외무차관에게 지시하여 대학생 대표들에게 청구권 금액 등에 합의한 김종필-오히라 메모의 내용을 공개했다. 진행 중인 외교 협상의 중요한 내용을 공개한 것은 극히 이례적인 일이었다. 더구나 국회에서가 아니라 대학생들 앞에서 공개한 것은 정부가 할 일이 아니란 비판도 있었다.

박정희로서는 학생들을 부추겨 거리로 내몰아 정치의 상당부분을 젊은이들에게 내준 언론과 야당이 이제 와서는 딴 소리를 한다고 생각했을 것이다. 박정희의 학생·언론·야당에 대한 나쁜 시각이 이때에 형성되고 이는 평생 그의 뇌리를 떠나지 않게 된다.

3월 30일 차관회의에서는 중고생들의 시위 대책을 논의하다가 차관들 사이에 입씨름이 벌어졌다.

한 차관이 문교부 차관에게 "제발 그 철부지들은 데모에 나서지 않도록 잘 단속하시오"라고 했다.

문교부 차관은 "정부가 데모를 애국행위로 규정해놓고 이제 와서 대학생은 좋으니 중고생은 안 된다고 하면 중고생은 그러면 애국을 하지 말라는 말입니까. 柳寬順(유관순)이 독립 운동할 때 몇 살이었는지 아십니까"라고 반문했다.

39세의 김종필 당의장은 3월 31일 기자회견을 자청하고 "앞으로는 한일 교섭에 관계하지 않겠다"고 선언했다.

4월 1일 만우절을 맞아 '박 대통령 하야, 윤보선 중태'란 풍설이 政街(정가)를 휩쓸었다. 다음날은 거짓말 같은 일이 사실로 벌어졌다.

'넘치는 電力(전력), 需要(수요) 부족이 문제'란 제목의 기사가 나타난 것이다. 한 달 전에 있었던 부산 감천화력 발전소 1호기의 준공으로 6만

6,000kW의 용량이 추가되는 바람에 발전용량은 53만 kW가 되었고 전력수요는 43만 kW로서 제한송전이란 말이 없어지게 되었다는 것이다.

더구나 연말에는 시설용량이 70만 5,000kW로 더 늘어나게 되어 이제는 남는 전력이 골칫거리로 등장했다고 언론은 전했다. 군사혁명 정부가 추진한 電源(전원)개발사업이 실효를 거둔 것이었다. 한국인의 생활양식에 큰 영향을 끼친 이런 업적도 정치의 계절에는 묻혀 넘어갔다.

박정희는 묵묵히 건설하는 사람의 땀보다 비난하고 외치는 사람의 목소리를 더 크게 보도하는 언론의 생리에 대하여 항상 불만을 갖고 있었다.

언론 遺憾

1964년 4월 10일 야당이 제출한 김유택 경제기획원 장관과 원용석 농림부 장관에 대한 해임결의안 표결에서 공화당 의원 20여 명이 또 반란을 일으켰다. 이들이 야당에 동조해도 해임결의에 필요한 재적과반수에는 미치지 못했으나 공화당 내 反김종필 세력의 파괴력을 입증하기엔 충분했다.

며칠 뒤 공화당의 원내총무단과 상임위원장들은 워커힐에서 회의를 열고 수습책을 논의했다. 회의를 마치고 나오는 芮春浩 부총무의 팔을 잡아당기는 사람이 있었다. 국회 재경위원장 金成坤의원이었다. 옆방에 들어간 예춘호 의원에게 김성곤은 이런 말을 했다고 한다(예춘호 증언).

"여보, 예 의원. 나하고 협력해서 일 좀 합시다. 그간 당신을 지켜보고 있었는데 마음이 맞을 것 같소."

김종필에 의해 발탁되어 공화당 사전조직 단계에서부터 참여했던 예춘호는 웃어 보이면서 "무엇을 같이 한단 말이오?"라고 했다. 김성곤도 호탕하게 웃으면서 받았다.

"집단생활에서는 언제나 뜻 맞는 사람들이 있게 마련이오. 술도 마시고 자주 어울리다가 보면 함께 할 일도 있을 것 아니오."

"김 의원, 방금 우리는 당명에 불복한 20여 명 때문에 심각한 회의를 했고, 당 수뇌부가 하나같이 단합을 강조하고 있는 판에 우리끼리 작당을 한단 말입니까?"

"예 의원은 젊어서 그렇지마는 차차 알게 될 거요. 나이 먹은 사람의 말을 참고하소."

김성곤은 이때 공화당 내 反김종필 세력의 리더가 되고 있었다. 그는 舊정치인과 경북 출신 의원들을 중심으로 하여 파벌을 만들어가고 있었다. 예춘호는 "시간이 흐름에 따라 김성곤의 사람 됨됨이나 폭, 그리고 깊이가 심상치 않은 존재임을 절감하게 되었다"고 했다.

군정시대에는 김성곤과 김종필의 관계는 좋았다. 김종필 정보부장은 김성곤의 사상적 전력에 따른 문제를 덮어주었다. 김성곤은 김 부장이 맨 처음 박정희 의장의 특사로 渡日(도일)할 때 동행하여 측면에서 지원하기도 했다. 둘은 공화당이란 같은 배를 탄 뒤로는 야망이 큰 만큼 사이도 벌어졌다. 공화당 내에서 김성곤이 독자세력을 형성함으로써 여권은 갈등을 겪지만 박정희 대통령의 입장에서는 김 의원이 대통령에 대해 변함없는 충성을 다짐하는 한 크게 걱정할 일은 아니었다. 문제는 김성곤이 언제까지 박정희의 품속에서 안주하고 있느냐였다.

박 대통령은 4월 14일 밤 진해 별장으로 김종필 의장을 불렀다. 김 의장은 예춘호 부총무를 데리고 갔다. 박 대통령은 엄민영 내무장관을 합석시킨 가운데 時局(시국) 수습책을 논의했다. 이어서 김 의장과 두 시간 동안 요담했다.

다음날 박 대통령은 특별성명을 통해서 국정 쇄신책을 발표했다. '중앙정보부의 기구를 축소하여 지방의 지부를 없애고 본부기구도 국가안전보장회의 산하에 두며 남게 되는 예산은 增産(증산)을 위해 전용키로 한다. 공화당도 당 기구를 축소하되 지구당 위원장은 국회의원이어야 하며 원내중심으로 운영한다. 과감한 행정개혁으로 기구의 간소화와 능률화를 기한다' 등등.

이날 국회특별조사위원회는 박정희 정권이 일본으로부터 1억 3000만 달러의 자금을 받아 선거에 썼다고 주장한 김준연(자민당) 의원을 불러 조사했다. 김 의원은 "장택상(자유당 시대 국무총리) 씨로부터 그런 정보를 들었다"고 했다. 장 씨는 이에 대해 "그런 풍설의 眞假(진가)를 밝혀야 한다고 주장한 것일 뿐 단정을 한 것도, 증거를 가지고 있는 것도 아니다"고 했다.

김준연의 거짓말을 대서특필했던 어느 신문도 그를 제대로 비판하지 않았다. 박정희는 우리 언론을 '정부에는 가혹하고 야당과 학생에게는 아부하는 존재'로 보기 시작한다.

야당은 김준연 의원에 대한 구속동의안에 대해서도 단상점거로 표결을 못 하게 했고, 언론은 일제히 정부를 비난하고 나섰다. 4·19 의거 4주년 기념일을 계기로 하여 대학생들은 다시 거리로 나왔고, 언론과 야당의 일방적인 정부 비판은 가열되었다.

朴正熙 대통령은 한일회담 반대 시위가 전국적으로 번지고 있던 1964

년 4월 21일 국무총리 이하 全국무위원들에게 보내는 훈령을 통해서 「일부 沒知覺(몰지각)한」 학생들과 이들을 선동한다고 그가 믿었던 언론에 대해 비판적인 시각을 직설적으로 드러냈다. 朴 대통령은 「일부 몰지각한」이란 말을 그 뒤 자주 사용하는데, 다수 학생은 선량하다는 전제를 깐 말이다. 반대 세력을 「일부」라고 축소, 고립시키려는 의도이다.

〈민정에 들어 아직 일천한 때, 다시 지난 수주간의 연달은 학생 데모 사건들은 민심을 극히 불안케 하고 있을 뿐더러, 법질서를 파괴하고 사회적 혼란을 자아내게 하고 있습니다. 헌정의 기초를 확고히 하여야 할 民政 초기의 이 중대한 시기에 있어서 이러한 양상은 극히 유감스러운 일이라 아니할 수 없으며, 이 상태의 연속 방치는 무법과 방종의 고질적 병폐를 면치 못하게 할 것이며, 나아가 민주질서를 파괴하고, 기초의 대본마저, 흔들리게 할 우려조차 금할 수 없습니다.

정녕 이러한 사태의 책임은 단지 일부 학생들의 몰지각한 행동에만 돌릴 것이 아니라, 정부의 우유부단한 시책적 결함에 그 태반의 책임이 있다고 自省(자성)하지 않을 수 없습니다. 오늘 이 시점에서 시정의 일대쇄신을 기하지 못할진댄, 이 난국을 수습하고, 침체된 사회 양상을 匡正(광정)하기란 무망한 것이라 미리 단정하지 않을 수 없습니다. 정치적, 사회적 諸침체와 혼돈의 요인이 되고 있는 다음 몇 가지 사항을 강조하오니, 각 국무위원은 혼연일체가 되어 그 문제의 시정에 최선의 노력을 다할 것을 요망하는 바입니다.

1. 대책과 태세의 완비

정부의 소신과 신념은 항상 확고한 대책과 완비된 태세에서 우러나오는 것인 바, 정부는 항시 그 날의 문제점을 파악하고, 그에 대한 예측할 수 있는 모든 대책을 미리 강구하고, 何時라도 대응할 수 있는 임기응변의 태세를 갖추어야 할 것입니다. 全국무위원이 혼연일체가 된 擧閣的(거각적) 대책과 태세만 완비된다면 여하한 난국도 선처해 나갈 수 있다는 자신을 굳게 가져야 할 것입니다.

2. 법질서의 유지

강력한 정치가 국민의 여망인 바, 이 강력한 정치란, 만인이 법 앞에 공평하고, 또 법을 지키게 하는 질서의 유지에 그 요체가 있는 것입니다. 불법적 데모가 사회적 만성으로 고질화되고, 무법행동이 날뛰는 사회분위기 속에서는 강력한 정치는 차치하고서라도 정부의 존재조차 의문시되는 결과가 되고 말 것입니다. 정부는 더욱 비상한 각오로써 불법데모, 치안교란자들은 철저히 단속하여 사회안정과 법질서 유지에 힘써야 할 것입니다.

3. 문교방침의 재검토

학원의 자유가 무제한 방종의 개념으로 착각하고, 또 학생이 스스로 헌법과 정부 위에 위치하는 양, 정부의 명령이나 교학자의 지시도 듣지 않는, 오늘의 학생 기풍은 확실히 국가장래를 위하여 극히 염려스러운 일이라 아니할 수 없습니다. 학교가 학생을 선도하지 못할진댄, 학교의 존재가치는 무의미한 것이라 아니할 수 없으며, 학원의 질서를 바로잡고, 학풍의 쇄신을 기하기 위하여 문교정책에 전반적 재검토가 있어야 할 것입니다. 특히 학교 책임자는 그 학생들의 불법데모 등 범법을 막는 데 최선의 노력을 다해야 할 것이며, 그 노력을 다하지 못했을 때에는 학교당국자는 책임을 져야 할 것이며, 또 범법 학생은 퇴학처분 등 응분의 조치를 취하는 엄한 교칙으로 다스려야 할 것입니다. 이러한 학생들에 대한 조치를 게을리할 때에는 그 학교 책임자에게 책임을 추궁하는 등, 학교에 대한 정부감독이 그 어느 때보다도 강조되어야 할 것입니다. 오늘의 우리 문교정책이 너무나 현실을 도외시한 이상론에 기초를 두었음을, 반성하지 않을 수 없습니다.

4. 언론대책

자유와 책임을 그 어디보다도 강조해야 할 곳은 바로 언론기관인 것입니다. 그러나 오늘의 현실은, 정부가 언론의 자유는 최대한 보장해 주면서도, 그 책임의 강조는 거의 전무한 실정이라 아니할 수 없습니다. 이것은 파행적 언론창달의 시책이라 아니할 수 없으며, 이러한 상태의 방치는 건전한 민주주의의 성장을 크게 저해하게 될 것입니다. 정부는 앞으로도 언론의 무책임한 보도들에 대하여 냉엄히 그 책임을 추궁하는 바가 있어야 할 것이며, 이는 정부에 부하된 임무임을 깊이 인식해야 할 것입니다〉

金泳三 민정당 대변인은 '여러 가지 면으로 독재체제를 강화해온 정부는 국민들의 정당한 의사표시를 억압하지 말라'고 반박했다.

서울대 문리대 강사 池明觀은 〈조선일보〉 1면에 기고한 '街頭(가두)로 끌어낸 건 누구인가'란 제하의 기고문에서 학생들의 시위를 옹호하고 '학교 당국이나 교수단이 할 수 있는 일은 학생들과 함께 오늘 이 나라의 실정과 부패를 우려하는 것이다'고 했다.

문제는 당시의 박정희 정권은 독재 정권이 아니라 '공정한 선거'를 통해서 구성된 '국민의 정부'였다는 점이다. 이런 合憲(합헌) 정부의 외교정책에 반대한 대학생들의 불법 폭력 시위에 대해서 대다수 지식인, 언론, 야당은 민주주의의 가장 중요한 기준인 法治의 원칙을 부인하고 '애국심', '정의감', '독재에 대한 저항' 이란 다른 기준을 가지고 나와 시위를 옹호하고 박정희 정부에 모든 책임을 떠넘겼다. 그동안 박정희 정부의 非민주적인 처사는 수없이 지적되었지만 반대자들의 이런 非법치적인 사고방식은 제대로 비판된 적이 한 번도 없다.

丁一權에게 총리 제의

임시국회 회기가 끝난 뒤인 1964년 4월 25일 서울지검은 자민당 김준연 의원을 명예훼손, 무고 등 혐의로 구속, 서울교도소에 수감했다.

이날 박 대통령은 親(친)김종필계인 김용태 공화당 원내총무를 김성진 의원으로 교체했다. 김종필 의장은 김용태의 유임을 대통령에게 건의하다가 교체가 불가피해지자 육사 8기 동기인 김동환 의원을 후임총무로 추천했으나 받아들여지지 않았다.

이날 오전 공화당 소속 장경순 국회 부의장은 군 후배인 김종필 의장을 찾아갔다. 그는 "이 난국을 수습하려면 당신이 공직에서 물러나는 수밖에 없다"고 말했다. 그리고 오후에는 박 대통령을 찾아가 같은 건의를 했다.

이날 오후 늦게 김종필 의장도 청와대로 박정희 대통령을 찾아왔다. 심각한 표정의 그는 의장직에서 물러나고 싶다는 뜻을 박 대통령에게 전한 뒤 "저녁이나 먹고 가지"라고 붙드는 박정희의 請(청)도 뿌리치고 청와대를 나섰다. 박 대통령은 홍종철 경호실장에게 김 의장을 데리고 오라고 지시했다. 김종필은 홍 실장의 만류도 듣지 않고 돌아갔다. 다음 날 김 의장이 辭意(사의)를 전달했다는 소식이 〈부산일보〉에 특종으로 보도되었다.

장경순은 4월 27일에도 청와대를 방문했다가 온양으로 떠나는 박정희와 함께 차를 타고 서울역까지 가면서 김종필의 퇴진을 건의했다. 이날 오후 장경순은 기자들에게 자신의 건의내용을 공개함으로써 큰 파문을 일으켰다.

박정희 대통령은 이날 아산에서 있었던 충무공 탄신 기념식에 참석했다가 서울로 돌아오는 길에 온양 관광호텔에서 기자들과 약 20분간 약식 기자회견을 가졌다. 그는 "김종필 당의장을 교체할 생각이 없다"면서 巷間(항간)에 떠돌고 있는 자신의 공화당 총재직 사퇴설도 부인했다. 다음날 박 대통령은 공화당 원내간부들과 장경순 부의장을 청와대로 불러 회의를 열고 직접 내분 수습에 임했다.

박정희는 공화당 내분으로 골치를 앓고 있을 때 최두선 총리를 위시한 내각의 '소신 없는 행정력'에 불만을 터뜨리고 있었다. 4월 13일 내각에 내린 지시에서 '소신을 갖고 분발하라'고 촉구했던 그는 27일에도 같은 지시를 내렸다. 이 지시를 계기로 改閣(개각)이 임박했다는 소문이 돌기 시작했다.

5월 1일 박 대통령은 김종필 의장, 이효상 국회의장, 장경순 국회 부의장을 청와대로 불러 두 시간 반 동안 머리를 맞대고 의논했다. 이 자리에서 박 대통령은 장경순으로부터 '김종필 의장 사퇴요구'를 철회한다는 다짐을 받아냈다.

박 대통령은 5월 3일 환율제도를 근본적으로 개혁하는 조치를 취했다. 130 대 1이던 원-달러 환율을 255원 대 1달러로 올리면서 고정환율제를 폐지하고 단일변동환율제를 채택, 환율이 매일 국내 외환시장에서 결정되도록 한 것이다. 이로써 수출 드라이브 정책은 가속도를 받게 되었다. 다음날 상공부는 1964년도의 수출목표액을 1억 500만 달러에서 1억 2,000만 달러로 늘리기로 했다고 발표했다.

5월 7일 박 대통령은 울산 정유공장 준공식에 참석했다. 은빛을 뿜어내는 수많은 貯油(저유)탱크와 라디오 회로처럼 복잡하게 얽힌 파이프로 꽉 찬 울산 정유공장 준공식은 화창한 봄 날씨 속에서 이루어졌다.

박정희는 인파가 너무 많은 것에 놀라 李成浩 유공 사장에게 "왜 사람들을 동원했느냐"고 핀잔을 주었다. 약 2만 명의 주민들이 자발적으로 아침부터 몰려와 논두렁을 하얗게 뒤덮고 있었다.

박정희는 치사를 통해서 자신의 개발전략을 변호했다.

"공업화의 과정에서 필연적으로 요청되는 이 벅찬 시련과 희생의 대가로 우리는 기간산업의 토대를 구축할 수 있게 되었습니다. 경제개발 5개년 계획을 낭비와 실패로만 규정하려는 일부 왜곡된 견해가 있으나 오늘의 경제적 현실은 발전 과정의 불가피한 진통이며 전진을 위한 전환기적 시련입니다."

한 달 전 부산 감천화력발전소 1호기의 준공으로 제한송전이 철폐된 이후 또 다시 정유공장의 준공을 보게 됨으로써 박 정권은 공업화의 에너지源(원)을 착실히 만들어 가고 있었던 것이다.

이 무렵 어느 날 밤 박정희 대통령은 정일권 외무장관을 청와대로 불러 육영수가 내놓은 생선찌개를 놓고 소주로 대작했다. 정 장관이 술 이야기를 꺼냈다.

"이제는 술을 바꿔 보시지요?"

"아직 이릅니다. 일본에서 받아낼 돈을 다 받아내고 우리 농촌의 보릿

고개를 없애버리게 되면 그때 가서 기분 좋게 샴페인을 터뜨려봅시다.”

소주잔이 여러 번 오간 뒤 박 대통령이 무겁게 입을 뗐다고 한다(《정일권 회고록》에서 인용).

“정 형, 오늘 오시게 한 것은 다름아니라…. 여러 가지로 궁리해본 결론인데 정 형의 도움이 필요해졌습니다.”

“말씀하시지요. 제가 할 수 있는 일이라면 기꺼이 도와드리겠습니다.”

“정 형, 국무총리를 맡아주셔야겠습니다.”

“예?”

정일권은 자신의 귀를 의심했다고 한다.

“覺泉(각천, 최두선 총리의 호) 선생의 지명도에 큰 기대를 걸었는데 연로한 탓인지 당의 일부 젊은 층과 손발이 잘 맞지 않는 것 같군요.”

박정희는 최 총리가 며칠 전 사의를 표명했다고 전하면서 “이모저모 앞뒤를 재보고 얻은 결론입니다. 정 형께서 맡아주셔야겠습니다”라고 했다.

권력의 非情

정일권은 박정희로부터 총리직을 제의받자 이렇게 말했다.

“영광입니다. 그러나 저 역시 최 총리와 마찬가지로 공화당하고는 남 아니겠습니까. 혁명에 참여한 것도 아니고, 민정이양 과정에서도 힘쓴 일 하나 없습니다. 그리고 저는 군인으로 알려져 있는데 제가 내각을 맡게 되면 또 군 출신까지 야합한다는 오해를 살 것 같습니다.”

“그 점 곰곰이 생각해보았습니다. 그러나 정 형의 경우는 조금도 하자

될 것이 없더군요. 당과의 문제는 차차 입당하시면 되는 것이고 민정이양에 앞서 케네디를 설득하여 군사정권을 지키게 한 공로자가 누구입니까? 6·25 때의 일등공신은 또 누구입니까? 5·16에 참여하지 않았다고 해서 하자가 될 것은 조금도 없습니다."

"과찬의 말씀입니다."

"바로 어제 당 간부 몇 사람을 불러서 정 형 이야기를 했더니 모두 찬성이더군요."

정일권이 총리직을 승락하자 朴 대통령은 "사족 같지만 정 형을 위해 드리는 말씀이니 불쾌하게 생각하지 마시고 유의해주시기 바랍니다"라고 말하면서 세 가지를 당부했다.

〈주요 지휘관 출신의 예비역 장성들과 자주 만나거나 회합이 잦아지면 엉뚱한 방향으로 의심받게 되니 될 수 있는 대로 접촉하지 말 것. 재벌·경제계 인사들을 가까이 하면 정치자금을 모은다고 의심받게 되니 이 분야에 대해서는 부총리에게 일임하고 될 수 있는 대로 관계하지 말 것. 정 형이 함경도 출신이라 이북 사람들이 여러 경로로 접근해올 것인데 자주 만나게 되면 이북 출신들을 규합하여 세를 몰게 된다는 오해를 받기 쉬우니 신중을 기해주기 바람〉

정일권은 이런 말을 듣고 불쾌해졌으나 이 충고를 고맙게 받아들이기로 했다고 한다. 박 대통령은 이런 말을 보탰다.

"두고 보시면 내가 왜 이같은 말을 했는지 차차 아시게 될 것입니다. 政界의 생리는 비정합니다. 군사정권 이래 세월은 길지 않았으나 숱한 동지들이 서로 물고 뜯는 것을 수없이 보아왔기 때문에 정 형이 앞으로 中傷謀略(중상모략)을 당할 것은 너무나 뻔합니다.

내 귀에 그 중상이 들어왔을 때 한두 번은 귀로 흘릴 수 있으나 세 번 네 번 반복되면 나 자신의 판단이 흐려질 수도 있지 않겠습니까. 해서 중상의 소지를 미리 막기 위해 이것만은 지켜주십사 하는 뜻에서 말씀 드린 것입니다."

박정희는 정일권과 함께 개각 인사를 논의했다. 정일권은 자신의 의견을 내지 않았다. 박 대통령은 경제기획원 장관 겸 부총리에 장기영 한국일보 社主(사주), 농림부 장관에 차균희(전 경제기획원 부원장), 상공부 장관에 박충훈(전 상공부 장관)을 밀었다. 정일권은 외무장관에 孫元一 전 국방장관을 추천하여 직접 찾아가서 교섭을 벌였으나 신병 중이었다. 당분간 총리가 외무장관을 겸직하게 되었다.

5월 11일 박정희 대통령은 10명의 총리 및 장관을 바꾸는 개각을 단행했다. 이들 10명은 정일권, 장기영, 박충훈, 차균희 외에 양찬우(전 내무차관) 내무장관, 윤천주(전 공화당 사무총장) 문교장관, 전예용(전 한국은행 총재) 건설부 장관, 오원선(전 원자력원장) 보사장관, 이수영(전 유엔대사) 공보장관, 김병삼(전 내각 사무처장) 원호처장이었다. 10명의 신임장관 가운데 전예용 장관이 50대, 양찬우 장관이 30대인 것을 제외하고는 모두가 40대였다.

추진력이 있고 젊어진 정일권 내각에 대해 신문은 일제히 '돌격내각'이란 별명을 붙여주었다. 학생들의 시위와 야당의 공세에 기가 꺾였던 최두선 내각을 대신한 정일권 내각은 경제개발의 정력적인 추진과 한일 국교정상화 협상의 빠른 마무리를 다짐했다.

박 대통령은 5월 11일 중앙청에서 첫 국무회의를 주재한 자리에서 간단명료한 지침을 시달했다.

〈행정의 공백이 없도록 할 것, 경제 안정에 전력을 집중할 것, 박력 있는 행정을 할 것, 총리 중심으로 연대책임을 갖고 단합해서 일할 것, 경제 부처는 부총리를 중심으로 연대책임을 지고 일할 것, 일하는 정부가 될 것, 행정의 일관성을 유지할 것〉

박 대통령의 이 내각 인사는 성공작이었다. 박정희 대통령은 비로소 '소신대로 일하는 능률적인 행정기구'를 갖게 된 것이다. 원만한 정일권과 저돌적인 장기영, 그리고 냉철한 李錫濟(당시 총무처 장관)가 중심이 된 이 40대 젊은 내각은 밖으로는 야당·언론·학생들의 도전을 극복하고, 안으로는 공무원 사회에 꿈과 보람을 심어주는 데 성공한다.

공무원 집단이 국가주도의 근대화 작업에 견인차로 등장하고 기업인과 국민들이 이에 호응함으로써 개인의 의욕과 국가의 목표가 일치하게 되는 것이다. '내가 잘되는 것이 나라가 잘되는 길이고 나라가 잘 되어야 내가 잘된다'는 이해관계의 일치 속에서 국가와 국민이 한 덩어리가 되는 국민국가 건설, 즉 조국 근대화의 길이 열리는 것이다.

軍人과 학생

"박정희 정권이 일본으로부터 1억 3,000만 달러를 받아 선거에 썼다"는 엉터리 폭로로 검찰에 구속되었다가 풀려난 김준연 의원(자민당)은 5월 14일 국회조사특위에 참고인으로 나가 이번엔 "간첩 황태성이 사형되지 않고 오키나와에 살고 있다는 이야기를 종교계의 모 인사로부터 들었다"고 말했다. 물론 이 주장도 사실무근이었지만 약자와 반대자에 의한 선동과 조작은 면책되는 분위기 속에서 김 의원의 거짓말은 묻혀 넘어갔다.

박 대통령은 1964년 5월 15일 5·16 군사혁명 3주년 기념 메시지를 발표, 솔직하게 자신의 심경을 밝혔다.

〈그러나 개혁과 재건의 道程(도정)에는 亂麻(난마)와 같이 얽힌 허다한 제약이 따랐고, 불가항력적이며 파생적인 모든 애로가 겹쳐 혁명의 本旨(본지)와 과업은 불가피한 차질을 면치 못했던 것입니다. 혁명지도자의 한 사람으로서 국민 여러분과 더불어 실로 통분의 심회를 금할 길 없고, 自身自愧(자신자괴)의 念(염)을 억누를 길이 없습니다〉

5월 16일 오후 서울 교동국민학교 교정에서는 야당이 주최한 '5·16 군사혁명 비판 시국강연회'가 열렸다. 약 2만 명의 군중이 모인 이날 연사로 나온 송원영, 정일형, 김대중, 조재천, 조영규는 '5·16은 총칼로 합헌 정부를 전복시킨 민주 逆行(역행)'이었다고 공격했다. 구국의 결단으로 통했던 5·16의 정통성이 도전받기 시작한 것이다.

1964년 5월 20일 서울 시내 9개 대학 학생들과 약 3,000명의 시민들은 서울대학교 문리대 마당에서 '민족적 민주주의 장례식 및 성토대회'를 열었다. 이들은 관을 메고 시내로 나와 최루탄을 쏘는 경찰과 맞서 돌을 던졌다. 이 시위는 박정희와 군인들의 감정을 건드렸다. 학생들이 읽은 弔辭(조사), 선언문, 결의문은 '야당 정치인들로부터도 들어보지 못한 격렬한 문투'였다. 윤천주 문교부 장관은 "이들은 학생이 아니라 학생정치인으로서의 행동을 보이고 있다"고 규정했다.

다음날 새벽 황길수 대위가 지휘하는 일단의 공수부대원들이 총기를 휴대한 채 서울형사지법 청사와 梁憲(양헌) 판사 집을 찾아가 시위학생들에 대한 구속영장 기각에 항의하는 사건이 일어났다. 신문들은 '무장군인 10여 명, 법원에 亂入(난입), 압력, 숙직실 점거' 식의 제목으로 크게 보도했다. 폭력이나 폭언의 행사는 없었고 '난입', '점거'란 표현도 과장된 것으로 밝혀졌으나 정부와 군은 다시 한번 언론의 뭇매를 맞았다.

정일권 총리 주재로 열린 안보관계 장관 및 군 수뇌부 회의에서는 군인들의 행동에 대한 동정론이 우세했다.

민정당은 당무회의를 열고 박 대통령에 대한 탄핵을 논의했다. 김영삼 대변인은 "살인적인 민생고, 살인적인 물가고, 온갖 부정 및 의혹사건, 학원 안에서 최루탄을 발사한 사건, 군인들이 법원과 판사 집에 들어가 영장 발부를 강요한 사건의 책임이 대통령에게 있기 때문에 탄핵을 제소하는 쪽으로 기울어졌다"고 했다.

5월 22일 국회에서 金聖恩 국방장관은 언론의 과장보도를 비판했다. "공수단 황길수 대위는 그날 근무를 마치고 사병 11명과 학생 데모에 관해 의견을 교환했고, 격분한 나머지 새벽에 대기 중이던 앰뷸런스 편으로, 또 근무 복장 그대로 법원과 판사 집에 갔다. 사직 당국의 미온적인 태도에 대해 항의하고 엄중 조치를 취해줄 것을 호소하려고 한 것뿐인데 마침 법원에서 취재 중이던 기자들이 이 사건을 어마어마하게 보도한 것이다. 군인들에 대해서는 진상이 드러나는 대로 군법에 의해 다스리겠다."

이 일로 황길수 대위 등 8명이 구속되는데 황 대위는 군 영창에서 기자들에게 이런 말을 했다.

"데모를 막다가 눈을 다친 우영길 경위는 나의 전우이다. 경관이 무슨 죄가 있는가. 양헌 판사에게는 '나쁜 짓 한 놈은 구속되어야 하고 그렇지 않으면 벌을 받지 않아야 한다'면서 공정하게 처리해달라고 한 것뿐이다. 총기를 휴대한 것은 근무가 막 끝난 직후이기 때문이다. 군인도 국민의 한 사람으로 관청에 가서 진정할 수 있는 것 아닌가. 한 민족끼리 헐뜯고 불안이 계속되면 가난을 면할 길이 없다."

공수단이 법원과 판사 집에 들어간 그날 중앙정보부원 3명이 수배 중이던 서울대 문리대 학생 宋哲元(송철원)을 남산의 외딴집으로 데리고 가 "김중태(문리대 시위 지휘자)가 어디 있느냐"고 추궁하면서 구타한 뒤 돌려 보내는 사건이 생겼다. 송 군은 '민족적 민주주의 장례식' 때 弔辭(조사)를 읽은 학생이었다.

검찰은 열흘 뒤 세 정보부원을 구속했다. 검찰에 자진 출두한 이들은 "직무수행에서 온 실수일 뿐 양심에 거리낄 것이 없다"고 기자들에게 말했다. 시위 학생들이나 체제수호에 나선 군인·정보부 요원들이나 나름대로의 가치관을 갖고 행동하고 있었다는 이야기이기도 하다.

사태가 학생들과 군인들의 대결로 치닫는 모습을 보이자 야당 안에서도 신중론이 제기되기 시작한다. 재미있는 것은 김영삼 민정당 대변인이 박 대통령에 대한 탄핵제소를 강력하게 주장하는 등 가장 강경한 태도를 보인 반면 김대중(민주당) 의원은 온건론을 보였다는 점이다. 김대중은 "정치인들이 학생 데모에 기대를 걸 때 그것은 국회의 책임 포기이며 정치인의 타락이다"고 말했다.

대통령의 방황

1964년 5월 23일 박 대통령은 호남 지역 시찰 중 기자들의 서면질문에 답변하면서 이런 표현을 했다.

〈이러한 정국의 불안은 근본적으로 일부 정치인들의 무궤도한 언동, 일부 언론의 무책임한 선동, 일부 학생들의 불법적 행동, 그리고 정부의 지나친 관용에 연유되었다고 본다〉

박 대통령은 항상 '일부'란 말을 사용하여 反정부 세력이 건전한 국민 대다수를 대표하지 못하고 있다는 것을 강조하려고 했다. 그는 정치적 언어가 가진 심리적·전략적 의미를 잘 알고 있었다. 대다수 신문들은 언론을 건드린 대통령에게 거세게 반발했다. 〈조선일보〉 5월 26일 자는 '정국불안은 과연 선동 때문인가―일부 언론의 책임을 따져본다'란 紙上(지상)토론 기획을 마련했다. 토론자로 등장한 홍종인(신문연구소 소장), 張俊河(〈사상계〉 사장), 韓格晚(한격만·한국 신문윤리위원회 위원장)은 모두 언론을 옹호하고 대통령을 비판했으므로 찬반 토론이 되지 않았다.

특히 張俊河의 기고문은 요사이 신문에도 싣기 어려울 정도의 격렬한 대통령 비판이었다. 일부를 인용한다.

〈대통령 박정희 씨! 당신이 그렇게도 거짓말과 실정을 거듭하였으면서도 대통령이 될 수 있었던 것, 당신들 집권자들의 부정과 부패가 그렇게 창일하였으면서도 계속 집권할 수 있는 것, 민생이 이렇게까지 파탄에 빠졌는데도 아직 당신들이 큰소리칠 수 있는 것, 이 모든 것이 한국 언론이 당신들을 길러 준 덕이 아닌가요. 당신들과 情死(정사)를 할 것 같던 한국 언론은 소용돌이치는 국민의 원성과 압력에 못 이겨 이제 깊은 악몽에서 깨어난 것입니다.

여보시오, 접대부의 치맛자락 같은 붓글을 휘둘러가며 당신을 도와, 당신을 대통령으로 만든 것이 한국의 언론이 아니겠소. 고마운 줄이나 아시오! 그 청렴하다고 소문이 높던, 그 강직하다고 定評(정평)이 있던, 그 육군소장 박정희 씨라면 오늘의 이 사태를 正視(정시)하며 무엇을 할 수 있으리라고 생각해본 일이 있는가요. 슬픕니다. 오늘에 그때 당신 같은 용기를 가진 그런 사나이가 없음이…〉

국회는 5월 27일 야당이 제출한 국방장관과 내무장관에 대한 해임건 의안을 표결에 부쳤다. 이번에는 공화당에서 이탈표가 없이 큰 표차로 부결되었다. 이 결과를 박정희 대통령에게 보고하고 나온 공화당의 한 원내 간부는 기자들에게 "하마터면 총재를 잃을 뻔했다"고 말했다. 박 대통령은 이번 표결에도 공화당에서 반란표가 나오면 공화당 총재직을 내어놓을 생각이었던 것이다.

그 며칠 전 일요일 박 대통령은 쉬고 있던 朴相吉 대통령 대변인 집에 전화를 걸었다. 박정희의 대표저작인《국가와 혁명과 나》의 정리자인 박 상길은 5월 초에 대변인으로 발탁되었었다. 박 대변인의 어린 딸이 박 대통령이 직접 건 전화를 받아 혀 짧은 말을 몇 마디 하더니 "아빠 대통 령이래, 전화 받아"라고 했다. 전화기를 나꿔챈 박상길에게 대통령은 "뭘 하고 있소?"하고 물었다.

"그냥 쉬고 있습니다."

"별일 없으면 지금 좀 들어오시오."

음산한 정세가 온 누리를 덮고 있는 일요일의 그 너른 대통령 관저는 본관 전체를 통틀어 현관의 경호관 한두 사람 외에는 일직자도 눈에 띄지 않는 썰렁한 분위기였다. 박상길이 긴 복도를 지나 대통령 집무실에 들어섰다. 박 대통령은 넓은 바깥 정원을 멀거니 내다보고 있더니 이쪽으로 돌아서 무겁게 소파에 앉았다. 담배에 불을 당긴 그는 몇 모금 빨고는 재떨이에 담뱃재를 털면서 탁상 아래를 응시한 채 침묵했다. 노크 소리가 나고 이후락 비서실장이 들어와 박상길 맞은편에 앉았다. 박 대통령은 자세를 고쳐 잡더니 입을 뗐다.

"나 공화당 총재직을 그만두기로 하였소. 대변인은 즉각 성명서를 써오도록 하시오."

李厚洛 비서실장은 이렇게 말했다고 한다(박상길 씀 《나와 제3·4공화국》에서 인용).

"각하, 참 잘하셨습니다. 진작 그렇게 하실 일입니다. 각하는 3,000만 국민의 대통령이지 공화당만의 대통령이 아니십니다."

이후락과 생각이 달랐던 박상길은 이렇게 말했다고 한다.

"각하, 쓰기는 쓰겠습니다. 그런데 총재직 사임 성명이 아니라 대통령 사임 성명을 쓰는 게 좋을 것 같습니다. 각하는 공화당 공천으로, 공화당 총재로서 대통령이 되신 것 아닙니까. 그런 총재직을 사임한다면 정당정치, 의회정치도 그만두시는 게 아닙니까. 싸우는 군단장이 전투는 계속하되 군단장은 사임하겠다, 이게 되겠습니까.

차라리 이렇게 말씀하시는 것이 어떻겠습니까. '내가 이런 뜻으로 혁명을 했고 대통령이 되어 이러이러하게 국가를 바로잡아 보려고 있는 애를 다 써 보았는데 이런저런 장애 때문에 이대로는 도저히 이 자리를 감당할 수 없어 물러가겠노라' 하시면 국민들이 그대로 받아주든지 아니면 그럴 수 없다고 하면 그럼 어떻게 하면 좋겠느냐, 무슨 반응이 있지 않겠습니까. 받아주면 깨끗이 물러나시고, 그렇지 않으면 불란서의 드골처럼 비상대권을 요구해보시든지 무슨 수가 있지 않겠습니까."

박 대통령은 박상길의 눈을 뚫어지게 쏘아보며 묵묵히 듣고 있더니 이렇게 말하는 것이었다.

"알았소. 당장 그 드골헌법을 정리해서 내게 가져오도록 하시오."

의외로 일은 싱겁게 끝났다. 며칠 뒤 박상길은 드골헌법을 분석한 자료를 가지고 부름만 기다리고 있다가 집무시간이 파할 무렵 슬그머니 대통령 집무실에 들렀다. 박 대통령은 아무 반응이 없었다.

재출마 포기 선언문

朴 대통령은 학생 데모보다도 敵前(적전) 분열 현상을 보이는 공화당 내분에 더 시달리고 있었다. 1964년 5월 30일부터 서울대학교에서 교수들과 언론의 응원 속에서 학생들의 단식 농성이 시작되어 다시 정국이 뒤숭숭해지는 가운데 일요일인 5월 31일에는 김종필 의장의 퇴진을 주장하는 장경순 국회 부의장 등 공화당 내 비주류 측 인사들과 김 의장의 유임을 건의하는 주류 측 인사들이 번갈아 청와대를 찾아와 대통령을 괴롭혔다.

당내 反김종필 세력의 보스는 金成坤 의원, 張坰淳 부의장, 그리고 李孝祥 국회의장으로 지목되고 있었다. 김종필은 6월 1일 박 대통령을 찾아가 사표를 제출했으나 되돌려졌다.

6월 2일 서울시내 대학생들 수천 명이 세종로로 몰려와 反정부 시위를 벌이면서 경찰과 충돌하여 부상자들이 속출했다. 이들은 박 대통령의 下野(하야)를 요구했다. 이날 박 대통령은 朴相吉 대변인을 집무실로 불렀다.

"이걸 발표하시오."

그가 던져준 문건은 朴 대통령의 자필이었다. 제목은 '현 시국에 관한 대통령 특별교서'였다. 박 대변인은 빠르게 소리 없이 읽어 내려갔다. 도입부부터가 비장했다.

'본인과 정부는 그간 막대한 희생을 감내하면서 진정한 재야의 소리와 民意(민의)를 듣고 건설적인 공통의 광장을 마련해보고자 최후의 선까지 인내하여 왔다. 그러나 학생 데모는 신성한 4·19 정신에서 멀리 이탈하여 기점을 잃은 난동으로 타락해가고 있다.'

'일부 이유 있는 데모라 하더라도 개인이나 국가가 일을 할 수 없는 장해가 된대서야 먼저 이를 저지 않고서는 다른 무슨 일도 할 수 없다.'

'한국은 광대한 赤色(적색)대륙의 一端(일단)에 위치하고 있고, 이 地勢上(지세상)의 불리를 극복하기 위한 자유진영과의 연결의 공고성 및 국가의 최우선 과제가 되어 있는 경제 건설에 따르는 근대화 작업을 위하여 이 현안(필자 註–한일 국교정상화 협상)의 결정적인 타결을 모색하지 않으면 안 되게 되어 있다. 국가 간 외교 타협의 목적은 최대한의 이익과 조건을 마련함에 있다. 그러나 이에 못지않게 중요한 것은 또한 時利(시리)를 얻어야 한다는 점이다. 내외 정세는 늦으면 늦을수록 우리에게 유리할 것이 없음을 말해주고 있다.'

'한일회담의 타결은 그 자체에서 얻은 利(이)도 이려니와 여기에 부수되는, 세계의 각 우방으로 통하는 경제적 지원의 길이 틔어질 것임을 간과해서는 안 된다. 양국 간의 타결에서 얻어지는 금액은 단 한 푼도 낭비됨이 없이 오직 국가경제 재건에 쓰일 것임을 단언한다.'

박상길을 얼어붙게 만든 것은 이 발표문의 마지막 구절이었다.

'끝으로 본인이 이 기회에 내외 동포에게 명백히 천명코자 하는 바는 이같은 현안의 종결과 이에서 오는 조국의 안전 및 국가 근대화의 기초가 확립된다고 하면 본인은 민주정치의 진보를 위하여 차기 선거에 출마치 아니하고, 일차 임기만으로 조국에의 봉사를 끝마칠 결심임을 내외에 밝히는 바이다.'

朴相吉은 내용이 너무 엄청나 말도 붙이지 못하고 물러나 발표 절차를 진행하기 시작했다고 한다. 대통령이 재출마를 포기하기로 결심하고 그 발표문도 혼자서 썼으니 아무도 번의시킬 수 없으리라고 朴相吉은 생각했다.

그런데 6월 2일의 학생시위로 사태는 다른 방향으로 진행되고 있었다. 정일권 국무총리는 국무회의에서 계엄령 선포 문제를 의논했다고 기자들에게 말하고 "내일 대통령이 주재하는 국가안전보장회의에서 이 문제가 다시 논의될 것"이라고 했다.

2일의 학생시위를 보도한 신문들은 객관보도와는 거리가 먼 檄文(격문) 같은 제목과 지면 구성을 보였다.

'화요일에 비가 내렸다…. 학생은 외쳤다…. 硝煙(초연) 속에 돌팔매 날고', '단식 데모…. 또 노한 대학가' 식의 제목 밑에는 이런 기사도 보였다.

〈"내 아들 못 잡아간다." 눈물로 흠뻑 젖은 어머니의 목 메인 소리에 경찰이 어머니의 팔을 잡아끌자 아들은 "어머니 못 잡아간다"고 부둥켜안았다. 어머니는 곤봉 속으로 뛰어들었다〉

단식 중인 서울대학생이 투고한 선동적인 詩(시)도 사회면에 그대로 실렸다. 언론은 상황을 4·19 직전, 일종의 혁명전야로 인식하고 있는 듯했다. 그러나 이것은 誤判(오판)이었다.

군부와 다수 국민들은 박 정권을 지지하고 있었고, 박정희는 자기 정당성에 대한 확신과 무력으로 폭력 시위를 누르겠다는 의지를 다지고 있었다.

6월 3일 박정희 대통령은 박상길에게 전화를 걸어 "어제 그 문건의 발표를 보류하시오"라고 말했다. 하루 사이 역사가 달라진 것이다. 박 대변인은 박 대통령이 생각을 바꾸도록 설득한 것은 전 내무장관 엄민영이었다고 짐작할 뿐이었다. '역사적 문건'이 될 뻔했던 이 특별교서문은 몇년 전 작고한 박상길 씨가 보관하고 있었다.

비상계엄령 선포

1964년 6·3 사태 당시의 한국군 지휘부는 1960년 4·19 시위 때의 군의 대처를 못마땅하게 생각하고 있었다. 그들은 4·19 시위로 비상계엄령이 펴지고 서울로 출동한 11사단 장병들이 시위대를 진압하지 못하고 오히려 그들 편을 드는 모습을 보인 것에 대해서 착잡한 視角(시각)을 갖고 있었다. 군대가 국민 편에 섰다는 찬사도 있었지만 송요찬 계엄사령관이 학생 편을 드는 듯한 태도를 보이자 이에 영향을 받아 진압군이 어정쩡하게 시위를 방치하는 정치적인 선택을 한 것은 명령에 죽고 사는 군의 수치란 생각을 한 장성들이 많았다.

해병대 사령관 출신인 김성은 국방장관은 '이번에도 4·19와 같은 학생 시위가 발생하면 어떻게 대처해야 하나'라고 고민했다. 그는 김종오 합참의장 및 민기식 육군참모총장과 머리를 맞대고 4·19와 같은 일이 되풀이되지 않도록 하는 계엄 계획의 지침을 만들었다. 한일회담에 반대하는 각군 총장들을 모아놓고 계엄 계획에 대해서 설명할 때 김 장관은 군 수뇌부의 미묘한 분위기를 감지할 수 있었다.

군 지휘부는 박 대통령에 대한 충성에는 변함이 없었으나 '학생들과 야당의 주장에도 일리는 있다. 김종필은 곤란하다' 는 태도였다. 당시 군 지휘부 사람들은 5 · 16 혁명 직후 獨走(독주)한 군 후배인 김종필과 육사 8기생들에 대해서 감정이 좋지 않았다.

6월 3일 오전, 박 대통령은 장경순 국회 부의장 등 방문객들과의 면담도 거절하고 시내의 시위상황을 보고받았다. 오후 1시쯤 서울 시내 시위가 심각한 수준에 이르렀다고 판단한 그는 김성은 국방장관 등 관계 장관들을 소집했다.

김 장관은 청와대로 가는 길에 시위대에 점거당한 파출소와 학생들이 탈취하여 몰고 다니는 군 차량들을 보았다. 수도경비사령부 소속 군인들이 경비를 서고 있던 중앙청 울타리를 넘은 학생들이 현관까지 뛰어들어와 군인들과 난투극을 벌이고 있었다. 최루탄 냄새, 시내 곳곳에서 치솟는 화염을 보고 김 장관은 4 · 19의 再版(재판)이라고 생각했다. 그는 시위군중을 피해 골목길을 돌아 청와대에 도착했다.

박 대통령을 비롯하여 정일권 총리, 장기영 부총리, 양찬우 내무장관, 김종오 합참의장 등 국가안보회의 구성원들이 다 모였다. 박 대통령은 창백한 표정이었다. 줄담배를 피우는 그의 손은 떨리고 있었다. 박 대통령이 무겁게 입을 뗐다.

"내가 지금 할 수 있는 일은 두 가집니다. 하나는 저들이 요구하는 대로 하야하는 것이고, 다른 하나는 폭력 · 불법 시위를 진압하는 것입니다. 내가 어떤 결정을 해야 할지 여러분들은 기탄 없이 말씀해주십시오."

아무도 입을 여는 사람이 없었다. 박 대통령이 김성은 장관을 향해서 "국방장관이 먼저 말해보시오"라고 했다.

"각하께서는 작년 대통령 선거 때 부정선거를 막기 위하여 군인들에게 '부정선거로 당신되기보다는 공명선거로 낙선되는 길을 선택하겠다'고 말씀하셨고, 군부대에서는 윤보선 후보 표가 더 많이 나왔잖습니까. 이런 合憲 정부가 일부 학생, 시민들의 폭력 시위로 붕괴된다면 민주주의를 어떻게 지킵니까. 계엄령을 선포하여 이 사태를 수습해야 합니다. 우리는 자신이 있습니다. 각하께서 우리 군을 신뢰하시고 계엄령을 선포해주시면 나머지는 우리가 다 처리하겠습니다."

박 대통령의 표정이 환하게 바뀌고 있었다. 떨리던 손도 멈추었다. 다른 참석자들도 "국방장관의 의견에 전적으로 동의합니다"라고 말하는 것이었다. 정일권 회고록에는 이 자리에서 박 대통령이 김성은 장관과 양찬우 장관에게 "어떤 경우에도 군대가 발포해선 안 된다"고 엄명했다고 적혀 있다. 박 대통령은 또 이렇게 말했다.

"그러면 유엔군 사령관과 주한 미국대사에게 알려야 하지 않겠소?" 하우스 미 8군 사령관 겸 유엔군 사령관과 새뮤얼 버거 주한 미국대사는 헬기 편으로 오후 4시 30분에 청와대에 도착했다. 박 대통령은 김성은 장관과 김종오 의장만 배석시킨 가운데 조상호 비서관을 통해서 두 미국 정부 대표에게 이렇게 말했다.

"국가안보회의에서 서울 일원에 비상계엄령을 내려 사태를 수습하기로 결론을 내렸소. 유엔군 사령관은 우리의 입장을 이해하고 한국군을 계엄군으로 동원, 서울로 진입시키는 것을 승인해주기 바라오. 그리고 버거 대사께서는 이 사실을 본국에 통보해주기 바랍니다."

하우스 사령관은 고개를 끄덕였고, 버거 대사는 "각하, 두 가지만 질문 드리겠습니다"라고 했다고 한다(김성은 증언).

"첫째, 계엄 기간은 얼마 동안으로 예정하고 있습니까?"

"이만하면 사태가 수습되었다고 판단될 때까지니까 지금 당장 언제라고 이야기하기는 어렵지만 되도록이면 빨리 끝내려고 합니다."

"두 번째 질문입니다. 계엄 기간에 국회도 문을 닫습니까?"

"국회는 열어놓겠소."

하우스 사령관이 "각하, 몇 개 사단을 동원하시렵니까"라고 물었다.

김 장관이 대신 대답했다.

"28사단과 6사단입니다. 사단사령부 주둔지는 서울대학교와 연세대학교로 하겠습니다."

하우스와 버거는 이런 말을 했다는 것이다.

"우리는 전적으로 각하께서 원하시는 대로 돕겠습니다."

金載圭-李萬燮 밀담

1964년 6월 3일 하우스 유엔군 사령관이 미 합참에 보고한 박정희 대통령과의 협의 내용은 이러했다.

〈상부의 사전 지침에 따라 나는 한국군 2개 사단을 계엄부대로 동원하는 것에 동의했다. 단 포병은 동원대상에서 제외한다. 버거 대사는, '박 대통령의 계엄령 선포에 반대하지는 않지만 현재의 사태를 수습하기 위해서는 계엄령만으로는 불충분하고 정부 측의 잘못도 바로잡는 조치가 있어야 할 것'이라고 말했다.

나도 1960년의 계엄령 선포와 이번의 계엄령은 다르다고 말했다. 나는, 1960년의 계엄령은 이미 유혈 사태가 벌어져 있는 상태에서 혼란을 수습하기 위해 군이 동원되었으므로 국민들의 환영을 받았지만 이번에는 계엄군이 직접 학생들과 대결하게 될 것이기 때문에 우려되는 바가 있다고 말했다. 한국의 안정을 위한 중요한 요소는 군대와 국민들 사이의 신뢰관계인데 이 兩者(양자)가 이번 사태로 멀어지지 않아야 할 것이라고 강조했다.

나는 또 박 대통령은 민주적으로 선출된 대통령으로서 1960년의 이승만에 비교해서 다수의 국민적 지지를 받고 있음을 지적하고, 계엄령 선포가 과연 필요한가 하는 논쟁을 군부 안에서 벌이는 것은 무의미할 것이란 의견을 개진했다〉

미국 측이 박 대통령의 계엄령 선포에 적극적으로 협조한 이유는 한일회담의 성사를 지원하기 위함이었다. 새뮤얼 버거 주한 미국대사는 한달 전 한일회담 반대운동의 지도자인 민정당의 윤보선 의원을 찾아가 미국 측의 불만을 전달한 적도 있었다.

김성은 국방장관과 김종오 합참의장은 6월 3일 저녁 7시쯤 청와대에서 중앙청으로 건너와 국무회의에 참석했다. 김 장관은 박 대통령의 결심을 전했고 정일권 총리 등 장관들은 계엄령 선포안에 副署(부서)했다.

박 대통령은 노석찬 공보차관의 발표를 통해 6월 3일 오후 8시를 기해 서울시 일원에 비상계엄령을 선포하고 계엄사령관에 민기식 육군참모총장을 임명했음을 알렸다. 민 대장은 포고령을 발표, 일체의 집회를 금지시키고 언론 출판의 검열과 서울 시내 각급 학교의 무기 휴교, 그리고 통행금지 개시 시간을 자정에서 밤 9시로 당기는 조치를 취했다.

박 대통령은 박상길 대변인을 통해 계엄령 선포에 즈음한 담화문을 발표했다. 그는 '나와 이 정부가 참을 대로 참다가 이 마지못한 결단을 내리게 된 것을 먼저 밝혀둔다' 면서 '지금 그들 일부 沒知覺(몰지각)한 학생들에게는 헌법도 없고 국회도 없고 정부도 없다' 고 개탄했다.

'合憲 정부에 대하여 전면적인 부정으로 도전함으로써 어려운 여건 하에서나마 경제적 난관과 民生문제를 타개하려는 정부의 행정기능마저 마비케 하고 대외적으로는 국가의 위신을 추락시킨 일은 묵과할 수 없다.'

6사단, 28사단으로 구성된 계엄군은 6월 4일 서울로 진입하여 수도경비사령부 병력과 함께 시내의 요소를 장악했다. 학생시위는 간단하게 진압되었다. 무엇보다도 대다수 국민들이 난동화된 시위에 거부감을 느끼고 있었으며, 한일 국교정상화의 불가피성에 공감하고 있었고, 박정희 정권을 독재정부로 보지 않고 있었다. 학생들은 야당과 언론의 지원을 받고 있었으나 계엄령으로 언론과 야당이 무력화된 마당에 강력한 정부의 물리력을 견딜 수 없었다.

계엄령 선포로 박정희는 취임 이후 다섯 달 동안 守勢(수세)로 몰리던 상황을 일거에 반전시키고 야당·언론·학생들을 압박할 수 있는 주도권을 쥐게 되었다.

6월 4일 아침 계엄 지휘관 회의에서 이미 김종필 퇴진 문제가 제기 되었다. 김성은 국방장관과 민기식 육군참모총장 및 金桂元(김계원, 뒤에 육군 참모총장·정보부장·대통령 비서실장 역임) 장군이 청와대로 올라가 박 대통령에게 군부의 의견을 전달했다.

박 대통령은 "나도 그렇게 생각하고 있었다"면서 "누가 김 의장을 만나 군의 뜻이 이러하니 잠시 외국에 나가는 것이 어떻겠느냐고 건의하지"라고 했다.

서울로 들어온 계엄부대인 6사단의 김재규 사단장이 공화당 이만섭 의원을 지휘소가 있는 덕수궁으로 부른 것은 이 계엄회의 직후였다. 김재규 준장은 이만섭이 다닌 대구 대륜중학교의 체육교사로 근무한 적이 있었다. 김 사단장은 이 의원을 데리고 덕수궁 뜰에 서 있는 앰뷸런스 안으로 들어갔다. 盜聽(도청)을 피하려는 행동이었다.

"지금 계엄군의 공기가 좋지 않아요. 학생 시위는 진압했지만 이번 기회에 문제가 있는 정치인들을 정리하자는 여론이 일어나고 있어요. 그 대상은 4대 의혹사건을 일으킨 김종필, 박 대통령이 일본 돈을 받았다고 허위 선전을 한 김준연 등이오. 군의 분위기가 이러하니 이 의원이 각하께 잘 말씀을 드려 김종필 의장이 공직에서 물러나도록 하는 것이 사태 수습에 도움이 될 것이오. 이런 말을 대통령 각하께 전할 사람은 이 의원밖에 없을 것 같아 이렇게 부른 것이오."

이만섭 의원은 박 대통령 직계로 분류되고 있었는데 김종필 의장과도 관계가 좋았다. 그는 대통령에게 이런 말을 전하기 전에 김 의장에게 귀띔을 해야겠다고 그의 행방을 찾았으나 연락이 되지 않았다. 저녁 무렵에야 김 의장이 민기식 육군참모총장 겸 계엄사령관 공관에 가 있다는 것을 확인했다. 이만섭이 그곳에 가 보니 민기식, 김종필 외에 김성은 국방장관과 金鍾甲(김종갑) 국회 국방위원장도 와 있었다.

金鍾泌의 2차 外遊

1964년 6월 4일 민기식 육군참모총장 겸 계엄사령관 공관에 모인 군 수뇌부는 김종필 공화당 의장을 초청해놓고 차마 "물러나라"는 말을 하지 못하고 완곡하게 용퇴를 건의했다. 뒤늦게 참석한 이만섭 공화당 의원이 기자 출신답게 직설적으로 이야기했다고 한다(이만섭 회고록 《증언대》에서 인용).

"김 의장께서 이보 전진을 위해 일보 후퇴를 하십시오."

김 의장은 천천히 입을 열어 이런 취지로 말했다고 한다.

"군 전체의 뜻은 아닐 거요. 내가 물러나면 누가 각하를 보필하겠소. 내가 물러난다면 나를 모함한 사람들도 같이 물러나야 되지."

이만섭은 재차 용퇴를 간청했으나 김 의장은 묵묵부답이었다고 한다.

다음날(6월 5일) 박 대통령은 이만섭 의원을 청와대로 불렀다. 이 자리에서 이만섭 의원은 "각하, 사태가 급하니 이 자리에 김 의장을 불러 두 분이 함께 결론을 내리시지요"라고 말했다. 박 대통령이 비서관을 불러 김 의장에게 연락을 취하는 것을 보고 그는 물러났다. 이 의원은 그날 저녁 김종필 의장의 사임을 알리는 신문 호외를 읽을 수 있었다.

버거 대사도 비상계엄령이 선포된 다음날 박 대통령에게 '각하의 지지자들은 김종필이 거세되지 않으면 정부가 위험에 처할 것이라고 생각하고 있다'는 의견을 전달했다고 한다(미 국무부 한국과장을 지낸 도널드 스톤 맥도널드가 쓴 《미국-한국 관계 20년의 기록, 해방에서 자립까지》).

박 대통령은 자신의 2대 지지기반인 군부와 미국으로부터 똑같은 압력을 받고 있었던 것이다. 김종필은 또 한 번 贖罪羊(속죄양)이 될 수밖에 없었다. 기자를 만난 김종필은 당시 공화당 내 反JP세력의 두 보스에 대해서 이렇게 말했다.

"장경순 부의장은 자신은 장군이고 나는 대령이라는 생각을 가지고 나를 대하는 것 같았어요. 계급사회인 군대의 생리상 장성들은 우리 8기생들을 그런 시각에서 바라보면서 좋지 않은 감정을 갖고 있었습니다. 김성곤 의원의 경우는 그분의 야심이 컸어요. 내각제로 개헌한 뒤 총리를 한번 하겠다는 꿈을 갖고 그때부터 지지 기반을 다지고 있었습니다. 내가 육본 정보국에 근무할 때부터 김성곤 씨의 친척이 되는 김재현 장군(당시 정보국 차장)의 소개로 김 의원을 알고 지냈습니다."

김종필은 "민기식 총장이 군부의 의견을 전한 것으로 알고 있다. 내가 대통령에게 정치적 부담이 된다면 물러나는 것이 좋겠다고 결심하게 되었다"고 했다. 이 무렵의 박 대통령에 대해서 김종필은 이런 증언을 했다.

"그분은 '우리나라 지식인들이 이렇게도 모르나' 하고 짜증을 냈습니다. '지금 이 시기를 놓치면 한일 국교정상화를 하더라도 더 이상 유리한 조건을 관철시킬 수 없는데 왜 이러나' 하는 말씀을 자주 했습니다. 그러면서 '재출마를 하지 않겠다'는 말씀도 하신 적이 있는데 내가 말렸습니다. 5·16 혁명을 일으킨 이상 역사적 책무를 면할 수 없다고 했습니다. 그분은 내심으로는 무서운 결의를 다지고 있었습니다. '우리 민족은 적당히 풀어놓으면 안 된다. 내가 욕을 먹더라도 악귀처럼 국민들을 채찍질하여 근대화와 민족중흥을 기어코 달성해야겠다'고 스스로를 다짐하고 있었던 것입니다."

김종필 의장이 하버드 대학에 유학하는 식의 외유를 주선한 것은 미국

대사관이었다. 미국 측은 사우스 웨스턴 연구회(South Western Research Society)란 조직에서 일체의 경비를 부담하는 식으로 하여 하버드 대학에서 헨리 키신저 교수가 주관하는 6주간의 여름 세미나에 김 의장이 참여하도록 했다.

1964년 6월 11일 사우스 웨스턴 연구회의 더글러스 페인 사무총장은 키신저 교수에게 보낸 편지에서 '김종필은 정력적이고도 논란이 많은 정치생활을 해왔는데 귀하께서 그를 가르치는 것은 장기적으로는 그와 한국을 위해서도 도움이 될 것이다'고 했다. 페인 총장은 '그의 영어 실력은 좋은 편이지만 말할 때는 통역자가 필요하다' 면서 '아시아 재단이 추천하는 다니엘 리가 김종필의 통역자로 동행할 수 있도록 해달라' 고 간청했다.

박 대통령은 비상계엄령을 선포한 것을 계기로 반대세력의 기를 확실하게 꺾어놓는 방법을 강구하겠다는 결심을 한 상태였다. 1964년 6·3 비상계엄령 선포 전야에 그는 공화당의 전 총재 鄭求瑛 의원을 청와대로 불렀다. 새벽 2시였다. 그는 원로로서 존경해온 鄭 의원에게 '내일 계엄령을 선포하겠다' 면서 자신의 불만을 털어놓았다.

"오늘의 사태는 야당과 지식인, 그리고 언론의 무책임한 선동 탓입니다. 학생들은 4·19 혁명의 경험 때문인지 저희들만이 애국자이고 가장 올바른 판단을 하는 양 자만하고 있어요. 이런 버릇을 고쳐놓아야 합니다. 아주 엄하게 다스리겠습니다. 나는 국민이 참여한 선거를 통해 당선된 대통령입니다. 그런 대통령의 힘이 얼마나 강한지 보여줄 작정입니다. 공화당은 그동안 이런 학생시위와 야당의 한일회담 반대 운동에 대해서 미온적으로 대처했습니다. 계엄기간 중에 여러 가지 정치적 조치를 취할 생각입니다. 계엄령을 펴야 할 혼란이 다시 일어나지 않도록 제도적 보완조치를 취할 생각입니다. 이제는 혼란이 일어난다 해도 계 엄령을 펼 필요가 없도록 안전판을 마련해야겠습니다. 그러니 협조해주 시기 바랍니다."

대통령의 怒聲

1964년 6월 2일 새벽 계엄령 선포 전야.

'학생들의 버릇을 고쳐놓겠다' 고 다짐하는 박정희에게 鄭求瑛 공화 당 의원은 "정부와 여당의 잘못도 있으니 이 기회에 과감한 시정조치가 있어야 한다"는 취지의 건의를 드렸지만 박정희는 '별로 찬성하는 기색 은 아니었다' 고 한다(《鄭求瑛 회고록 – 실패한 도전》에서 인용). 한두 달 전까지만 해도 박 대통령은 반대 세력을 설득하고 그들이 요구하는 것 을 수용하려고 애쓰는 자세였으나 이날 밤은 힘으로 대처하려는 단호한 모습을 보였다.

정구영은 '그날 내가 한 이야기는 구름 잡는 정치지 현실정치는 아니 었는지도 모른다. 지금 생각해보면 참 어리석은 얘기를 했었다고 생각 된다' 고 회고했다.

6·3 사태를 전후한 시기에 박 대통령은 1년 전 민정이양 때에 이어 또 다시 한국정치의 분열상과 지식인의 短見(단견)에 절망하면서 고독 속에서 자신의 확신을 더욱 다지는 결심을 하게 된다. 그는 사석에서 수 없이 "接長(접장)들과 학생들, 그리고 기자들 때문에 나라가 안 된다"는 불만을 털어놓으면서 "이런 풍토에서는 민주주의는 안 된다. 내가 욕을

먹더라도…" 라고 말하고 있었다.

박 대통령은 6월 26일 오전 계엄하의 국회에 나와 '시국수습에 관한 교서'를 발표했다. 회색 재건복에 색이 엷게 깔린 안경을 쓰고 나온 박 대통령은 약 30분간 연설문을 읽어 내려갔다. 박 대통령은 겸손하고 솔직하게 자신의 과오를 인정하는 말로 연설을 시작했다.

〈때로는 의욕의 과잉으로 무리한 시책을 강행한 나머지 다소간 민심과 유리된 바도 없지 않아 있었고 경험의 미흡으로 뜻 아닌 결과를 초래한 것도 있고 하여 한없이 自責(자책)의 心懷(심회)를 금할 수 없습니다. 이러한 결과적 책임은 모두 나에게 있는 것이며 그 누구에게도 책임을 전가시킬 생각은 없습니다. 정녕 나대로 성의를 다하여 한다는 일이 결과는 반대현상으로 나타났던 일도 있었습니다. 내가 이런 말을 하는 것은 遁辭(둔사)도 변명도 아닙니다. 다만 솔직한 고백에 불과합니다〉

그는 먼저 학생들의 시위를 비판했다.

〈과연 이 나라는 누가 정치를 하는 것인지, 정부는 날마다 밤마다 학생 데모 막기에만 골몰하고 국민들은 불안의 도가니 속에서 한숨만 쉬고, 이것은 학장도, 교수도 막을 수 없다, 학부형도 學姉母(학자모)도 막을 수 없다, 게다가 정치인은 그것을 이용하고 있다, 어떤 국회의원은 그 데모가 국회의사당 앞에 오는 것을 걱정하고 있다, 다른 국회의원은 그것을 환영하고 있다, 이런 실정 하에서 누가 정권을 잡더라도 안심하고 정부의 기능을 충분히 발휘할 수 있겠습니까?〉

박 대통령은 이어서 "그들이 자발적으로 학생본연의 자세로 돌아가야 한다는 것이 근본문제이기는 하지만 입법으로 이를 보호하고 규제할 필요가 없지 않다는 것을 나는 확신하는 바이다"라고 말했다. 그는 이제 언론을 猛攻(맹공)한다.

〈언론이 없는 시간부터 세상은 암흑천지가 되는 것도 사실이지만 세상에는 신문이 나라를 망치고 있다는 소리도 있고, 이 사회의 혼란은 신문에도 상당한 책임이 있다는 소리도 있습니다. 이런 소리가 다만 하나의 잠꼬대에 불과한 것이겠습니까. 우리나라 신문은 지난 15년간 선의이건 악의이건 너무나 많이 국민들을 자극했고, 선동적인 言辭(언사)를 써왔습니다. 이렇게 하여 경영상 수지는 맞추어왔을지 몰라도 국가사회에 유익한 일만 해왔다고 단언할 사람이 누구이겠습니까. 그런데 그보다도 더 이상한 것은 사람들이 저마다 속으로는 '신문이 너무 과하다. 신문이 이래서는 안 돼' 라고 하면서도 아무도 감히 입을 벌려서 큰 소리로 그것을 시정하라고 외치는 사람이 없다는 사실입니다. 만일 우리에게 자유를 수호할 의무가 있다면 타인의 자유나 타 기관의 자유를 침해하는 자유를 규제할 의무도 있어야 하지 않겠습니까. 이것은 진정한 언론의 육성과 조금도 배치되는 것이 아니라고 확신합니다〉

박 대통령은 언론 자유를 규제하는 입법을 하겠다는 뜻을 내비친 것이다. 이어서 그는 끝없는 정쟁을 비판하기 시작했다. 그는 "학생 데모나 무력으로 인하여 또 다시 정변이 일어나는 사태가 없어야 한다"면서 "다른 사람은 그런 말을 할 수 있지만 나는 그런 말을 할 수 없다는 견해도 있을지 모르나 그럼으로써 더욱 평화적 정권 교체를 실천에 옮겨서 國基(국기)를 공고히 하여야 한다는 사명을 痛感(통감)하고 있다"고 했다.

박정희는 또 "우리는 영원토록 外援(외원)에 의존할 수는 없다. 자립이 없다면 진정한 독립이 있을 수 없다. 이것이 바로 민족적 민주주의라는 것이다. 혹자는 이것을 곡해하여 반공 태세를 문란하게 하고 있다"고 강조함으로써 학생들에 의해 火刑(화형)당했던 자신의 통치이념을 변호했다.

"거리로 나가면, 그것이 이북방송이 아닌가 의심할 정도의 소리가 들립니다. 그것에 분격하는 마음, 어찌 난동 군인만의 잘못이겠습니까. 군인이나 학생이나 공무원이나 정치인이나 위법자는 가차 없이 처단하라는 것이 국민의 소리인 줄 나는 분명히 알고 있습니다."

박 대통령은 6·3 계엄령 선포 사흘 뒤〈동아일보〉를 찾아가 당직기자에게 군과 관련한 보도에 대해 불만을 토로한 공수부대원 8명을 구속하도록 지시했던 적이 있었다. 그는 이런 마당에 학생이라고 해서 聖域(성역)처럼 봐줄 수 없다는 뜻을 분명히 한 것이다.

李厚洛 실장 문제

1964년 6·3 사태 이후 계엄령이 펴지고 군부의 압력으로 공화당 의장직에서 물러난 김종필 후임으로는 초대 공화당 총재를 지낸 鄭求瑛 의원이 의장서리로 임명되었다. 6월 10일의 일이었다.

그가 당의장이 되고 나서 보니 당 운영경비를 대통령비서실장 이후락한테서 타 쓰고 있었다. 변호사 출신인 그는 이틀 뒤 청와대에 들어가 박정희 대통령과 만났다. 그는 먼저 정치자금 이야기부터 꺼냈다.

"나는 30여 년간 법조계 생활을 했기 때문에 모든 것을 법치라는 면에서 생각하고 있습니다. 민주국가에서는 법치주의가 절대적 요청입니다. 정치자금을 염출한다는 것은 우리 형편에서 대단히 어렵습니다. 김종필 씨가 궁지에 몰린 소위 4대 의혹사건도 정치자금을 모으는 것이 얼마나 어려운 것인가 하는 걸 보여줍니다. 먼저 진언드리고 싶은 것은 청와대에선 정치자금에 대해선 상관하지 말라는 것입니다."

박 대통령은 "뭐 그런 일이 있었나요"라고 했다. 鄭求瑛은 이후락 실장에 대해서 문제를 제기했다.

"항간에서는 내각은 껍데기이고 알짜는 청와대에 있다, 이후락 실장은 부통령이나 마찬가지이고 실제로는 국무총리 대행이고 재무장관이고 상공장관이다. 인사·자금에 관한 것은 이후락 씨를 통하지 않고서는 일이 안 된다, 정부 장관들은 로봇이다, 이 실장의 쪽지 한 장만 들어가면 그것이 곧 지상명령이다, 이런 말이 벌써 유포되고 있습니다. 이후락 군으로 하여금 그런 일을 못 하게 하면 좋겠습니다. 비서실장을 바꾸는 것이 옳다고 생각합니다."

"생각해보겠습니다. 좋은 의견이신데 잘 생각해서 처리하겠습니다."

정구영은 물러나 이후락 실장이 교체되기를 기다렸으나 소식이 없어 또 청와대로 들어가 박 대통령을 만났다.

"청와대 비서실에서 정치자금을 맡게 되면 그것은 대통령이 직접 하는 것과 마찬가지가 됩니다. 비서실장은 대통령의 분부를 기계적으로 이를 전달하는 사람이어야 합니다. 고려·조선 역사를 보더라도 宦官(환관) 정치는 백해무익입니다. 제3공화국 출발 초에 대통령이 환관정치를 해서 되겠습니까."

"비서실장에 대해 말들이 많고 부작용이 있다면 시정해야겠지요. 선생님 말씀대로 교체하겠습니다. 그렇지만 시간을 좀 주십시오."

정구영 의장서리는 몇 주를 기다렸으나 역시 이후락은 건재했다. 정구영은 청와대로 들어간 김에 또 그 이야기를 꺼냈다고 한다(《정구영 회고록–실패한 도전》).

박 대통령은 "이후락 군이 그만두면 후임은 누가 좋겠습니까"하고 물었다.

"그거야 대통령께서 고르실 일이 아닙니까. 그렇지만 마땅한 사람이 없어 저더러 추천하라면 하겠습니다."

"누굽니까."

"徐仁錫(서인석 · 뉴욕 타임스 기자 출신의 공화당 전국구 의원) 군은 어떻습니까. 제가 근 2년간 접촉해보니 젊은 사람이지만 상당한 식견이 있고 이런 면에서 유능하다고 봤습니다."

"그 사람은 국회의원인데 의원직을 사임하고 비서실장을 할까요."

"대통령께서 나라를 위하시는 입장에서 권하시면 그도 의원직을 내놓고 소임을 맡을 것입니다. 저도 그 일에 협조하겠습니다."

"알겠습니다. 며칠 여유를 주십시오."

홀가분한 기분이 된 정구영은 청와대를 물러나 소식을 기다렸으나 이후락은 오히려 黨政(당정)회의에도 참석하는 등 활동이 더욱 활발해지는 것이었다.

정구영은 그 뒤로는 이후락 문제를 꺼내지 않는 대신 대통령과 이야기하는 도중에 李 실장이 들어오면 입을 닫아버렸다.

"각하하고 저하고 정책문제에 대해서 말씀을 나누는데 왜 자주 이후락 군을 입회시킵니까. 그는 사무관입니다."

그 이후로는 박정희 대통령도 이후락 실장으로 하여금 배석하지 못하게 했다. 그랬는데도 李 실장은 조용히 들어와 저만치에서 가만히 서 있는 경우가 있었다. 그러면 박 대통령은 "실장은 좀 나가 있어"라고 했다.

공화당 당무회의에서도 金龍泰 의원 등이 "당의 이름으로 이후락의 해임을 대통령께 건의합시다"라고 들고 일어났다. 정구영은 "그 문제는 당의장인 내게 맡겨 달라"고 타일렀다.

다음날 黨政(당정) 연석회의가 박 대통령 주재로 청와대에서 열렸다. 정구영 이장이 이후락 문제를 꺼내지 않으니 김용대 의원이 "어째서 당 무회의에서 결의한 것을 말씀드리지 않습니까"라고 대들었다. 박 대통령이 의아해하면서 "무엇을 가지고 그러는 겁니까"하고 물었다.

鄭求瑛이 자초지종을 이야기하니 대통령의 얼굴이 새빨개졌다. 박 대통령은 아래를 내려다보고 한동안 침묵하더니 자리에서 일어나면서 정색을 하고 말했다고 한다.

"대통령비서실에 관한 인사문제는 대통령에게 일임하시지요."

정구영은 당무회의의 散會(산회)를 선포하고 대통령을 따라 나와 집무실로 들어가 사과했다. 박 대통령은 "이거 너무들 하십니다"라고만 했다. 다음날 정구영은 당의장서리 사퇴서를 대통령에게 냈다.

'불꽃회' 사건

1964년 6월 5일, 6·3 사태로 인한 비상계엄령 선포 직후 계엄당국은 서울대학교 정치학과에 재학 중이던 金正剛(김정강·당시 26세·통일 민주당 총재 특보 역임)을 학생 데모 배후조종자로 지목, 현상금 10만 원을 걸고 수배령을 내렸다.

김정강은 1959년에 서울대 문리대 정치학과에 입학해 그 해에 이념서 클 '新進會(신진회)'에 가입한 뒤 마르크스·레닌의 이론에 빠져들면서 신진회 선배들이 4·19 학생 데모를 지도하는 것을 보고 배웠다.

김정강은 남북한 간의 정통성 문제를 다루면서 자연스럽게 친북주의 자가 되었다고 한다. 그는 장면 정부 시절 국회의사당 점거 농성 등 각종 시위를 배후조종하다 5·16 쿠데타 직후 계엄당국으로부터 수배를 받자 허술한 행정의 틈을 타서 군에 입대했다. 그가 군 방첩대에 체포된 것은 1963년 2월. 평소 증거를 남기지 않는 등 신변정리를 잘한 덕분에 곧 풀려났다.

학교로 돌아온 김정강은 '신진회'의 정체가 노출됐으므로 활용 가치가 없다고 판단하고 합법적으로 학생운동을 이끌어 갈 단체를 조직하는데 앞장섰다. 제 5代 대통령 선거가 막 시작될 무렵이던 1963년 9월경 김정강은 정치학과 후배들과 함께 '민비연(민족주의 비교 연구회)'을 조직했다.

김정강은 지하조직을 전국적으로 구성하기 시작했다. 서울대학교에서는 문리대뿐 아니라 상과대·사범대·공과대 등 각 단대별로 조직인원이 확보되었고, 1964년 초에는 서울 시내 주요대학은 물론 대구·부산·광주 지역의 각 대학에서도 이와 비슷한 수준까지 진행되었다. 전국 조직의 명칭은 '反帝(반제)전국학생동맹'이었고, 서울대학교 문리대에서 조직된 서클 명칭은 '불꽃회'였다.

'美帝(미제)의 番犬(번견) 박정희는…'으로 시작되는 불꽃회 강령은 '조국의 북반부에서는 김일성 동지를 수령으로 하는 위대한 조선공산당의 지휘하에 사회주의 조국건설에 성공하고 …'란 대목이 있었다.

'불꽃회'는 박정희를 '미 제국주의의 앞잡이, 군사 파시스트'라고 규정하고 박정희 정권을 '식민지 예속 파쇼정권'이라고 규정했다. 반면,

김일성에 대해서는 '위대한 조선노동당의 혁명의 지도역량'이라고 정의내리고 있었다. 김정강의 '불꽃회'는 한국 최초의 대학 내 自生(자생) 친북조직이었다.

1964년 3월 조직구성을 완료한 김정강은 3·24 한일회담 반대데모와 6·3 데모를 조종하다가 비상계엄령이 내려지자 도피했다. 수배 전단은 그의 고향인 경남 진주의 골목에도 붙었다. 제재소를 운영하던 부친의 직원 집 다락에 숨어 있던 김정강은 6월 7일 朴文秉(박문병) 경감이 지휘하는 40여 명의 형사들이 집을 포위한 가운데 체포됐다.

체포된 김정강은 서울 시내의 안가에서 한 달간 고문을 견디며 경찰이 어디까지 조직의 내막을 알고 있는지를 관찰했다. 경찰은 '반제전국학생동맹'에 대해서는 잘 모르고 있었다. 경찰의 수사가 종결된 것은 7월 16일쯤이었다(김정강은 징역 2년형을 선고받았다).

1964년 7월 18일 양찬우 내무부 장관은 '학생 데모 배후조종 사건'이란 제목의 '불꽃회 사건'을 발표했다.

김정강은 1966년에 출감하여 14년간 노동현장에서 위장 취업해 활동을 했다. 그는 감옥에서 만난 숱한 미전향 간첩들로부터 북한의 실상을 알게 되고 1980년에 비로소 자신의 신념이던 친북·사회주의 노선과 결별한다.

기자는 '불꽃회' 사건 이후 34년이 지난 후에 김정강 씨를 만났다. 지금은 전향해서 保守(보수) 右翼(우익)의 노선을 견지하며 사회평론가로 활동 중인 김정강 씨는 자신을 '역사에 죄를 지은 사람'이라고 했다. '불꽃회'를 만들 당시 그는 "세상을 마르크스 이론에 끼워 맞춰 도식화하는 데만 골몰한 나머지 현실감을 잃었던 시절"이라고 회고하면서 "그래도 박 정권 때 법치주의가 살아 있었기 때문에 나의 법정투쟁이 성공하게 되었다. 법치주의는 좌익에게 빠져나갈 틈을 제공하기 때문"이라고 말했다.

"지금 생각해 보면 박정희 씨가 미국의 앞잡이였다는 것은 말도 아니지요. 당시 우리의 삶은 朝鮮朝(조선조) 때부터 지속되어 온 半(반) 봉건시대에 머물고 있었습니다. 국민소득이 1인당 80달러로 아프리카의 가나와 동급이었지요. 우리가 보기엔 사회주의 쪽으로 가야 성공하기 쉬울 것 같았습니다.

우리의 판단은 그 후 착오였음이 드러났고 박정희는 이 땅에 자주적인 현대국가를 건설하고 자본주의를 창출하는 데 성공했습니다. 그러나 박 대통령은 물질적 토대를 만드는 데 성공한 반면, 우리 같은 '박 정권의 성공을 부정하는 좌익'과의 싸움에서 패배해 자신의 물질적 성공을 합리화하는 이념을 만들지 못했습니다. 이 점은 끝내 제 가슴속에 무겁게 남아 있을 겁니다."

계엄령 해제

박정희 대통령은 6·3 계엄령을 국정의 주도권을 확립하는 계기로 삼으려 했다. 계엄하의 언론검열로 야당의 목소리가 국민들에게 전달되는 것을 차단한 상황에서 박정희는 공세로 나온다.

1964년 7월 2일 박 대통령은 공화당 소속 국회의원 전원에게 친서를 보냈다. 그는 이 편지에서 '憲政의 불안정한 常道(상도)보다는 오히려 계엄에 의한 사회 안정을 바란다는 서민대중의 많은 소리를 귀담아 들어야 할 것'이라면서 '계엄령 해제에 앞서 앞으로 다시는 불행한 사태가 일어나지 않을 확실한 대책과 보장이 선행되어야 한다'고 강조했다.

박 대통령은 또 '이러한 보장은 여야의 공동노력으로 이루어질 것을 희망하고 있으나 만부득이한 경우에는 여당만의 힘으로서도 그 보장을 성취시킬 결의를 굳게 해야 할 것이다'고 했다. 박 대통령이 요구한 재발 방지 대책의 핵심은 언론규제였다.

박정희는 6·3 시위를 몰고 온 근본 추진력은 신문의 선동이었다고 판단하고 있었다. 그는 언론의 입을 막아놓은 계엄기간에 언론규제법을 국회에서 통과시키겠다는 전략을 밀고 나갔다. 두 야당인 민정당과 三民會(삼민회)도 응원세력인 학생들과 언론이 침묵한 형편에서는 이 언론규제법 협상에 응하지 않을 수 없게 되었다. 박정희는 군대와 서민대중의 지지를 믿고서 밀어붙였다. 온건 야당인 삼민회가 정부의 언론규제법안에 대해 '언론계가 자율적으로 하도록 하자'는 수정안을 냈고, 이것이 돌파구가 되었다.

7월 28일 새벽 여야시국수습협의회는 윤리위원회를 통한 언론규제 강화 대책의 법제화에 합의했다. 합의문은 '공화당이 입법활동을 개시하고자 할 때는 삼민회는 이에 협조할 수 있고 민정당은 解嚴(해엄) 후에 논의해서 찬동 또는 반대 아니할 수도 있다'는 요지였다.

이에 따라 박정희 대통령은 7월 29일 0시를 기해 그동안 서울 일원에 펴져 있던 계엄령을 56일 만에 해제했다. 신문들은 일제히 언론 검열로 묻어두었던 사건들을 정리하여 보도했다.

대부분이 학생인 계엄사범 174명 구속, 시위 중 부상당했던 건국대학교 학생 치료 중 사망, '인권에 관한 건의서'를 배포한 李丙璘(이병린)

대한변호사협회장 구속, '야당이 박 대통령 하야 및 탄핵 논의' 따위의 기사는 언론이 살아 있었더라면 정부를 곤란에 빠뜨릴 수 있는 것들이었다. 박정희는 언론통제가 국정운영에 결정적 영향을 끼친다는 것을 체험으로 확인한 셈이었다.

공화당은 7월 30일 단독으로 학원보호법안과 언론윤리위원회법안을 국회에 제출했다. 이 법안의 핵심은 윤리위원회에 속한 審議會(심의회)의 권한에 있었다.

언론계 대표 5명, 非언론인 4명으로 구성되는 이 심의회는 언론윤리강령에 저촉되는 내용을 보도한 언론사에 대해서 경고·정정·사과명령을 내릴 수 있고, 정기간행물과 방송사에 대해서 6개월 이내의 기한을 정하여 인쇄·배포, 또는 방송금지 판정을 내릴 수 있다는 것이었다.

학원보호법안의 핵심은 교직원과 학생들에 대해 '특정 정당 또는 그 정강·정책을 지지하거나 반대하기 위한 개인·집단의 활동'과 '정당 또는 정치적 사회단체에 가입'을 금지시킨다는 것이었다.

계엄기간 중이던 7월 17일 김형욱 중앙정보부장은 기자들과의 서면 인터뷰에서 "각 도청소재지에 있던 지부와 국내 정보국을 완전히 없애고 주요 지역에 對共(대공) 분실을 새로 설치하여 앞으로는 대공업무에만 치중하겠다"고 밝혔다.

이 내용은 완전한 거짓말이었다. 지부를 분실로 이름만 바꾼 것이었고 언론·정계·학원에 대한 사찰은 더욱 강화된다. 6·3 사태를 전후한 시기는 박 대통령이 정보부를 이용한 언론통제의 방향을 굳힌 시기이기도 했다.

계엄하이던 7월 27일 한국신문발행인협회, 한국신문편집인협회, 한국통신협회, IPI 국내위원회, 한국신문윤리위원회는 언론규제대책위원회를 구성, 입법에 의한 타율적인 규제를 배제하고 자율규제를 보강한다는 대안을 제시했다.

〈조선일보〉 8월 1일자는 劉基天(유기천) 서울 법대학장 등 각계 대표들 9명을 상대로 언론규제법에 대한 설문조사를 했다. 7명은 입법을 반대했고, 경제인협회 회장 金容完(김용완)은 찬성, 소설가 朴景利(박경리)는 '언론의 횡포에 대한 비판도 많다. 언론은 이를 자각해야 하고 사회는 언론에 대한 비판의식을 높여가야 한다' 는 요지로 답했다.

국회는 8월 2일 밤 야당의원의 일부가 퇴장, 일부는 방관하는 가운데 공화당 의원들의 찬성만으로 언론윤리위원회법을 통과시켰다. 8월 5일 임시국무회의는 이 법안을 의결, 공포했다.

8월 3일 한국신문인협회는 '각 언론단체 및 전 국민과 더불어 이 악법 폐기운동을 강력히 전개할 것' 을 선언했다.

다음날 국회, 청와대, 중앙청, 법조, 경제부처, 보사부 출입기자단이 편집인협회의 성명을 지지하는 결의를 하고 5일 하루 동안 청와대를 비롯한 정부부처에 대한 취재를 거부했다.

언론계를 망라한 언론윤리법 철폐투쟁위원회도 결성되었다. 위원장은 劉鳳榮(유봉영) 〈조선일보〉 부사장, 부위원장은 高在旭(고재욱) 〈동아일보〉 부사장 겸 주필 등 3명.

8월 10일에는 鬪委(투위)가 주최한 언론인 대표 대회가 열려 언론자유 투쟁을 선언했다. 이제 권력과 언론의 정면대결이 시작된 것이었다.

언론과 정권의 정면 대치

박정희 대통령은 1964년 8월 21일 부산 시찰 중 기자들과 서면회견을 가졌다. 박 대통령은 '언론계가 이미 작성하여 공개한 바 있는 신문윤리위원회 강화법안을 받아들여 공포된 언론윤리위원회법을 폐기할 용의는 없는가' 란 질문에 대해서 이렇게 답변했다.

"이 법은 넓은 국민층의 지지를 받고 있다. 언론계가 작성한 강화안은 이미 시기가 지난 이야기이다. 임의 단체의 규정과 국가의 법률은 전혀 그 성격이 다른 것이다."

박 대통령은 그러나 여운을 남겼다.

"앞으로 언론인들이 더욱 자성하여 타율적 규제 책임에 충실함으로써 이 법의 필요성이 없어질 날이 빨리 오기를 바란다."

박상길 대변인은 이 답변에 대한 보충설명을 통해 이렇게 말했다.

"신문윤리위원회의 규정으로도 정부가 뜻한 實效(실효)를 거둘 수 있다는 確證(확증)이 엿보인다면 이 법을 폐지할 용의가 있음을 나타낸 말이다."

이즈음 언론사에 대한 정부의 압력이 거세지기 시작했다. 8월 17일 〈한국일보〉와 〈서울신문〉이, 18일엔 〈대한공론사〉가, 20일엔 〈일요신문사〉가, 25일엔 〈문화방송〉이, 27일엔 〈동화통신〉이 악법철폐투위에서 이탈하였다. 한국신문발행인협회는 언론윤리위원회법에 규정된 윤리위원회의 첫 회의를 소집할 것인가를 언론사 대표들에게 묻는 서면결의서를 보내놓고 있었다. 그 답신 마감은 8월 28일.

8월 26일 오전, 〈조선일보〉 方一榮(방일영) 사장은 간부들을 불러 모았다.

"이번 문제에 있어서 우리 신문사는 반대 입장을 고수하기로 했습니다. 반대가 〈조선일보〉의 최종태도입니다. 나는 사장으로서 〈조선일보〉의 태도가 정당한 결론에 도달했다고 판단합니다."

방일영 사장은 '〈동아일보〉의 고재욱 부사장을 만나서 만약의 경우에는 자진 폐간을 해야 하지 않겠느냐는 최후적 內心(내심)을 나누고 돌아와서 최종적으로 우리 신문사의 의견을 들어본 뒤 결단을 내렸다'고 한다.

8월 28일의 집계 결과 21개 언론사가 윤리위원회 소집에 찬성, 정부편에 섰다. 〈조선일보〉, 〈동아일보〉, 〈경향신문〉, 〈매일신문(대구)〉만이 반대투표를 했고 〈대한일보〉는 기권했다.

박정희 대통령은 중요한 결정을 앞두고는 혼자 있는 시간을 갖고서 골똘히 생각에 빠지곤 했다. 8월 23일은 일요일이었다. 그는 오전에 청와대를 찾아온 공화당 당무위원인 민병권과 함께 지프를 타고 수원 쪽으로 달렸다. 남쪽은 가뭄이었는데 지금 막 비가 내리고 있다는 소식을 듣고 청와대를 출발한 것이었다. 京水(경수) 가도에는 벼가 벌써 고개를 숙이고 있었다.

박정희는 한적한 저수지를 골라 종일 낚싯대를 드리웠다. 저녁 8시 청와대로 돌아올 때 잉어 한 마리를 들고 왔다.

8월 31일 박정희 대통령은 강공책을 정책화했다. 그는 국무회의로 하여금 정부와 맞선 〈조선일보〉 등 5개 사에 대해 보복조치를 취하도록 결의하게 했다. 정부 기관과 공무원의 구독 중지, 은행 융자 제한 및 기존 대출자금 회수, 신문용지 가격의 차별 대우, 극장협회와 기업체들에 대해 광고 게재 중단 압력, 취재활동 제한 등 다섯 가지였다.

이날 〈조선일보〉 편집국 기자들은 긴급회의를 열고 '本報(본보) 발행인에 대한 정부의 압력을 중단하라'는 취지의 결의문을 채택했다. 9월 1일에는 〈조선일보〉 鮮于煇(선우휘), 〈동아일보〉 千寬宇(천관우), 〈경향신문〉 閔載禎(민재정), 〈매일신문〉 金昌式(김창식) 편집국장이 공동으로 성명을 냈다. 이 4개 신문의 1면에 실린 성명서는 그 표현이 비장했다.

"그 악랄한 수법은 일찍이 일제 때에도 보지 못하였던 터로 그 천인공노할 비인도적인 조치는 이미 가공할 언론 탄압일 뿐 아니라 위정당국이 이성을 완전히 상실하였음을 노정한 것이다. 우리는 한국신문인협회의 결정을 준수하고 한국기자협회의 정열적인 투쟁에 더 큰 기대를 걸면서 일사불란 악법철폐를 위하여 끝까지 감투할 것을 엄숙히 선언하는 바이다."

9월 2일에는 언론 주무장관인 李壽榮(이수영) 공보부 장관이 저항 언론사에 대한 정부의 보복 조치에 항의하는 뜻에서 사표를 냈다. 박정희 대통령은 홍종철 문교부 차관을 후임으로 임명했다. 이수영은 보복조치를 결정한 31일의 국무회의에서도 온건론을 펼쳐 다른 장관들과 대립했었다.

정권과 언론이 벼랑까지 간 상태에서 막후 대화도 진행되고 있었다. 중심적인 역할을 한 것은 〈동양통신〉 社主(사주)이기도 했던 공화당 보스 김성곤 의원과 이후락 비서실장이었다.

9월 4일 박정희 대통령은 언론윤리위원회 소집에 찬성하지 않은 〈조선일보〉 등 5개 사(〈대한일보〉 포함)에 대한 정부의 보복조치를 시정하라고 내각에 지시했다. 성명서에서 박 대통령은 솔직한 표현을 했다.

"정부가 취한 몇 가지 지나친 조치들을 즉각 시정할 것을 지시했으니 언론인 여러분들도 지나친 태도를 시정하고 본연의 임무로 돌아갈 것을 강조한다. 국법으로 확정된 법이 언론 탄압으로 규정될 수 있다면 우리는 민주주의의 이념에 수정을 가져와야 할 것이다."

儒城 담판

1964년 9월 7일 오후, 박정희 대통령은 가뭄이 심했던 호남지역에 비가 내렸다는 소식을 듣고 지리산으로 시찰을 떠나 이날 밤 대전 유성 관광호텔에서 묵었다.

다음날 아침, 서울 세종로에 있던 신문협회(현 프레스센터) 1층 로비에는 심각한 표정을 한 언론인 여섯 명이 모였다. 언론윤리법 철폐투쟁위원회 유봉영(당시 조선일보 부사장) 위원장을 필두로 편집인협회 고재욱(당시 동아일보 부사장) 회장·최석채 부회장, 신문연구소 홍종인 소장, IPI(국제신문편집인협회) 한국위원회 金圭煥(김규환) 사무국장, 기자협회 李桓儀(이환의·경향신문 정치부장·문화방송 사장 역임) 특별위원장.

오전 9시에 서울역에서 출발하는 열차편으로 충남 유성에 도착할 때까지 일행은 별 말이 없었다. 유성역에 도착한 이들은 경호원들에게 둘러싸인 채 박 대통령이 묵고 있던 유성관광호텔로 향했다. 호텔 입구에서부터 박종규 경호실장은 경호원들을 풀어 살벌한 분위기를 연출하고 있었다. 이 담판을 주선한 이후락 비서실장과 김성곤 공화당 의원이 마중을 나왔다.

오전 10시 10분경 1층 회의실에 들어가자 의자에 앉아 있던 박 대통령이 일어나 일행을 맞았다. 기자협회를 대표해서 참석한 이환의 기자가 가장 나이가 어려 일행의 맨 뒷줄에서 박 대통령이 차례차례 악수를 하며 다가오는 모습을 지켜보았다. 박정희의 얼굴은 싸늘했다.

박 대통령이 의자에 앉자 왼쪽부터 유봉영·홍종인·고재욱·최석채·김규환 등 나이 순서대로 앉기 시작했다. 타원형 탁자의 끝부분은 이환의 기자의 차지로 박 대통령의 오른쪽이었다. 이후락과 김성곤은 박 대통령 뒤에 서 있었다.

회담장 분위기는 썰렁했다. 박 대통령도 아무 말이 없고, 참석한 언론계 인사들도 분위기에 눌렸는지 입을 열지 않았다. 뒤에서 서성이던 이후락 비서실장이 "언론계 대표께서 먼저 한 말씀 해 보시죠"라며 권했으나 침묵은 계속됐다고 한다(이환의 증언).

그러자 이후락이 김성곤에게 귓속말을 했다. 잠시 후 김성곤 의원이 투박한 경상도 억양으로 "이향이(이환의), 내 좀 보자"며 슬그머니 불러냈다. 김성곤은 이 기자에게 귓속말로 "모처럼 각하께 이후락 실장하고 내가 부탁드려 마련한 자리인데 아무도 말을 안 하네. 자네가 좀 해 봐라"고 했다.

광주서중과 광주고등학교 시절 웅변을 잘 했던 이환의는 자리에 돌아와 앉았다.

"기자협회 대표로 참석한 경향신문의 이환의 정치부 기잡니다."

그는 침착하고 예의바른 언어구사에 신경 쓰면서 얼어붙은 분위기를 녹이려고 박 대통령의 심정에 호소했다.

"군사혁명까지 일으켜 어지러운 나라 질서를 세우려는 각하의 충정을 우리는 충분히 이해하고 있습니다."

이환의 기자는 4·19 이후 사회질서의 문란과 관료의 부패상 등을 거론하고는 "혁명공약이야말로 사회 질서를 바로잡아 조국을 근대화시키려는 애국적 결단이었다"고 말하면서 "그럼에도 언론들이 앞다투어 비판적 기사로 일관하여 학생 소요를 선동한 측면도 없지 않았을 것"이라고 말했다.

"각하께서는 개혁과 신질서 확립에 언론이 걸림돌이라는 인식을 갖고 계시는 듯합니다. 숫 언론계의 생사여부가 달린 언론윤리위원회법을 만드신 것을 저희는 이해하고 있습니다."

이때 박정희는 묵묵히 담배를 피워 물었다. 이환의 기자는 '이제 본론으로 들어가면 되겠구나' 하고 자신감을 갖기 시작했다.

"현재 우리 언론의 보도성향을 自家(자가) 비판해보면 자극적이고 선동적인 제목을 달아 街販(가판)에서 많이 파는 데만 심혈을 기울입니다. 독자들의 뉴스감각도 이런 수준입니다. 그래서 선동과 폭로로, 소위 군사정부라고 하면서, 각하, (이 표현을) 용서하십시오. 對與(대여), 대정부 공세를 어느 신문이 더 진하게 題號(제호)로 내용으로 쓰느냐 하는 경쟁에 휘말려 있는 것입니다."

박정희는 담배를 피워 문 채로 입술 한쪽을 들며 쿡쿡 웃었다. 그 사이로 담배연기가 솔솔 새나오고 있었다.

"이것은 언론기업의 무모한 過當(과당) 경쟁 때문입니다. 더 큰 원인은 경영상 적자가 너무 심각한 데 있다고 보입니다."

이환의 기자는 자신이 2년간 도쿄 특파원으로 지내며 보고 겪은 일본 사회와 언론사의 예를 들기 시작했다.

"일본의 외무성과 국방성 기자들은 누가 뭐라 해도 국가이익을 먼저 계산해서 기사를 씁니다. 아무리 특종이라 해도 이 기사가 일본의 국익에 도움이 되지 않는다고 판단되면 자제합니다."

이 말에 박정희는 앉은 자세를 고치더니 펜을 들어 메모하기 시작했다. 李 기자는 '구미에 맞는 實例(실례)를 들었구나' 하고 생각했다.

"일본에 총파업이 있습니다. 春鬪(춘투), 秋鬪(추투)라면서 노동자들이 빨간 머리띠와 선동적인 문구를 쓴 어깨띠를 두르고 횃불 데모를 할 때면 저희들의 감각으로는 '아, 일본은 오늘이나 내일쯤 뒤집어지겠구나' 하고 생각합니다. 그러나 다음날 아침에 요미우리나 아사히, 마이니치 등 3대 유력 신문들을 보면 이 사건 기사는 사회면 구석에 1, 2단으로 떨어뜨려 놓고 있습니다."

이 말에 박정희는 "그렇지!" 하며 무릎을 탁 쳤다.

대통령의 후퇴

1964년 9월 8일 대전 유성관광호텔에서 유봉영을 비롯한 여섯 명의 언론계 대표와 對坐(대좌)한 박정희 대통령은 기자협회 이환의 특별위원장의 건의를 들으면서 싸늘하던 당초 태도를 풀고 부드럽게 변해갔다. 이 기자의 설명은 계속되었다.

"우리 신문사들이 그날의 가판부수에 매달리고 그것이 1면과 사회면 담당자의 실력을 재는 바로미터가 되어버린 상황에서는 절대로 일본 언론과 같은 냉철한 보도태도가 나올 수 없습니다. 그래서 각하, 외람된 말씀입니다만 여러 선배님들도 여기 계시지만 저를 용서하시고 어리광

겸해 적나라한 말씀을 좀 드리겠습니다."

박 대통령이 씩 웃는 것을 보면서 이 기자는 이렇게 말했다.

"각하, 먼저 各社(각사)에 최소한의 운전자금을 좀 융자해주십시오. 그리고 紙型(지형: 활자판 위에 이것을 놓고 압력을 가해 활자의 자국이 나타나게 하는 특수 종이로서 이 위에 납을 부어 연판을 만듦)은 전량 수입품인데 免稅(면세) 혜택을 주십시오. 신문용지 값이 날로 올라갑니다. 용지의 원료인 펄프의 수입에 대해서도 免稅를 해주십시오. 이런 건의사항을 각하께서 받아주시고 언론윤리위원회법의 시행을 유보해주시면 저희들도 自省(자성)의 모임을 갖도록 하겠습니다. 무리한 가판경쟁도 지양하겠습니다. 각하께서 停滯(정체)한 우리 언론을 살려주시고 용기를 주십시오. 그러면 언론도 응분의 보답을 할 것입니다."

메모를 해가면서 이 기자의 말을 듣던 박 대통령은 메모지를 덮으면서 이렇게 말했다고 한다.

"여러분들의 충정과 나에게 해주신 말들을 잘 이해하겠습니다. 언론계가 당면한 고충도 잘 들었습니다. 좋은 참고가 되었습니다. 하여간 오늘 여러 가지로 도움이 되었습니다."

유성 회담이 진행되고 있던 그 시간 홍종철 공보부 장관과 盧錫瓚(노석찬) 차관은 장관실 문을 걸어 잠그고 대책을 논의했다. 평안도 사투리가 심한 사람 좋은 홍 장관은 기자들이 질문공세를 펴자 이렇게 말했다.

"살콰주(살려주오), 살콰주. 내래 아직 니야기할 닙당이 못 됩니다. 제발 살콰주."

서울로 올라온 박 대통령은 9월 9일 청와대에서 두 차례 당정회의를 열고 언론윤리법의 시행을 보류하라는 지시를 공보부 장관에게 내려 보냈다. 이로써 언론파동은 38일 만에 끝났다. 언론윤리법은 이로써 死文化(사문화)되었기 때문이다.

박 대통령은 발표문에서 '유성에서 언론계 대표들을 만나본 나의 감상은 그들이 반성과 결의가 어느 때보다 뚜렷함에 큰 감동을 느꼈다'면서 '자율적 규제의 책임을 다하겠다는 언론계 대표들의 건의를 받아들이기로 했다'고 했다.

언론윤리위원회법의 사실상 철폐는 박 대통령의 원래 의도와는 다른 결론이었다. 당시 대통령 대변인 박상길에 따르면 박 대통령은 '언론의 횡포, 학원 소요, 지식인의 편협한 생각, 이 세 가지가 국가를 위기로 빠뜨린 근본 원인이라고 진단했다'는 것이다. 박정희는 '계엄해제 여부와 관계없이 이 세 가지 문제점은 꼭 내 손으로 바로 잡겠다'는 결심이었다는 것이다.

언론윤리위원회법이 국회에서 논란을 벌이고 있을 때 박정희는 청와대 2층 서재에서 국회의 토론상황을 스피커 장치를 통해서 듣고 있었다.

어느 날 박 대통령은 박상길 대변인을 불렀다. 박 대변인이 서재에 들어가 보니 대통령은 방을 왔다 갔다 하다가 스피커를 힘껏 걷어찼다. 줄은 끊어지지 않아 나뒹굴어진 스피커를 통해서 야당의원들의 신경 건드리는 발언이 새나오고 있었다.

박 대통령은 스피커의 스위치를 홱 돌려 끄더니 엄명을 내리는 것이었다.

"이 길로 국회로 가시오. 이효상 국회의장에게 오늘 중으로 법안을 통과시키든지 말든지 마음대로 하라고 전하시오."

박정희의 이런 신경질을 전해들은 공화당이 국회에서 이 법을 통과시키기는 했지만 언론이 박 대통령에 도전하고 나서자 소신을 걸고 대통령 편에 서서 언론과 맞서는 사람들은 별로 보이지 않았다. 아무리 강력한 권한을 가진 대통령이지만 같은 역사관과 언론관과 정치이념을 공유한 측근들이 없는 상황에서 혼자 언론과 상대하기란 어려웠을 것이다. 여기에 대통령의 고독이 있었다. 朴相吉 대변인은 그런 대통령을 이렇게 묘사했다.

〈오후 5시가 되어 관저의 전 직원이 퇴근하고 나면 그 넓고 거대한 영역 안에는 마음을 주고받을 내 식구 4, 5명만이 외로이 남는다. 그리고서도 대통령은 산적한 못다 본 서류를 열람해야 하고 국사의 중대사와 고독과의 대결을 해야 한다. 친구도 없고 술도 없고 항차 자유로운 환락이 어디에 있겠는가. 그래서 박정희 대통령은 수없이 뇌까리신 말이 있었다.

"이 자들이 나만 이 깊은 감옥에 처넣고 저희들은 마음대로 뛰어다니며 사사건건 말썽만 부리니…."

나는 한 서너 번 가량 모든 직원이 퇴근하고 갈 데 없는 대통령이 서재에 우두커니 홀로 서서 노을 지는 황혼을 바라보며 눈에 이슬이 맺혔음을 보았다〉(박상길 회고록《나와 제 3·4 공화국》)

金成坤과 吉在號

우리나라의 정치사를 둘러보면 정국이 혼란스러워지거나 대통령의 권한이 약화되면 改憲論(개헌론)이 모락모락 피어오른다. 1964년 6·3 계엄령 선포 직후에도 그랬다. 서울에 펴진 계엄령을 해제하는 문제로 여야 협상이 시작되었다. 자연히 여야의 온건파가 협상에 참여했다. 이들은 정국 타개의 방법으로 내각책임제 개헌에 대해 교감을 가졌다.

대통령 대변인 박상길은 출처 불명의 개헌설에 대해서 반박 논평을 내기에 바빴다.

박상길의 증언에 따르면 청와대에서 공화당 간부들이 박 대통령 앞에서 회의를 하다가 개헌론이 공개적으로 제기된 적이 있었다고 한다. 金振晩(김진만) 의원이 "지금 정국을 수습하는 길은 내각책임제로 개헌하는 길밖에 없다고 생각합니다"라고 했다는 것이다.

박상길은 '이제는 저들이 당당히 대통령 관저로 밀고 들어와 대통령을 直對(직대)하여 무리로써 육박할 수 있는 데까지 고비가 온 듯 싶었다'는 것이다. 묵묵부답으로 있는 박 대통령을 대신하여 박상길이 나서서 이렇게 반박했다.

"헌법을 개정한 지 1년도 안 되고 대통령이 되신 지 1년도 안 됐는데 또 개헌을 하고 정국을 개편해요? 그럴 게 아니라 차라리 각하보고 '더이상 대통령으로 모실 수 없으니 물러나주셔야겠습니다' 하고 왜 당당히 말을 못 하는 겁니까."

정구영 공화당 의장서리는 분위기를 바꾸려고 이런 말을 했다고 한다.

"박 대변인의 말씀은 뼈에 사무치는 바 있습니다. 김 의원의 말씀도 궁극적으로는 같은 뜻이지 다른 뜻이 없을 것입니다. 각하, 그 점 너그러이 알아주셔야 합니다."

이로써 개헌론은 잠잠해졌다. 박 대통령은 자신의 정치력에 한계와 불안감을 느끼게 된다. 공화당이 자신의 심부름은 하지 않고 야당과 內通(내통)하여 정계 개편 논의나 하고 있는 것은 김종필의 외유 후 자신의 下命(하명)을 충직하게 시행할 직계 정치세력을 갖지 못했기 때문이라고 판단했다.

언론법 파동이 일단락된 1964년 10월 1일 박 대통령은 박상길 대변인을 불렀다.

"세상이 어떻게 돌아가고 있소. 뭘 좀 해보라니까 엉뚱한 짓들만 하고, 그렇다고 다 집어치울 수도 없고…."

"각하, 길이 있다고 봅니다. 방법이 있습니다."

"무슨 방법이 있겠소?"

"각하, 문제는 단순하게 보시는 것이 좋을 것 같습니다. 결국 오늘 이 꼴이 된 것은 혁명주체와 비주체, 주류와 비주류, 군인 출신과 민간인이 서로 싸우기 때문이고 다음에는 모두 각하, 각하 하지만 기실은 각하 자신의 정치세력이 없다는 데 모든 원인이 있지 않습니까?"

"그래서 어쨌단 말이오."

"그러니까 군인 출신-주체세력에서 하나를 뽑고, 비주류-민간인 쪽에서 하나를 뽑아, 둘을 뭉쳐가지고 각하가 막 바로 쓰실 수 있는 새로운 親政(친정)세력 곧 중도세력을 만들어서 이것을 키워가지고 직접 부리시면 되지 않겠습니까."

"그게 누구면 되겠소?"

"제 생각에서는 비주류에서는 김성곤 의원, 주류에서는 吉在號(길재호) 의원이면 될 듯 싶습니다. 김성곤 의원은 각하와 같은 영남 출신이고 통이 큰 데다가 돈도 있고 정치를 아는 사람입니다. 길재호 의원은 군 출신으로서는 말이 적고 듬직한 사람으로 생각됩니다. 이 두 사람이면 믿어도 될 것입니다."

"좋소, 내 특명이오. 모든 것을 맡길 터이니 당장 만나고 꼭 되도록 하시오."

박상길이 물러나려고 하는데 박 대통령이 다시 불렀다고 한다.

"그… 길재호보다 김동환이가 어떻소. 그 사람이 모가 안 나고 둥글둥글해서 야당에서도 좋아한다는데?"

"각하, 제 생각으로는 이같은 일은 사람이 좋다고만 된다고는 생각지 않습니다. 좀 답답하고 융통성이 없더라도 신념이 있어야 된다고 생각합니다."

"알겠소, 그렇게 해봅시다."

박상길은 먼저 길재호를 찾아갔다.

"그런 싱거운 이야기는 그만둡시다."

길재호는 박상길의 설명을 듣고 상대를 해주지 않으려고 했다.

"나 박 아무개가 아닌 대통령의 특명인데도 말입니까?"

"여보시오, 박 선생. 우리가 목숨 걸고 혁명을 할 때 그런 자(김성곤)하고 뭐 손잡으려고 한 줄 압니까."

박상길도 지지 않고 論戰(논전)을 벌인 끝에 두 사람은 본론으로 들어갈 수 있었다고 한다.

길재호는 몇 가지 조건을 제시했다는 것이다. 첫째는 그만한 일을 할 수 있는 자리의 보장, 둘째는 김성곤과 상대할 만한 자금의 뒷받침, 셋째는 대통령이 翻意(번의)를 하지 않는다는 확고한 보장을 요구하는 것이었다. 박상길은 청와대로 돌아와 박 대통령에게 길재호 의원의 요구사항 가운데 세 번째 것은 빼고 두 가지를 전달했고 대통령의 보장을 받았다.

4인 체제

공화당의 주류 핵심인 길재호 의원과 비주류 보스인 金成坤 의원을 연결하는 새로운 친위세력을 구축하라는 박 대통령의 특명을 받은 박상길 대변인은 길재호의 동의를 얻은 다음 김 의원의 신문로 자택을 찾았다.

"동생, 무슨 일이 그렇게 중요하노?"

박상길은 팁팁한 김 의원을 대하는 것이 깐깐한 길재호보다는 마음이 편했다. 박상길은 대통령의 특명임을 전제한 뒤 용건의 핵심을 말했다.

"무신 소리고? 아이고, 마 치아라 치아(치워)."

"지금 뭐라 겠노? 치우기는 멀 치우란 말고?"

"이봐라. 자식은커녕 손자 같은 아들이 툭하면 권총부터 먼저 뽑는데 무신 손을 잡으란 말이고?"

김성곤은 不問曲直(불문곡직) 홱 뿌리치고 일어나더니 두말 없이 방을 나가려 하였다. 박상길은 저쪽보다 한 술 더 떠야겠다고 생각했다. 일국의 국가 원수가 내린 大命(대명)을 수행하는 터에 당치도 않는 행동을 보이고 있다고 판단했다. 그는 일어나 김성곤의 앞을 가로막고 소리쳤다는 것이다.

"아니키(일본어로 형이란 뜻), 니 오늘 죽을라카나? 뭐라꼬? 그래, 이 치대로 말하면 씨커먼 소도둑놈 심보가 아니란 말이가? 새파랗게 젊은 군인들이 목숨 걸고 나라를 구해놓으니까 엊그제까지 나라 털어먹은 놈들이 숟가락을 들고 밥상을 덮처? 말도 안 되는 소리 아이가? 자기나 나나 염치가 있어야 될 게 아닌가? 그래, 좋다. 나 갈 테니, 니 마음대로 해 보라꼬."

이번엔 박상길이 방을 나서려고 했다. 김성곤이 박상길을 붙들면서 말했다.

"말하자면 그렇다는 거지, 내가 정말로 못 하겠다 캤나. 그래 내 잘못 했다."

다시 대좌한 두 사람 사이에 이야기는 일사천리로 진행되었다. 김성 곤 의원도 합당한 자리를 요구하면서 蛇足(사족)으로 대통령에 대한 부 탁 하나를 곁들였다. '혁명주체들이 툭하면 권총을 빼드는 버릇은 고쳐 야 한다'는 것이었다.

청와대로 돌아온 박 대변인은 사실대로 보고하였는데 권총 운운하는 말은 차마 전할 수 없었다.

박 대통령은 길재호 의원에게는 공화당 사무총장 자리를 주기로 했는 데 김성곤 의원에 대한 합당한 처우가 문제였다. 한참을 생각하던 대통 령은 "김 의원이 재계에도 발이 넓으니 당의 재정위원장이 어떻겠냐"고 했다.

"당 쪽에 자리를 마련하기가 어렵다면 국회 부의장 쪽이 낫지 않겠습 니까. 정치인이 돈에 손을 대면 今後(금후)에 여러 가지 문제가 있을 줄 압니다."

"그 문제는 내가 알아서 하겠소. 이제 어떻게 하면 좋겠소?"

"각하, 제가 할 일은 이제 끝났습니다. 이제 바로 두 사람을 각하가 부 르시어 사안을 확인하시고 각하의 마음을 그들에게 주시어 더불어 의논 하면 될 줄로 압니다. 그리고 이 일에 대해서는 저는 이후 모르는 것으 로 하겠습니다. 성질상으로 대변인 소관도 아니려니와 위계나 직책상으 로도 당연히 비서실장이 도울 일입니다. 금후는 일체 이후락 실장과 의논하심이 마땅합니다."

박상길은 이렇게 회고했다.

〈이상으로 나의 사명은 끝났고 그날 저녁으로 대통령과 김, 길 두 의원은 만나게 되었다. 얼마 안 있어 길재호 사무총장에 김성곤 당 재무위원장이 실현되어 박정희-김종필 라인 대신에 차원을 달리하는 김-길라인의 시대가 개막되고 한동안 가다가 여기에 백남억, 김진만 의원이 합류하여 소위 '4인 체제'로 정착케 된 것이다.

그리고 이 김-길 라인을 4인 체제로 발전시키고 또 다른 외곽선인 엄민영-서정귀 선을 합하여 청와대의 친정세력으로 오래도록 주무른 것은 바로 이후락 비서실장이었다〉

6 · 3 학생시위와 계엄령 사태로 정국이 소용돌이치고 있던 뒤안길에서는 한일 국교정상화에 못지않게 한국의 진로에 큰 영향을 끼칠 월남파병이 조용히 추진되고 있었다.

미국 정부가 미군 전투부대의 월남파병을 심각하게 생각하게 된 것은 베트콩의 활동이 강화된 1964년부터였다. 존슨 행정부는 미군의 개입이 없으면 월남 정부는 수년 내에 공산화되고 말 것이란 판단에 도달했다. 이해 4월 미국 정부는 '더 많은 국기(More Flags)' 캠페인을 펼치기 시작한다. 자유 우방국가들을 상대로 월남에 대한 각종 지원을 요청하기 시작했다.

월남 정부를 이끌던 구엔 칸 장군은 32개국 정부에 편지를 보내 공식적으로 원조를 요청했지만 이 캠페인은 미국이 주도한 것이고 월남 정부는 오히려 냉담했다.

박정희 대통령이 주한 미국대사관으로부터 월남에 대한 미국 정부의

원조 요청 공문을 받은 것은 1964년 5월 6일이었다. 이날 박 대통령은 김성은 국방장관에게 주한 미국대사가 보낸 편지 봉투를 보여주면서 會心(회심)의 미소를 지었다. 미국 정부는 우리 정부가 이동외과병원에 근무할 의무요원들을 보내줄 것을 요청하고 있었다. 박 대통령은 '드디어 기다리던 것이 왔구나' 하는 표정이었다.

월남파병―大戰略의 태동

1964년 5월 9일 김성은 국방장관은 '월남 정부가 공식으로 원조를 요청해오면 우리는 이 문제를 충분히 고려할 것이다'고 발표하면서 '우리는 이미 1959년과 1962년에 태권도 교관을 월남에 보낸 사실이 있다'고 했다. 국방부는 5월 21일 국가안전보장회의의 의결을 거쳐 1개 이동외과병원과 태권도 교관단을 파월하기로 결정했다.

박정희 정부는 월남의 사정을 알아보기 위하여 고위 인사를 보내기로 했다. 마침 합참 정보국장 姜起千(강기천) 해병 소장과 기획조정관 張禹疇(강우주) 소장이 이스라엘 외무장관 골다 메이어의 초청으로 이스라엘을 방문하게 되어 있었다. 김성은 장관은 이스라엘 방문을 마치고 돌아오는 길에 태국을 경유, 월남에 들어가라고 지시했다.

민간복으로 갈아입은 두 사람은 6월 5일 오전 11시 40분 사이공(현 호찌민 시)의 탄손누트 공항에 내렸다. 뒤에 월남 대통령이 된 티우 장군이 마중 나왔다. 장우주 장군은 티우 장군의 안내로 戰線(전선)을 시찰하면서 한국군의 우월성을 설명했다. 무너진 교량을 가리키면서 "한국군의 야전공병단이면 저 정도는 이틀 안에 복구할 수 있다"고 했다. 월남의 포병단을 방문한 자리에서는 사격술을 참관하다가 즉석에서 사격 지도도 해주었다. 강, 장 두 장군은 월남 측에 대해서 우리 정부가 의무 대대와 태권도 교관을 파견하기로 했다고 통보했다.

6월 8일 장우주, 강기천 장군은 월남 군사혁명위원회 위원장 겸 총리인 구엔 칸 장군을 만나 요담했다. 칸 장군은 "한국의 시위 사태가 조속히 수습되기를 희망한다. 우리도 불교도, 천주교도들의 데모로 골치를 앓고 있다"고 말했다. 이들은 이런 대화를 나누었다.

강기천: "월남 정부는 한국군 전투부대의 지원을 요청하는 문제에 대하여 생각해본 적이 있습니까?"

칸 장군: "현재로서는 생각해본 적이 없지만 정세 변동으로 그런 요청을 하게 될지도 모릅니다."

강기천: "우리 국방부는 이런 문제(전투부대의 파견)를 고려할 용의가 있습니다."

칸 장군: "전투부대를 파견한다면 그 兵種(병종)과 규모는 어느 정도로 예상합니까?"

강기천: "아직 구체적으로 연구된 것은 아니지만 우리 국방부 측은 언제나 이 같은 문제를 고려할 용의가 있습니다."

요사이 국내의 일부 세력은 한국군의 월남파병을 미국의 용병으로 해석하여 그 의미를 깎아내리려고 하는데 이는 역사적 사실과 전혀 부합되지 않는 선동이다. 월남파병은 박정희 정부의 주체적 전략하에 미국이 아니라 한국의 主導(주도)하에 이뤄졌기 때문이다.

파병의 명분은 '6·25 전쟁 때 우리를 도와준 미국에 報恩(보은)하고 국제공산주의에 대항하는 자유진영의 일원으로서의 의무를 다한다'

(1964년 7월 31일 국회에서 의결된 파병동의안)는 것이었지만 박정희는 실용적인 계산을 깔고 이 명분을 국가발전 전략에 활용했다.

박정희는 국군을 월남에 파병함으로써 주한미군 병력을 빼내 월남전선으로 보내려는 미국의 구상을 중단시켰을 뿐 아니라 파병에 따른 대가로서 한국군의 현대화를 위한 미국 측의 막대한 원조를 얻어냈다. 월남에 갔다온 연 30만 명의 국군은 실전경험을 쌓았다. 건설업자들을 비롯한 우리 민간인들은 군인들을 따라 월남시장에 진출하여 많은 외화稼得(가득)을 이루었고, 해외 사업의 경험을 얻어 1970년대의 中東(중동) 진출 때 써먹게 되었다. 그런 점에서 박정희의 월남파병은 국가의 방향을 크게 바꾼 대전략이었던 셈이다.

박정희가 최고회의 의장이던 1961년 11월, 케네디 미국 대통령과 만났을 때 이미 '월남에 파병할 용의'를 먼저 꺼냈고, 다음해 5월 11일에는 10여 명의 장교단을 월남으로 보내 현지정세를 시찰하도록 했다. 1963년 7월 초순 박정희 최고회의 의장은 진해의 이승만 대통령 별장에서 김성은 국방장관, 김종오 합참의장, 민기식 육군참모총장 등 군 수뇌부와 閑談(한담)하는 자리에서 이렇게 말했다(김성은 증언).

"월남을 저대로 두면 공산화될 것 같아요. 그러면 도미노 현상이 일어나 태국, 말레이시아, 필리핀까지 위험해질 것이고 더 나아가 우리의 안보도 위태롭게 될 것이오. 이런 것을 아는 미국이 가만히 있을까요? 만약 미국이 우리에게 병력 파견을 요청해올 경우 어떻게 할 것인지 여러분의 생각이 궁금하오."

김성은 장관은 "만약 우리가 미국의 파병요청을 거절한다면 주한미군을 빼내갈 터인데… 차라리 우리가 미국보다 더 과감하게 나가야 하니다"라고 말했다.

박정희는 이 말에 흐뭇한 표정을 지었다고 한다. 박정희의 비서실장과 외무장관을 지낸 이동원은 이런 박 대통령에게 "우리가 공짜로 미국을 지원해주어선 안 됩니다. 그러니 먼저 파병제의를 하지 말고 미국이 요청해 올 때까지 기다려야 합니다"라고 건의했다고 한다.

1964년 3월 김종필 공화당 의장은 월남을 방문하여 실력자 구엔 칸 장군에게 파병용의를 전했다.

이 무렵 박정희 대통령은 월남대사를 지내 현지 사정에 밝은 최덕신 서독 주재 대사를 워싱턴으로 보내 미국 정부의 고위층과 접촉하게 했다. 최 대사는 '월남문제를 해결하려면 결국 미군 전투부대가 파견되어야 하며 그럴 땐 한국군도 동참할 용의가 있다' 는 뜻을 전했다. 박정희는 미국과 월남의 등을 밀고 있었던 셈이다.

國軍, 월남에 가다

외무부는 1964년 6월 30일 신상철 駐(주)월남 대사에게 '월남 정부가 정식으로 우리 정부에 파병요청을 하도록 통고하라' 고 지시했다.

7월 15일엔 월남 군사혁명위원회 위원장 겸 총리인 구엔 칸 장군으로부터 공식적인 원조 요청이 우리 정부에 전달되었다. 한 · 미 양국은 우선 130명으로 구성된 이동외과병원과 장교 10명으로 조직된 태권도 지도요원들을 파견하기로 합의했다.

미국 측은 派越(파월) 한국군의 장비, 시설, 보급, 정비 및 급식에 대한 군수 지원을 책임지고, 한국군은 이들의 봉급, 수당, 출장비를 부담하기로 했다. 파병에 따른 예산지출의 대부분이 미국 측 부담으로 된 것이다. 우리 정부는 파월되는 우리 군 요원들의 외교상 지위문제로 월남 정부와 협상을 벌이기 시작했다.

1950년 12월 23일 미국이 캄보디아, 프랑스, 라오스, 월남 정부와 서명한 5자 협정은 在越(재월) 미군에 대해 외교관과 같은 치외법권을 인정하고 있었다.

미군에 대해 무관세, 무과세, 독자적인 재판 관할권 등을 명시한 이 특혜를 우리도 받아야 한다는 것이 박정희 정부의 방침이었다. 월남을 지원하기 위하여 파견된 호주 군사 훈련단은 사전에 미군과 협의하여 미군과 같은 치외법권의 특혜를 받기로 월남 정부와 합의한 상태였다. 월남 정부는 호주에 대한 것과 같은 특권을 한국 군인들에게 부여하는 것을 꺼려했다. 그 대신 콜롬보 계획에 의하여 월남에 파견된 외국인들에게 주는 정도의 특권만 주겠다고 했다. 우리 정부와 신상철 대사는 월남 정부를 압박하여 결국은 미군과 호주군이 누리는 정도의 외교관 대우를 얻어냈다.

박정희 정부는 7월 22일 계엄령하의 국회에 '월남공화국 지원을 위한 국군 부대의 해외 파견에 관한 동의요청안'을 제출했고 7월 31일 본 회의에서 통과되었다. 야당의 조직적인 반대는 없었다. 이동외과병원 요원들의 파견이 결국 약 5만 명의 大軍(대군) 파견으로 이어질 것이라고 예상하는 야당 의원들은 별로 없었다.

1964년 8월 3일 越盟(월맹)의 통킹 만 공해 상에 있던 미국 해군 구축함 매독스 호를 향해서 월맹 해군의 초계함이 어뢰를 발사했다. 다음날 밤중에 매독스 호와 자매함인 터너 조이 호는 레이더 화면에 어뢰 수십

발이 다가오는 航跡(항적)을 발견하고 네 시간 동안 암흑 속에서 함포사격을 퍼부었다. 두 배의 함장은 수 척의 월맹 초계함을 격침시켰다고 보고했다. 다음날 새벽 매독스 호의 함장은 레이더에 포착된 것은 어뢰가 아니라 기상현상으로 밝혀졌다고 보고하면서 월맹의 초계함이 격침되었는지는 아직 육안으로 확인하지 못했다고 했다.

이 순간 린든 존슨 대통령은 대통령 선거 운동 중이었다. 그는 통킹만의 충돌 보고를 받고는 표를 의식했음인지 단호한(또는 무모한) 보복조치를 명령했다. 전투기들이 64회 출격하여 월맹의 해군 기지, 석유저장소를 폭격했다. 그 이틀 뒤 존슨 대통령은 의회로부터 '통킹 만 결의안'이라고 불리는 권한을 승인받았다. '미군에 대한 공격을 차단하기 위하여 필요한 모든 조치를 취할 수 있는 권한'을 대통령에게 부여한 이 결의안은 존슨 대통령에게 사실상 선전포고권을 준 셈이었다.

존슨 대통령은 이 결의안을 믿고 월남전선에 미군 투입을 결정했고 그후에도 병력 증강을 쉽사리 할 수 있었다. 존슨 대통령의 결정을 수월하게 만든 이 결의안은 1970년에야 미국 상원들에 의해 폐기되지만 때는 너무나 늦어버렸다.

1964년 9월 11일, 140명의 파월 장병들은 부산항을 떠났다. 이들은 9월 22일 월남에 도착, 28일에는 사이공 동쪽에 있는 해안 휴양도시 붕타우의 월남 육군 정양병원에서 시무식을 거행했다.

1964년 9월 30일 밤 청와대에서는 박정희 대통령의 47회 생일 축하 모임이 있었다. 박 대통령은 이효상 국회의장, 趙鎭滿(조진만) 대법원장, 정일권 국무총리, 정구영 공화당 의장, 최두선·김현철 전 총리, 이주일 감사원장, 이석제 총무처 장관, 김형욱 정보부장을 초청하여 저녁

식사를 했다.

　반주를 곁들인 모임은 술잔이 빠르게 돌아가면서 노래자랑으로 변했다. 이 자리의 분위기를 이끈 것은 '酒歷(주력)의 관록자' 최두선 전 총리였다. 박 대통령은 '황성옛터'를 불렀고, 정구영은 '푸른 하늘 은하수'를, 이효상·최두선은 '노세 노세 젊어서 노세'를 합창했다. 밤 11시 30분까지 간 이날 모임은 그러나 박 대통령의 진짜 생일보다 40여 일 먼저 치른 것이었다.

　박 대통령은 1917년 11월 14일 오전 11시경에 태어났는데 그날은 음력으로 9월 30일이었다. 박 대통령의 생일은 그냥 9월 30일로 알려졌고 외부에서도 이날에 축하를 해주곤 했다. 박 대통령은 '다른 사람들이 모두 내 생일을 9월 30일로 생각하니 거기에 따르면 되는 것 아닌가'라고 대수롭지 않게 생각했다고 한다. 생일 기념이 11월 14일로 바뀐 것은 몇 년 뒤의 일이다.

　1964년 10월 3일, 미 국무부의 극동담당차관보 윌리엄 P. 번디가 서울에 와서 박 대통령, 李東元 외무장관과 회담했다. 그는 그해 봄에 학생 시위로 중단된 한일회담의 재개를 촉구하기 위하여 한일 양국을 巡訪(순방)하고 있었다. 번디 차관보와 이동원 장관은 공동성명에서 한일회담의 조속한 재개를 희망했다. 두 사람은 또 '한일 국교정상화 후에도 미국의 경제 및 군사원조는 계속될 것'이라는 미국의 약속을 재확인했다고 발표했다.

李東元 외무장관

한일 국교정상화 회담과 월남파병 때의 외무장관인 故 이동원에 따르면 한·미 양국의 고위층 사이에 월남파병에 대한 공식적인 논의가 본격화된 것은 1964년 10월 2일 윌리엄 P. 번디 미 국무부 차관보의 방한 때였다고 한다. 번디는 박 대통령을 만나기 전에 이동원 장관에게 "이 장관, 미국이 월남전에 개입한 것을 어떻게 생각합니까"라고 묻더란 것이다.

"나는 미국이 소련·중공의 눈치를 보면서 북위 17도선 남쪽에서 제한전쟁을 벌이고 있는 것을 이해할 수 없습니다."

"존슨 대통령은 어떻든 힘으로 월맹을 굴복시키려고 합니다. 한국이 우릴 도와줄 수 있겠습니까."

우리 육군의 의무대대와 태권도 교관 등 140명이 이미 월남에 상륙하여 근무를 시작한 때였으므로 번디가 말한 도움이란 전투병력의 파견을 의미하는 것이었다. 이동원은 "그 문제는 각하만이 결정할 수 있습니다" 하고 입을 닫았다고 한다. 번디는 박 대통령을 만난 자리에서 월남 문제를 제기했다.

"미국은 지금 월남에서 어려운 처지에 빠져 있습니다. 존슨 대통령은 각하께 이런 미국의 처지를 꼭 말씀드리라 부탁했습니다."

번디 차관보는 전투부대의 파병 요청이란 말은 꺼내지 않고 박 대통령이 먼저 파병 용의를 밝히도록 유도하는 듯한 말을 했다. 박 대통령은 번디의 전술에 말려드는 것 같았다고 한다.

"거 내 생각엔 미국은 소련과 중공을 너무 의식하는 것 같아요. 월맹은 베트콩을 동원해 대들고 있는데 미국은 캄보디아 국경을 성역처럼 생각하고 그저 17도선 이남만 지키려 하는데 전쟁이란 무조건 이기고 봐야 하는 것 아닙니까."

"각하 생각이 옳습니다. 이제 존슨 대통령도 중대 결심을 하려 합니다. 물론 거기엔 각하께서 지적하신 대로 北爆(북폭)과 해안 봉쇄도 포함되어 있습니다."

"존슨 대통령이 그런 결심으로 우리에게 군사 협조를 요청한다면 난 언제라도 미국을 도울 용의가 있습니다."

번디는 박 대통령으로부터 파병 言質(언질)을 받았다고 생각하여 여간 기분 좋아하지 않았다. 그는 이동원 장관과 함께 숙소로 돌아가는 차 중에서 박 대통령에 대한 찬사를 늘어놓았다. 李 장관은 여기에 제동을 걸어야겠다고 생각했다.

"번디 차관보, 월남파병에 대한 대통령의 이야기를 너무 액면 그대로 받아들이지 않는 것이 좋겠어요. 미국 정부가 정식으로 파병을 요청하면 그때는 내가 실무적으로 처리해야 하는데 해결해야 할 일이 너무 많을 겁니다."

월남파병을 전제로 한 한·미 협상에서 이동원 장관은 윈스롭 G. 브라운 주한 미국대사를 상대하면서 惡役(악역)을 자임했다. 그는 미국의 애를 태워 최대한의 보상을 얻어내려고 했다.

박 대통령은 월남파병에 대해서는 타산적인 접근보다는 '6·25 전쟁 때 우리를 도운 미국에게 우리가 은혜를 갚아야 한다'는 의리론이 더 강했다. 이동원 장관은 그런 박 대통령에게 이런 논리를 폈다는 것이다.

"월남전의 장래는 불투명합니다. 이미 대세가 공산주의자들 편으로 기울어져 미군이 참전하더라도 질 가능성이 있습니다. 우리로서는 서둘 필요가 없습니다. 우리의 참전을 어떻게 하면 조국근대화 사업에 이용하느냐, 최악의 경우 미국이 패전했을 때 어떻게 그 후유증을 최소화하느냐에 대해서 신경을 써야 합니다."

박 대통령은 "우리가 너무 야박하게 구는 것은 아닐까. 일단 군대를 보내 놓고 미국과 이야기할 수도 있지 않은가"라고 했다.

"각하, 그건 그렇지 않습니다. 미국이 이렇게 매달리는 건 그쪽이 다급하기 때문입니다. 이럴 때 최대한의 실리를 챙겨야 합니다. 일단 파병하고 난 뒤에는 흥정이 어려워집니다. 브라운 대사에게는 크게 인심을 쓰십시오. '나는 전투병력의 파월에 찬성한다. 나머지는 외무장관과 협의해주기 바란다'라고만 하시고 실무적인 문제는 저에게 맡겨주십시오. 그리고 당분간 브라운 대사를 만나주지 마십시오."

최고회의 의장 시절 박정희 대통령 권한대행의 비서실장으로 있다가 태국 주재 대사로 나갔던 이동원은 1964년 7월 27일 외무장관으로 임명되었었다. 그 때 그의 나이 38세였다.

그는 부임 직후 새뮤얼 버거 후임으로 부임하는 브라운 미국대사를 공항으로 영접 나가지 않았다. 그 전까지는 신임 미국대사에게만은 우리 외무장관이 마중을 나갔다. 이건 외교 관례에 어긋나는 過恭(과공)이었지만 관례로 정착되어 있었다.

李 장관은 尹浩根(윤호근) 의전국장을 대신 보내기로 했다. 미국 대리대사가 찾아와 "브라운 대사에게 이미 외무장관이 마중을 나갈 것이라고 電文(전문)을 쳐놓았는데 이러시면 어떻게 하느냐"고 항의했다고 한다.

"국제 관례는 상대국 대사들을 동등하게 대우하는 것이 아니오. 잘못된 관례는 고쳐야 합니다. 우리가 총독 영접 나가듯이 할 수는 없는 것 아니오. 그렇지 않아도 미국을 새로운 제국주의 세력으로 오해하는 사람들도 있는데….”

金東祚 대사의 등장

박 대통령은 1964년 10월 7일 15명의 대사들을 이동시키는 인사에서 주일 대사 배의환을 주 아르헨티나 대사로, 주미 대사 김정렬을 주 캐나다 대사로 옮기고 신임 주일 대사에 金東祚 무역진흥공사 사장을, 주미 대사에는 김현철 전 내각수반을 임명했다.

金東祚 대사는 당시 46세로서 규슈제국대학을 졸업하고 일제시대에 고등문관시험에 합격했던 사람이다. 그는 이승만 정부 시절에는 외무부 정무국장으로서 한일회담에 깊숙이 간여했었다. 1959년 당시 외무차관이던 金東祚는 이승만의 강경한 재일교포 북송 저지 방침에 반대하다가 사직했었다.

李 대통령은 일본 측에 대해 ‘재일동포 전원에게 귀국을 명령할 것이며 만약 이 명령에 응하지 않은 한국인은 보호할 가치가 없다. 일본정부는 귀국자에 대해서는 전 재산의 반출을 허용하고, 강제연행에 대한 보상금으로서 1인당 1,000달러를 지급할 것’을 요구하라고 金 차관에게 지시했었다. 김동조 차관은 이런 과격한 요구를 할 경우, 재일동포들 가운데 명령에 따르는 사람이 적으면 남한 정부에 대한 불신임처럼 되어 한국 정부가 오히려 곤경에 빠지게 된다고 이의를 제기한 후 사표를 냈던 것이다.

김동조 무역진흥공사 사장이 한일 국교정상화 회담을 타결짓는 실무

책임자로서 주일 대사에 임명된 데는 李秉喆 삼성그룹 회장 등 정·재계 인사들의 박 대통령에 대한 추천이 있었다.

박 대통령은 김동조 대사를 청와대로 불러 이런 지시를 내렸다.

"우리의 국내 정세로 봐서 내년 6월까지 국교정상화가 이루어지지 않으면 안 됩니다. 국내의 회담 반대운동도 격화되겠지만 현안의 조속한 타결이 정부의 확고한 방침이오. 김 대사는 오랫동안 외무부에서 활약한 직업 외교관이므로 기대가 큽니다. 내가 김 대사를 믿고 全權(전권)을 위임합니다. 지금부터 반년 안으로 해결하십시오."

金東祚는 미리 생각해두었던 조건을 제시했다.

"각하, 현안의 조기타결을 성사시키기 위해서는 다음의 3개 선행 조건을 받아주셔야겠습니다. 첫째, 각하께서 저에게 전권을 일임하신다고 말씀하셨습니다만, 교섭에 따른 보고 및 請訓(청훈)의 방법도 저에게 일임해주십시오. 중요한 외교 교섭에선 외무 당국에 전보나 문서로 훈령을 요청하면 실무자들은 구두점 하나하나에 구애되어 일을 망칠 가능성이 있으므로 제가 각하께 직접 보고하고 청훈할 수 있도록 해주시기 바랍니다. 물론 외무장관과 총리와는 적절히 협의해 나가겠습니다만 실무자급으로부터의 통제를 받아서는 곤란합니다. 중대사가 있을 땐 전화나 전보를 통한 보고보다는 반나절 거리이므로 즉시 귀국하여 각하께 보고 드리겠습니다. 둘째, 회담대표단을 구성함에 있어서는 정치적 배경을 떠나 순수한 관료 출신자들로 편성해주십시오. 과거 대표단에는 정치인, 재야 인사, 법률가 등 거물 인사들이 많이 참여했습니다. 이들은 국내 정치 상황이나 세론에 신경을 많이 쓰기 때문에 회담의 실질적 성과는 기대하기가 어렵습니다. 셋째, 제가 수석대표를 겸할 수 있도록 해주시기 바랍니다."

박 대통령은 김 대사의 요구조건을 모두 받아주었다. 박 대통령은 김 동조 대사를 주일 대사로 임명한 뒤 여러 차례 전략회의를 거친 후 지난 봄의 학생시위로 중단된 한일회담을 재개하기로 결심했다. 박정희는 한일 국교정상화를 바라는 미국 정부의 의지가 강하기 때문에 야당과 학생들의 반대를 꺾고 이 일을 해낼 수 있다고 판단했다.

미국은 1964년 10월 30일 윌리엄 번디 국무부 차관보를 서울로 보내 박 대통령과 이동원 외무장관에게 한일회담 재개를 촉구하면서 미국 정부가 막후에서 일본과 한국의 교섭을 지원하고 국내의 반대세력을 약화시키는 데 적극적인 역할을 하겠다고 약속했다.

번디 차관보는 이 대사에게 "과격한 야당인사들에 대해서는 브라운 대사가 접촉하도록 하겠다"고 했으며 주한 미국대사(브라운)와 주일 미국대사(라이샤워)도 긴밀한 연락을 취하면서 한일회담을 측면지원토록 하겠다고 말하더란 것이다.

이 무렵 미국은 한국 정부에 대해 한일회담의 조속한 타결뿐 아니라 월남에 전투부대를 파견하도록 2중으로 부탁하는 입장에 있었으므로 박정희 대통령은 참으로 오랜만에 미국 정부를 만만하게 대할 수 있었다. 미국 정부로서는 월남 전선에 미군을 增派(증파)할 경우, 미군기지가 있는 한일 양국의 連繫(연계)가 절실하게 필요했다. 월남 전쟁이 악화될수록 박정희 정부의 미국에 대한 입장은 강화되는 상황이었다.

이동원 장관은 일본으로 부임하는 김동조 대사에게 "국내의 반대 여론을 잠재우기 위하여 일본 정부가 요시다(吉田) 전 총리와 같은 거물인사를 서울로 보내 과거사를 사과하도록 교섭해 달라"고 했다. 李 장관은 번디 차관보에게도 이 문제를 제기했었다고 털어놓았다. 이 장관은 번디 차관보에게 "우리는 일본이 차관급을 속죄사절로 보내려고 하는 데 대하여 반대하고 있다. 거물이 와야 국민들이 납득할 것이다. 미국이 도와달라"고 했다는 것이다.

번디는 "일본 외무장관이 오는 것이 좋겠다. 이 문제에 대해서는 브라운 대사와 라이샤워 대사가 협의하여 한국 측을 지원하도록 하겠다"고 했다는 것이다.

일본을 잘 아는 金東祚 대사는 속죄사절 요청이 어려운 과제임을 알고 있었지만 젊은 외무장관의 패기만만한 자세를 평가하여 최선을 다하기로 마음을 정했다는 것이다.

미국의 親朴正熙 노선

1964년 11월 21일 일본에서 일시 귀국한 金東祚 대사는 청와대에서 열린 고위전략회담에 참석했다. 金 대사는 박정희 대통령에게 말했다.

"出陣(출진)한 장수를 믿는 기분으로 협상대표단에 전권을 위임해 주십시오. 또 하나 지금 정계, 재계 인사 상당수가 일본 정부를 상대로 저마다 로비를 하고 있는데 일본 외무성은 대한민국 정부의 眞意(진의)가 뭐냐고 골치를 앓고 있답니다. 정식 외교 계통을 통하지 않는 이런 로비는 애국 충정에서 우러난 것이라 해도 회담에 방해가 될 뿐이니 중지시켜 주십시오. 그리고 평화선을 침범하여 나포된 일본 선원들을 석방시켜 주십시오."

정일권 국무총리와 이동원 외무장관은 일본 선원 석방에 대하여 국내

여론을 들어 난색을 보였다. 박 대통령도 "6·3 사태 이후 국민감정을 참작하여 평화선 경비를 강화하고 그 결과 나포된 일본 어선인데 이들을 석방한다면…"하고 주저했으나 "그렇게 하지 뭐"라며 승인했다.

현지로 귀임한 김동조 대사는 11월 25일 일본 외무장관 시나를 만나 제7차 한일회담을 12월 3일에 재개하기로 합의했다. 일본에서도 신병으로 사임한 이케다 총리에 이어 한일회담에 적극적인 사토 에이사쿠(佐藤榮作)가 자민당 정권의 총리로 취임함으로써 순풍을 받고 있었다.

1964년 8월 3일 존슨 대통령의 안보보좌관인 맥조지 번디는 라이샤워 주일 대사에게 이런 요지의 전문을 보냈다.

〈윈스롭 G. 브라운 주한 대사는 귀하를 만날 때 한일 국교정상화에 대한 존슨 대통령의 관심을 전달할 것이다. 존슨 대통령의 말을 빌면 이일은 '최우선 과제'이다. 우리의 분석에 따르면 한일 국교정상화를 위해서 마지막 노력을 해야 할 쪽은 한국 측이다. 존슨 대통령도 그런 뜻을 브라운 주한 대사에게 전달했다〉

1964년 11월 17일 라이샤워 주일 대사는 브라운 주한 대사에게 한일 국교정상화를 성사시키기 위한 두 대사의 행동 調律(조율)에 관해 전문을 보냈는데 이런 대목이 있었다.

〈우리는 한국 정부가 한일 국교정상화로 인해 국내적으로 위기를 겪을 때 (그들에게) 강력한 지원을 아끼지 않을 것이라는 확신을 심어줄 필요가 있다. 우리는 한국 정부에 유리한 행동을 공개적으로 할 수도 있다. 예컨대 야당에 대해서는 이 건으로 박정희 정부의 타도를 유도한다면 한국에 대한 미국의 지원이 약화될 것임을 분명히 할 필요가 있고 경제원조 등 한일 국교정상화와 연계되는 특혜를 한국 정부에 제공하는 것도 하나의 방식이 될 것이다. 이런 것들은 한국 정부로 하여금 학생들과 야당의 도전을 극복하도록 할 것이다.

시나 외상이 워싱턴으로 러스크 국무장관을 방문할 때 장관은 그 기회를 이용하여 미국이 아시아 국가들의 독립을 지키기 위한 노력에서 한일 국교정상화를 얼마나 중요하게 생각하고 있는지를 상기시킬 필요가 있을 것으로 본다. 우리가 공식적으로 한일 양국의 중재자 역할을 하는 것보다는 일본이 스스로의 판단하에 한국에 대해서 양보하도록 하는 것이 효과적일 것이다. 한국에 대한 일본의 명백하고 완전한 사과 문제에는 우리가 개입해서는 이루어질 것 같지 않다〉

1964년 12월 金顯哲(김현철) 신임 주미 대사와 만난 백악관 안보회의 간부 체스터 L. 쿠퍼와 제임스 C. 톰슨은 한일 국교정상화의 중요성을 설명한 뒤 "모든 것이 잘 마무리된 다음 박 대통령이 미국을 한 번 방문했으면 좋겠다"고 말했다. 이 자리에서 쿠퍼와 톰슨은 미 국무부의 지시에 따라 '미리 주는 하나의 선물' 로서 'PL(公法) 480' 에 의한 한국에 대한 식량지원 건이 확정되었다고 통보했다.

미국 정부는 박 대통령의 방미 초청을 하나의 미끼로 이용하여 한일 국교정상화 회담과 전투부대의 派越(파월) 협상에서 유리한 결과를 얻어내려고 했다.

한·미 관계에서 한국 측이 이때처럼 유리한 고지에 서본 적이 일찍이 없었다. 존슨 대통령 치하의 미국은 그전에 그들이 金科玉條(금과옥조)처럼 내세우던 '민주주의의 증진', '정치에 대한 국민 참여폭의 확대' 같은 압력수단을 거둬들이고 '아시아의 방위력 증진', '자유세계의 수호를 위하여', '동남아의 도미노 현상을 막기 위하여' 와 같은 안보논리로써 한국 내의 반정부 세력을 누르면서까지 박정희 정권을 적극적으로 지원한다. 미국 정부가 親(친)박정희 쪽으로 표변한 데 대해 김동조 대사는 회고록에서 이렇게 썼다.

'이런 과정을 통하여 미국은 自國(자국)의 국가이익을 위해서는 무엇이라도 추진하며 때로는 수단을 가리지 않는다는 미국流(류)의 무서움을 다시 한 번 실감했다.'

박 대통령은 김동조 대사처럼 추진력이 강한 사람은 현상 타개가 필요할 때, 모범생은 관리 부문에 쓰는 식으로 인간의 장점에 주안점을 두고 적재적소에 인물들을 배치하는 장점을 갖고 있었다. 장기영 같은 불도저형과 김정렴 같은 관리형, 김형욱 같은 돌출형과 이후락 같은 策士(책사)형, 박종규 같은 무사형과 김성진 같은 문사형을 두루두루 쓰되 단점을 누르고 장점을 살리는 절묘한 용인술을 구사했다.

한일 국교정상화 회담은 외교에 경험은 없지만 정치와 전략을 아는 李東元 장관과 치밀한 직업외교관이면서도 뚝심과 소신이 강한 金東祚 대사가 이상적인 콤비를 이루면서 끝내기를 향해 나아가게 되었다.

제22장

대통령의 눈물

朴正熙

서독 방문길

1964년 12월 6일 일요일 낮 12시 30분쯤, 청와대 본관에서 박 대통령 부부를 태우고 나온 승용차는 지금의 세종문화회관 뒤편에 멎었다. 藝總會館(예총회관) 落成式(낙성식)이 준비돼 있었다. 박 대통령은 준공 테이프를 끊고 참석자들에게 손을 흔들어 준 뒤 다시 차에 올랐다.

차가 세종로로 나오면서 차량 행렬은 달라졌다. 기동경찰대의 모터사 이클이 여덟八(팔)자 대형으로 선도하고 대통령 부부가 탄 차량의 좌우 로는 경찰의 지붕 없는 지프가 호위하기 시작했다. 대통령의 차량 뒤로 는 검은색 세단들이 꼬리를 물었다. 시청 앞, 덕수궁 모퉁이를 돌아 김 포공항에 이르는 주요 도로는 태극기와 독일의 삼색기로 단장되고 공무 원과 학생들이 시민들과 어우러져 태극기를 흔들며 박 대통령 일행을 배웅했다.

이륙 30분 전인 오후 1시 10분, 김포공항에 도착한 박 대통령은 군악 대의 주악이 울려 퍼지며 21발의 예포가 터지는 가운데 丁一權 국무총 리의 안내로 三軍(삼군) 의장대를 사열했다. 박 대통령은 각 방송사의 마이크들이 숲을 이루고 서있는 환송대로 올라갔다. 단상 좌우에는 옥 색 치마와 두루마기 위로 은색 밍크 목도리를 두른 육영수와 丁一權 국 무총리가 섰다.

박 대통령의 뒤로는 독일 루프트한자 항공사의 보잉 707기가 대기 중 이었다. 이 비행기는 루프트한자 항공사의 본-도쿄 상용노선에 취항중 인 여객기였다. 서독 정부가 1등석과 2등석 절반을 비우게 하고 중간에 커튼을 친 다음 한국의 대통령 탑승기로 제공한 것이었다. 2등석 후미에는 도쿄에서 탑승한 승객들이 호기심어린 표정으로 창 밖에서 진행 중인 행사를 지켜보았다. 박정희는 카랑카랑한 육성으로 인사말을 했다.

"친애하는 국민 여러분! 나는 오늘 우리와 가장 친밀한 우방의 하나인 독일 연방공화국 뤼브케 대통령의 초청을 받아 독일 방문의 여정에 오르게 되었습니다."

박정희는 다음 대목에서는 특히 힘을 주어 말했다.

"나는 終戰(종전) 후의 그 폐허 위에서, 더구나 공산주의 세력과 대치하면서, 오늘의 위대한 경제 건설과 번영을 이룩한 독일연방공화국의 부흥상을 샅샅이 시찰할 것이며, 아울러 경제적 자립을 위해 奮發(분발)하는 패기에 찬 한국민의 결의를 소개함과 동시에 양국 공통의 관심사에 관해 상호 이해를 증진시켜 …."

인사말을 마친 박 대통령은 이효상 국회의장, 정일권 국무총리, 조진만 대법원장, 주한 외교사절단을 대표한 로제 상바르 프랑스대사의 인사를 받고 환송식을 마쳤다.

박 대통령 부부는 공항에 나와 태극기를 흔들던 약 1,000여 명의 환송객들에게 손을 흔들며 비행기로 이어진 100여 m 길이의 붉은 카펫이 깔린 길을 걸었다. 수행원 24명이 대통령의 뒤를 따라 비행기에 올랐다. 공식 수행원으로는 영부인 육영수를 비롯, 장기영 부총리 겸 경제기획원 장관, 이동원 외무부 장관, 박충훈 상공부 장관, 김동환 국회 외무위원장, 김성진 공화당 의원, 조윤형 민정당 의원, 이후락 청와대 비서실장, 최덕신 주독 대사, 김종오 합참의장, 박종규 청와대 경호실장, 정도순 외무부 의전실장, 조상호 청와대 의전 비서관 등 13명이었다.

비공식 수행원으로는 백영훈 중앙대학교 교수(대통령 통역), 노석찬 공보부 차관, 박상길 청와대 대변인, 지홍창 대통령 주치의, 申東寬(신동관) 청와대 경호과장, 李福衡(이복형)·李千培(이천배) 청와대 경호실 경호관, 羅恩實(나은실)·黃慶粉(황경분) 영부인 비서, 李晶燮(이정섭)·朴珍錫(박진석) 공보부 사진기사 등 11명. 수행 기자단 10명도 2등석에 올랐다.

박 대통령 일행을 태운 루프트한자 항공기는 오후 1시 40분에 김포공항을 이륙했다. 상용노선에 취항 중이던 관계로 함께 탑승한 민간인 승객들의 중간 기착지를 모두 경유했다. 박정희는 홍콩—방콕(태국)—뉴델리(인도)—카라치(파키스탄)—카이로(이집트)—로마(이탈리아)—프랑크푸르트를 거쳐 본 공항에 도착하는, 28시간이나 걸리는 긴 여행을 시작했다.

박정희는 외국을 방문하는 국가원수로서 외국 여객기에 일반 승객과 合乘(합승)해야 하는 처지에 대해 느끼는 悲哀(비애)가 남달랐을 것이다.

오후 1시 40분, 김포공항을 이륙한 대통령 탑승기는 항로를 일본 규슈 남단 방향으로 잡고 비행했다. 한국 공군의 F-86 세이버기 1개 편대가 제주도 남단까지 호위했다. 이때 박 대통령은 서비스로 제공되던 샴페인을 들었다. 자신 때문에 도쿄에서 홍콩으로 직항하지 못한 채 서울까지 들러야 했던 2등석 가림막 뒤의 일반 승객에게도 샴페인 한 잔씩을 돌렸다.

규슈 남단 상공에 도착한 특별기는 정기 항공노선에 올라 1차 경유지인 홍콩으로 향했다. 일본 상공에서 기내식이 제공되었다. 박 대통령은 육영수와 대화를 나누기도 했지만 주로 창 밖을 내다보며 깊은 생각에 잠기곤 했다. 당시 〈조선일보〉 정치부에서 수행기자단에 참가했던 李慈憲(이자헌·전 민자당 원내총무) 기자의 회고-.

"이등석에 앉았던 우리들은 가림막 뒤의 일반 승객들이 사용하던 화장실을 사용해야 했습니다. 화장실에 가 보니 이상하게 생긴 물건이 거울 앞에 놓여 있었습니다. 한 번씩 화장실을 다녀온 기자들이 모여 이것이 무슨 용도로 쓰이는 것인지 논의를 했습니다. 그때 여기자로 유일하게 수행기자단에 포함됐던 〈한국일보〉의 鄭光謨(정광모) 기자가 물비누라고 설명해 줘 모두 실소를 금치 못했지요. 그때는 기자들도 국제적 촌놈들이었고, 대통령 일행도 참 초라한 행차를 하고 있었습니다. 박 대통령의 표정이 밝지 못했습니다."

機內 수업

1964년 12월 6일, 박 대통령 일행을 태운 서독 루프트한자기는 예정보다 10분 늦은 오후 4시 25분(한국시간 오후 5시 25분) 홍콩의 카이탁 공항에 도착했다. 陳弼植(진필식) 홍콩 영사 부부가 마중 나와 대통령 부부를 탑승기 밖으로 안내했다. 100여 명의 교포들이 태극기를 들고 환영했다.

박 대통령 부부는 홍콩 총독 데이빗 트렌치 卿(경)의 환영인사를 받고 공항 귀빈실로 직행했다. 얼마 전까지 주한 서독대사로 박 대통령의 방독준비를 도왔던 칼 빙거 대사가 홍콩주재 총영사로 轉任(전임)해와 박 대통령을 마중 나왔다.

오후 5시 5분(한국시간 오후 6시 5분) 홍콩을 떠날 때 박 대통령은 기분이 비로소 좋아지기 시작했다. 박정희는 홍콩을 이륙하자 김성진 공화당 의원을 옆자리로 불러 환담했다. 루프트한자기는 베트남과 캄보디아 상공을 통과했다. 창 밖으로 어둠이 깔리고 있었다.

방콕 돈무앙 공항에 도착한 때는 예정보다 17분 늦은 오후 6시 52분(한국시간 오후 8시 52분). 장성환 대사와 태국 儀典長(의전장)이 機上(기상)까지 올라와 대통령을 영접했다. 트랩을 내려선 박 대통령을 살비타른 태국 국왕 대리와 타놈 태국 총리 등 10여 명의 고관·장성 및 50여 명의 교포들이 환영해주었다.

박정희가 전날이 태국 국왕의 생일이었음을 축하하자 타놈 총리는 생일 케이크를 대통령에게 전달했다. 박정희는 환영 나온 교포 자녀들을 일일이 어루만져 준 뒤 귀빈실로 향했다.

길고 밋밋한 의자에 타놈 총리와 나란히 앉은 박정희 대통령은 타놈 총리가 권하는 음료수를 마시고 담배를 꺼내 타놈 총리에게 권했다. 박대통령은 시종 이마에서 흐르는 땀을 닦으며 담배를 피웠다. 무척 즐거운 표정으로 타놈 총리와 이야기를 주고받았다.

오후 7시 38분, 방콕을 떠난 특별기는 뉴델리로 향했다. 박정희는 가는 곳마다 자신을 국가원수로서 예우해주는 데 무척 기분이 좋았다. 방콕을 이륙한 직후 박정희는 샴페인 잔을 들고 자리에서 일어나 기내를 돌아다니며 일행들과 잡담을 나누다가 맨 뒤에서 셋째 줄에 앉아 있던 대통령 통역관 백영훈 교수의 옆자리에 앉았다.

백 교수가 "정치하시니 힘드시죠"라고 하자 박정희는 "정치라는 건…"하며 말문을 열더니 의자에 접혀진 테이블을 펼쳤다. 박정희는 성냥을 꺼내더니 그중 하나를 집어 들며 "정치라는 것은, 파워(Power)하고…" 성냥개비를 테이블 위에 놓았다. 이어서 또 다른 성냥개비 하나를 들더니 "마니(Money)!"라고 하면서 먼저 놓았던 성냥개비 옆에 나란히

놓았다.

"정치란 이 두 개가 평행하게 가도록 하는 기술입니다. 국가라는 기차가 달리는 레루(레일의 일본식 발음)지요. 레루의 한쪽은 권력이고 다른 한쪽은 재벌입니다. 한 나라의 경제가 발전하고 안보가 튼튼해지려면 재벌과 권력이 평행선을 그려야 합니다. 힘이 너무 커서도 안 되고, 재벌이 너무 커서도 안 됩니다. 균형을 잃으면 스파크가 납니다. 정치는 돈과 힘(권력)의 균형을 만드는 작업이지요."

이어서 박정희는 자신이 혁명 초기에 재벌총수들을 잡아들였다가 풀어준 이야기를 했다. 박정희는 백영훈 교수에게 재벌에 대한 욕을 한참 늘어놓더니 "그렇지만 나라가 크려면 이 사람들을 잘 이용해야 합니다"라며 이야기를 맺었다.

이어서 박정희는 백 교수에게 질문을 하기 시작했다.

"독일 경제 이야기를 좀 해주시오. 거, 독일 경제가 성공한 것을 두고 라인강의 기적이라는 데 그 원동력이 뭡니까."

"지금 총리이신 에르하르트의 경제 전략이 맞아 떨어진 겁니다."

서독 부흥기에 서독에서 경제학 박사학위를 받은 백영훈 교수는 상세하게 설명하기 시작했다. 박정희는 바지 뒷주머니에서 조그만 수첩을 꺼내더니 메모를 해 갔다. 질문은 서너 차례 계속됐다.

"사회적 시장경제가 뭡니까."

"서독의 기간산업은 어떻게 되어 있습니까."

기내에서 백영훈 교수로부터 경제학 공부를 하던 박정희 대통령은 백 교수에게 "앞으로 제 경제고문이 좀 되어 주십시오"라고 했다. 박정희는 서독 방문 후 京釜(경부)고속도로 건설 추진 과정에서 백영훈 교수를 대통령 경제고문으로 활용한다.

당시 외무장관이었던 이동원은 기자에게 이런 회고담을 들려주었다.

"서독 방문이 결정된 다음이었습니다. 유럽에서는 뭐니 뭐니 해도 영국과 프랑스가 중심국입니다. 그래서 '각하, 기왕 유럽에 가시는 길인데 이번 기회에 영국과 프랑스도 한번 들러 구경하시는 게 어떻습니까. 제가 한 번 주선해 볼까요' 라고 권했지요. 그런데 이 양반은 '지금 우리나라가 급한데 관광할 시간이 어딨소. 일하기 위해 배우러 가는데…' 라며 거절하시는 겁니다."

백 교수와 이야기를 끝낸 박정희는 자리를 옮기지 않은 채 이후락 비서실장과 박상길 공보비서관을 불러 본 공항에 도착해서 가질 기자회견문에 대해 의논했다. 문구를 조정할 때엔 독일어에 능통한 백영훈 교수에게 "너무 강한 어감이 아닐까?"하며 묻기도 했다.

통역관 白永勳 이야기

박정희는 혁명 직후 미국보다 서독으로부터 신세를 많이 졌다. 1961년 5·16 혁명 직후 미국은 군사정부를 견제하기 위해 경제 원조를 압력 수단으로 사용하고 있었고, 외화 부족에 직면했던 군사정부로서는 미국의 경제 압력이 고통스러웠다.

군사정부는 1961년 11월 말 정래혁 상공부 장관을 주축으로 한 '차관교섭 사절단' 을 구성해 戰後(전후) 경제부흥에 성공했던 서독으로 보냈다. 申應均(신응균) 駐(주)서독 대사의 안내로 정래혁 장관은 서독의 에르하르트 경제 장관(뒤에 서독 총리) 등과 만나 교섭을 벌였다. 에르하르트 경제 장관은 분단과 전쟁으로 피폐해진 한국에 대해 깊은 공감을 갖게 되고 약 3,700만 달러에 해당하는 마르크화 차관을 한국 정부에 제공해주었다. 한국이 5·16 이후 유치한 최초의 차관이었다.

이 차관을 얻게 된 배경에서 한 흥미 있는 인물이 등장한다. 그는 정래혁 상공부 장관의 특별 보좌관이던 백영훈(대통령 경제 고문, 생산성본부연구소장, 9·10대 국회의원 역임) 이등병. 그의 前職(전직)은 중앙대학교 경제학 교수였다.

백영훈은 고려대학교 상과대학에 재학 중 6·25를 만났다. 한강 다리가 끊겨 서울 시내를 배회하다 인민군에 끌려가 의용군이 된 백영훈은 낙동강 전선에 투입되었다가 미 공군의 B-29 폭격 와중에 탈출했다.

1950년 9·28 서울 수복으로 학교에 재입학했으나 영장이 나와 1930년생에게 처음 적용되었던 징병 제 1기로 입대했다. 신병 교육을 마치고 백마고지에 투입돼 두 달간 전투를 벌이던 중 영어를 할 줄 안다는 이유로 일부 사단장과 연대장이 비공식적으로 운용하던 노무단 관리장교가 되었다. 육군 중위라는 계급도 중대장이 현장에서 자의적으로 붙여준 것이었다. 1년 여 통역 임무를 수행하다 휴전 후 전역한 그는 어느 날 병무청에서 자신의 군 근무기록이 아예 없다는 사실을 발견했다.

병무기록이 없어 군 미필자가 된 그는 1954년 서독 유학시험이 있다는 사실을 발견하고 응시, 합격했다. 그는 1958년 서독 에르랑겐 대학원에서 경제학 박사학위를 받아 대한민국 경제학 박사 제1호가 되었지만 귀국여비가 없어 孫元一(손원일) 당시 주독 대사에게 부탁했다고 한다. 손 대사가 이승만 대통령에게 이 사실을 보고함으로써 이 대통령이 그에게 여비를 부쳐주어 귀국할 수 있었다.

그는 중앙대학교에서 경제학 교수로 1년 5개월 동안 강의하다가 1961년 5·16을 만났다. 백영훈 교수는 혁명정부의 병역기피자 소탕작전에 걸려 1961년 7월 1일자로 논산 훈련소에 입대했고, 신병훈련을 받던 중 '지프가 와서 데려갔다'고 한다.

당시 상공부 장관이었던 정래혁의 회고에 따르면 "혁명정부는 경제에 밝은 보좌관을 물색 중이었는데 咸仁英(함인영) 박사 등 많은 사람들이 백영훈 씨를 추천하여 찾아 보니까 논산 훈련소에 있었다"는 것이다.

백영훈 훈련병은 영문도 모른 채 중앙정보부 김종필 부장 앞으로 끌려가게 되었다고 한다.

"서울역 부근 건물로 가서 김종필 중앙정보부장을 만났습니다. 김 부장은 '잘 도와주십시오'라고 하더군요. 잠시 후, 자신을 '국장'이라고 소개하는 중령 계급장을 단 몇몇 사람들에게 넘겨졌습니다. 그들로부터 한 일주일간 혁명정부의 이념에 대해 세뇌교육을 받고 난 뒤 정래혁 상공부 장관의 특별보좌관으로 군복무를 하라는 것이었습니다."

백영훈 이등병은 1961년 11월 정래혁 장관이 이끄는 차관 교섭단에 포함되어 서독을 방문했다. 정 장관이 서독 각료들과 만나는 동안 백영훈 보좌관은 자신의 恩師(은사)들을 만나 한국에 차관을 지원하도록 협조해 달라고 부탁했다.

백영훈은 1963년 말 대통령 선거 직후 민정이양이 시작될 무렵 중앙대학교로 복직했다. 1964년 11월 초, 백 교수는 청와대 의전비서실에서 나왔다는 지프에 실려 청와대로 가게 되었다.

"대통령 집무실인 것 같았습니다. 박 대통령과 이동원 외무장관, 장기영 부총리, 이후락 비서실장이 앉아 환담 중이더군요. 서독 방문 이야기였습니다. 제가 들어서자 박 대통령이 일어나 나에게로 오시더니 제 손을 꼭 잡으면서 '통역관 좀 해 주시오' 라고 부탁하는 것이었습니다."

대통령 통역관이 된 백영훈이 맨 처음 한 일은 대통령 전용기 마련이었다. 국내에서는 독일까지 장거리 비행을 해 낼 機種(기종)이 없었다. 이동원 외무장관과 머리를 맞대고 논의한 백영훈은 주한 서독대사를 통해 서독 정부로부터 비행기 한 대를 빌리는 데 성공했던 것이다.

1964년 12월 6일 밤 9시 35분(한국시각 12월 7일 새벽 1시 15분), 대통령의 탑승기는 인도의 뉴델리 공항에 기착했다. 깊은 밤인데도 날씨는 후텁지근했다. 한기봉 총영사 부부와 카울 인도 외무성 차관보의 영접을 받은 뒤 한 시간 후에 다음 기착지인 파키스탄의 카라치 공항으로 향했다. 기착지마다 출영나온 인사들을 만나야 하는 박정희는 잠을 길게 잘 수 없었다. 뉴델리에서 카라치로 향하는 한 시간 동안, 즉 데칸 고원 위로 비행하는 도중에 박정희는 잠깐 눈을 붙였다. 카라치에서의 한 시간은 지루하게 보냈다. 서로 국교가 없는 탓에 국빈을 위한 출영도 없었다. 시골 대합실 같은 곳에서 박정희는 무료하게 한 시간 동안 출발시간을 기다려야 했다.

이집트 카이로에 도착한 시간은 새벽 0시 35분(한국시각 오전 4시 35분). 사람들이 깊은 잠에 빠져 있을 시간에 이집트 탈라트 카이리 청년장관과 모하메드 아델 모이라드 관방장관, 루프트한자 항공사 발터 지사장 및 姜春熙(강춘희) 총영사가 영접을 나왔다.

친북 외교노선을 추구하고 있던 나세르 이집트 대통령은 청년장관을 통해 '박 대통령의 壯途(장도)를 축하하며 성공을 빈다' 는 메시지를 전달했다.

약 50분간 체류하는 동안 박정희는 카이리 청년장관에게 1967년에 완공되는 이집트 아스완 댐에 대해 이것저것 물었다. 한국의 전력생산 용량이 100만 kW도 안 되었을 때 이집트의 아스완 댐은 1,200만 kW의 용량을 자랑하고 있었다.

초라한 행차

1964년 12월 7일 월요일 오전 6시 35분 이탈리아 로마 공항을 이륙한 비행기는 북상하며 알프스 산맥 위로 날기 시작했다. 오전 7시경 박정희는 스튜어디스가 갖다 준 모닝 커피를 마시면서 아침 햇살을 받고 아름답게 전개되는 알프스 산맥을 내려다 보았다. 그는 아마도 구미 보통학교에 다닐 무렵 감동깊게 읽었던 《나폴레옹 전기》의 알프스 원정을 생각해냈을 것이다.

비행기가 서독 상공으로 진입하자 박 대통령은 기자들을 포함한 전 수행원들에게 몸가짐에 조심하라고 다시 한번 주의를 주었다. 박 대통령은 서울을 떠나기 전부터 수행원들에게 "서독에 가서는 분에 넘치는 쇼핑을 하지 말라"고 여러 번 당부했었다.

박 대통령을 태운 보잉 707기는 오전 8시 19분 서독의 프랑크푸르트 공항에 도착했다. 공항에는 한·독 양국 국기가 크게 걸려 있었고 박 대통령보다 먼저 도착해 기다리고 있던 페링 주한 서독대사가 독일 연방공화국 의전장과 함께 출영했다. 박충훈 상공부 장관 일행도 12월 4일 한·독 경제회담 참석차 먼저 와 있다가 이날 100여 명의 서독 교포들과 함께 공항에 나와 박 대통령의 도착을 환영했다.

귀빈실로 안내된 박 대통령 부부는 독일기자들에게 둘러싸였다. 라인 공항장은 육영수 여사에게 카네이션을 선물했다. 한국은행 프랑크푸르트 지점에 근무 중인 홍세표(전 외환은행장·육영수의 언니 육인순의 장남) 부부가 18개월 된 딸 素逸(소일) 양을 데리고 나와 대통령 부부에게 인사를 했다. 육영수는 "너를 여기서 보게 되는구나"하며 끌어 안았고, 박 대통령은 소일 양의 자그마한 손을 잡고 흔들어 주었다.

특별기가 프랑크푸르트 공항을 떠난 것은 오전 8시 30분. 라인강을 따라 25분간 비행한 뒤 도착한 곳이 본 공항이었다. 정기항로를 나는 여객기를 얻어 탄 탓에 박 대통령 일행은 서울을 떠난 지 28시간 만에 목적지에 도착했다.

검은 코트 차림에 중절모를 손에 든 박정희 대통령과 밍크 목도리를 두른 한복 차림의 육영수는 독일연방 외무부 의전장의 안내를 받아 트랩을 내려갔다. 박 대통령은 하인리히 뤼브케 대통령 내외와 그 뒤에 서 있던 루트비히 에르하르트 총리, 오이겐 게르슈텐마이어 하원의장 등 3부요인과 인사했다.

마흔일곱 살의 박정희 대통령과 일흔 살의 뤼브케 대통령은 나란히 의장대의 경례를 받았다. 애국가와 서독 국가가 울려 퍼졌다. 박정희는 뤼브케 대통령의 안내로 3군 의장대를 사열했다. 의장대 사열이 끝나자 박 대통령은 의장대장에게 악수를 청하면서 이런 말을 했다.

"나는 사기왕성한 貴(귀) 군대를 사열할 수 있게 된 것을 만족스럽게 여깁니다. 덕택으로 독일 착륙 제1보의 인상은 매우 좋았으며 무척 기쁩니다."

장신 거구의 의장대장도 흥분하여 "예, 각하. 저도 오늘 각하께서 처음으로 우리 부대를 인정해 주신 것을 무한한 영광으로 여기는 바입니다"라고 대답했다.

박정희-뤼브케 양국 대통령은 연단으로 올라갔다. 뤼브케 대통령의 환영사가 있었다.

"독일 국민은 충심으로 박 대통령의 방독을 환영하며, 국토양단이라는 설움의 공동운명 속에 놓여 있는 한·독 양국은 우리의 공동목표와 공동희망의 완수를 더욱 굳게 약속합니다."

이어 박정희 대통령의 도착성명이 있었다.

"이번 방문을 계기로 貴國(귀국)이 폐허 위에 이룩한 기적적인 건설을 이 눈으로 보고 또한 배워서 양국 간의 깊은 이해와 긴밀한 협력에 의해 공동의 목표인 국토통일을 최단 시일에, 또한 東西(동서)가 때를 같이하여 성취할 것을 염원하며 서약하는 바입니다."

영접 행사가 끝나자 박 대통령 부부는 뤼브케 대통령과 리무진에 同乘(동승)하여 공항을 떠났다. 박충훈 상공부 장관을 수행하여 본에 도착해 있던 상공부 공업 제1국장 오원철(대통령 경제 제2수석비서관 역임)도 박 대통령의 행렬을 현장에서 지켜보고 있었다. 오원철 국장은 박 장관과 함께, 아침식사만 제공되고 목욕을 하면 돈을 따로 지불해야 하는 하루 3달러짜리 민박집에서 머물고 있었다. 오원철은 훗날 그의 책 《한국형 경제건설(기아경제연구소 펴냄)》에서 이렇게 기록하고 있다.

〈가난한 나라의 대통령은 초라해 보였고 가엾어 보였다. 공항에서 숙소까지 가는데 몇 대의 사이카가 선도하는 게 고작이었다. 길 옆에 스무 개쯤의 태극기가 축 처진 채 걸려 있었다. 숙소인 스위트룸이라는 게 고작 10평도 채 되지 않았다. 당시 임시 수도였던 본은 인구가 3만 명 정도의 작은 도시로 정부청사라는 게 언제 지은 지도 모르는 낡은 국민학교 건물이었다. 서독 사람 스스로 이렇게 검소하게 지내고 있으니, 한국의 대통령을 홀대한 것이라 생각할 수도 없었다〉

12월 7일 오전 10시 30분, 숙소인 쾨니히스호프 호텔에 도착하자 뤼브케 대통령이 박 대통령을 안내하여 로비로 들어섰다. 박 대통령 곁에서 통역을 하려고 바짝 따라 붙었던 백영훈 통역관의 증언.

"부동자세로 선 경호원들만 보이는 로비에 웬 서양인이 의자에서 신문을 읽고 있었습니다. 황당했지요. 그 순간 그는 신문을 천천히 접으며 박 대통령을 바라보고 웃더군요. 유태인 巨商(거상) 아이젠버그였습니다. 순진한 박 대통령은 무척 반가워하면서 저를 통해 뤼브케 대통령에게 아이젠버그를 소개해주었습니다. '우리나라를 잘되게 하기 위해 백방으로 도움을 주고 계신 아이젠버그 씨입니다'라고 말입니다. 그 날 이후 박 대통령의 서독 체류 기간 내내 아이젠버그는 박 대통령 뒤를 따라다녔습니다."

아우토반

1964년 12월 7일 낮 박정희 대통령은 서독의 임시 수도 본의 관청가에 자리한 우리 대사관에서 최덕신 대사 부부가 마련한 韓食(한식) 오찬에 참석했다. 오찬이 끝나자 박정희는 뤼브케 대통령에게 전달할 선물을 점검했다. 미리 서독에 파견되었던 박충훈 상공부 장관으로부터 교섭경과를 보고받고 한·독 공동성명의 한국 측 최종안을 검토했다.

오후 5시 30분, 박 대통령은 대사관에서 호텔로 돌아와 뤼브케 대통령 관저에서 열리는 비공식 小(소)만찬회에 참석했다. 사적인 대화가 오가는 중에 박정희는 뤼브케 대통령의 방한을 정식으로 요청했다. 뤼브케 대통령은 즉석에서 수락했다.

박 대통령이 가장 큰 관심을 보인 것은 독일의 자동차 전용 고속도로 '아우토반(Autobahn)'이었다. 나치 정권하에서 총연장 1만 4,000km를 목표로 건설하기 시작해 제2차 세계대전으로 건설이 중단될 때까지 3,860km를 완성시켰던 아우토반은 박 대통령이 방문할 무렵엔 '세계에서 자동차가 가장 빨리 달릴 수 있는 도로'로 유명했다.

뤼브케 대통령과 환담 중에 다음날 일정이 거론되자 박 대통령은 "쾰른 시를 방문할 예정"이라 말했다. 그러자 뤼브케 대통령은 "쾰른에 가시려면 아우토반을 달리시겠군요. 본-쾰른 간의 아우토반은 가장 먼저 개통되었던 구간으로서 우리의 자랑이지요. 아우토반은 독일 경제부흥의 상징이랍니다."

박 대통령의 눈이 빛나고 있었다.

박 대통령이 도착 첫날 숙소로 돌아 온 시간은 밤 10시가 약간 넘어서였다. 박정희 부부는 12월 6일 김포공항을 떠난 후 처음으로 제대로 된 잠자리에 들 수 있었다.

다음날(1964년 12월 8일) 박 대통령은 쾨니히스호프 호텔 대통령실 침대에서 피곤이 채 풀리지 않은 상태에서 평소보다 일찍 눈을 떴다. 박정희는 육영수와 아침식사를 마친 뒤 오전 10시 40분에 뤼브케 대통령 관저로 출발했다.

오전 11시, 뤼브케 대통령 관저에서 정상회담이 열렸다. 이 자리에는 장기영 부총리, 박충훈 상공부 장관, 김동환 국회 외무위원장, 이후락 청와대 비서실장 등이 참석했고, 독일 측에서는 뤼브케 대통령과 슈뢰더 외무장관, 페링 주한 서독대사, 최덕신 대사 등이 참석했다.

공식 행사가 끝날 무렵 박 대통령은 뤼브케 대통령과 부인에게 대한민국 최고훈장인 무궁화 대훈장을 수여했다. 순금으로 제작된 이 훈장은 '국가원수에게 수여되며 우방 국가원수에게도 수여될 수 있다'는 우리나라 賞勳法(상훈법)에 따라 준비된 것으로 외국원수로서는 뤼브케 대통령이 처음으로 받게 되었다.

순금 훈장을 두른 뤼브케 대통령 부부는 '분더바아르! 분더바아르!(원더풀)'를 연발했다. 뤼브케 대통령도 박 대통령 부부에게 독일 연방공화국 최고훈장인 특등십자 대공로 훈장을 수여했다.

이번 방문에서 우리 측은 약 40여 개의 훈장을 서독 정부의 고관들에게 수여했지만 서독 측은 그들의 헌법상 '외국 원수가 방문하여 수여하는 훈장의 3분의 1을 서독 정부가 수여할 수 있다'는 조항에 따라 우리 측에게 10여 개의 훈장을 수여했다.

양국의 훈장 수여가 끝나자 박·뤼브케 대통령은 별실로 자리를 옮겨 상호 선물 교환을 했다. 박 대통령은 李象範(이상범) 화백의 풍경화로 제작된 열두 폭 병풍, 국산 비단 한 疋(필), 족자 등을 선사했고 뤼브케 대통령은 망원경이 달린 엽총 한 정과 실탄 한 상자 및 어린이 선물용 카메라 2대와 장난감 기차 등을 선사했다.

이어서 본 시청을 방문 한 뒤 한국 대사관으로 와서 韓食(한식)으로 점심을 든 박 대통령 일행은 라인강 북쪽에 위치한 쾰른 시로 향했다. 이날 박정희는 본-쾰른 간의 고속도로를 시속 160km로 달렸다. 박 대통령은 가는 길과 오는 길에 두 차례 고속도로 상에서 차를 멈추게 한 다음 차에서 내려 2, 3분간씩 路面(노면)과 중앙분리대, 교차로 시설 등을 주의 깊게 살폈다. 도로 앞뒤를 전망하느라 까치발로 서서 멀리까지 내다보기도 했다. 다시 차에 올라탄 박 대통령은 안내를 맡은 뤼브케 대통령 의전실장에게 고속도로에 관해 소상하게 물었다.

"고속도로의 건설은 어떻게 합니까."

"관리는 어떻게 합니까."

"건설비는 얼마나 듭니까."

"그 돈은 어떻게 마련한 겁니까."

박 대통령의 질문은 본-쾰른 간을 왕복하는 차중에서 계속됐다. 다행히 의전실장은 고속도로에 관해 해박한 지식을 갖고 있었다. 고속도로망을 소개할 때는 서독의 지도를 펴놓고 박 대통령에게 설명했다. 박 대통령은 열심히 수첩에 메모하고 있었다.

박 대통령 일행은 오후 4시 30분에 숙소로 돌아왔다가 오후 7시로 예정된 뤼브케 대통령 주최 만찬까지 잠시 휴식시간을 가질 수 있었다. 그 동안 박정희 대통령은 로비에 앉아 커피를 마시며 골똘한 생각에 잠겨 있었다. 장기영 부총리와 이후락 비서실장 등이 배석하고 있었다. 갑자기 박 대통령이 "고속도로를 달려보니 기분들이 어떻습니까?"라고 묻더니 다시 입을 다물었다. 그리고 깊은 생각에 잠겨버렸다.

오후 7시에 시작된 뤼브케 대통령 주최 만찬장에서 박 대통령은 다음날 회담할 서독 총리 에르하르트와 정치를 떠나 격의 없는 대화를 나눌 수 있었다.

경제학 교수 출신의 에르하르트는 수사자를 연상시키는 풍모를 가졌지만 부드럽고 진지한 태도로 개발도상국의 경제적 과제들을 걱정해 주었다. 박 대통령은 에르하르트 총리의 말을 진지하게 듣고 있었다.

에르하르트 총리

1964년 12월 8일 오후 7시, 뤼브케 대통령 주최 만찬장에서 루트비히 에르하르트 서독 총리는 낮에 아우토반을 달려 본 박정희 대통령에게 이런 말을 해주었다.

"경제 발전에는 도로·항만 등 기간 시설의 정비가 선행되어야 하겠지요. 비록 나치가 한 일이긴 하나, 아우토반을 건설한 일을 나는 고맙게 생각합니다. 히틀러가 백년 앞을 내다본 이 거대한 사업은 마땅히 정당한 평가를 받아야 합니다. 나는 평소 아우토반에 진입할 때, 그리고 인터체인지 램프를 돌아 나올 때 마음속으로 아우토반에게 경례를 합니다. 1958년에 한국을 방문했습니다만, 도로사정이 썩 좋지 못한 걸로 압니다. 개발도상국에서는 고속도로 건설이란 엄두도 못 낼 사업이지만, 독일 국민은 한국민이 겪은 그런 시기에 산업동맥 건설을 성취한 자랑을 지니고 있습니다."

박 대통령은 진지한 표정으로 경청하며 연신 고개를 끄덕였다. 에르하르트 총리는 1948년부터 1963년까지 자신이 경제장관으로 재임했을 때 서독 경제가 부흥한 요인을 몇 가지로 요약했다.

"정부가 기본 공업 투자를 선행했습니다. 사회간접자본을 확충했습니다. 시장경제 체제를 빨리 복구시켰습니다. 중소기업 육성에 힘썼습니다…"

자리에서 일어나며 에르하르트 총리는 박 대통령의 팔을 잡더니 이런 말도 했다.

"각하, 분단국으로서는 경제번영만이 공산주의를 이기는 길입니다."

박정희는 밤 9시에 만찬장을 나와 베토벤 할레(음악당)로 자리를 옮겨 환영음악회 및 리셉션에 참석해야 했다. 國賓(국빈)에게는 반드시 교향곡을 연주해 들려줘야 한다는 서독 정부의 관례에 따른 것이었다. 폴켈 반덴하임의 지휘로 모차르트의 교향곡 38번이 연주되었다. 밤 11시에 숙소로 돌아 온 박정희는 측근들에게 불만을 털어놓았다.

"이렇게 힘들게 일정을 잡아 놓으니 사람이 살 수 있나. 너무 빡빡하니까 아직까지 변도 안 나온다."

동행했던 당시 〈조선일보〉 이자헌 기자는 "그때 박 대통령은 빡빡한 일정 때문에 변비로 고생했다. 우리는 '독일인들이 비용을 아끼려고 이렇게 했다' 면서 '지독한 사람들' 이라고 불평했다"고 회고했다.

12월 9일 오전 9시 30분, 訪獨(방독) 3일째를 맞은 박 대통령은 전날 밤 음악회가 열렸던 베토벤 할레(음악당)로 나갔다. 유학생 · 기술훈련생(광부) · 간호원 등 170여 명의 교포들이 모인 가운데 박 대통령은 15분간 즉석연설을 했다. 담담하게 연설해 가던 박정희 대통령은 자신을 소개하는 대목에 이르러 이렇게 말했다.

"본인은 군사혁명을 일으키고 스스로 제시한 공약을 실천함에 실패하였다는 비난이 있음을 잘 알고 있으나, 진정한 재건을 위해서는 국가이익 앞에 私利(사리)를 희생시키는 전 국민적인 노력이 필요합니다."

박 대통령의 연설이 끝나자 在獨(재독)한인회 회장이던 작곡가 尹伊桑(윤이상, 뒤에 동백림 사건에 연루되어 투옥)은 "저는 박 대통령 각하께서 해오신 정치의 안정과 경제발전에 감격했고, 남북통일 문제에 있어서 박 대통령 각하의 현명하신 생각에 감명된 바 있으며, 異域(이역)에 있는 저희들을 격려해 주시는 간곡한 말씀에 감동되었습니다"라고 말한 뒤 서독 대통령으로서 2代(대) 연임했던 데오도르 호이스 교수의 자서전을 선물로 전달했다.

박 대통령은 유학 온 남학생들에게 파고다 담배 500갑을, 여학생들에게는 사진집 〈女流(여류)한국〉 60권을 주었다.

박 대통령 일행은 독일연방공화국 하원을 방문, 몇 달 전 한국을 방문했던 게르슈텐마이어 하원 의장과 네 명의 부의장에게 병풍과 자개 꽃병을 선물한 뒤 에르하르트 총리관저로 출발했다.

12시 20분, 에르하르트 총리관저에 도착한 박 대통령 일행은 서독 측 각료들과 함께 회담에 임했다. 이날 한국 측에선 장기영 부총리 겸 경제기획원 장관, 이동원 외무부 장관, 박충훈 상공부 장관, 이후락 청와대 비서실장, 최덕신 서독 대사가 참석했다.

박정희 대통령은 백영훈 통역관을 대동하고 에르하르트 총리와 단독 회담을 시작했다. 경제학 교수 출신의 루트비히 에르하르트 총리는 1948년 서독 경제장관이 된 후 경제부흥을 이룩하는 데 크게 기여했으며 1963년 10월 이후 서독 총리로 재직하고 있었다. 1958년 10월에 한국을 방문하기도 했던 67세의 에르하르트 총리는 40분간 예정된 회담에 임했다.

박정희 대통령이 먼저 서두를 꺼냈다.

"우리 한국도 서독과 마찬가지로 공산국가들로부터 위협을 받고 있습니다. 공산국가들을 이기려면 경제가 번영해야 합니다. 내가 혁명을 한 이유는 정권을 탐해서가 아닙니다. 정치가 어지럽고 경제가 피폐해져 이대로는 한국이 소생할 수 없다는 위기의식 때문입니다. 경제를 재건해서 공산국가들의 위협으로부터 나라를 구하겠다는 일념뿐입니다. 그런데 우리에게는 돈이 없습니다."

에르하르트 총리는 시가를 피우면서 "야(Ja)! 야!" 하며 듣고 있었다. 통역하던 백영훈 교수의 증언에 따르면 에르하르트 총리는 자신에게 하소연하고 있는 스무 살 아래의 박 대통령을 연민어린 눈으로 지켜보고 있었다고 한다. 박정희의 '하소연'은 계속됐다.

"사실 우리가 서독을 방문한 목적은 라인 강의 기적이라 불리는 서독의 경제 발전상을 배우기 위한 것도 있지만, 돈을 빌리기 위해서입니다. 우리 군인들은 거짓말을 못 합니다. 돈을 빌려 주시면 그것을 국가 재건을 위해 쓰겠습니다."

충고

에르하르트 총리와의 단독회담을 시작하면서 먼저 말문을 연 박정희 대통령은 총리에게 기회를 주지 않은 채 같은 내용을 다른 표현으로 둘러가며 반복해서 말하기 시작했다.

"한국은 가난한 나라였습니다. 100년 전 우리 조상들이 강하지 못해 세계를 몰랐고 그래서 기회를 놓쳤습니다. 이제 독일에 와서 라인 강의 기적을 배우고 우리도 독일처럼 부강한 나라가 되어 공산국가의 위협에서 자유로운 강국이 되고자 합니다. 제가 어릴 때는 일제시대였지요. 얼마나 배가 고팠는지…."

백영훈 통역관의 회고.

"박 대통령은 대한민국이 얼마나 기구하게 살아왔는지를 두 번 세 번 반복하고 있었습니다. 5·16 군사혁명을 시작한 배경에서 일제시대 이야기로 갔다가 6·25 때 경험담, 자유당 시절의 이야기에서 다시 일제시대로 두서없이 넘어가는 상황이었습니다. 옆에서 통역하던 제가 민망스러울 정도로 반복되었지만 에르하르트 총리는 시가를 피우면서 끝까지 들어주었습니다. 박 대통령의 과거사를 들으며 에르하르트 총리는 감동하는 표정이 역력했습니다만, 반복되는 내용에 민망해진 저는 흐르는 땀을 훔치느라 정신이 없을 정도였습니다."

박정희는 예정된 40분을 혼자서 소진해버리고도 모자랐다. 에르하르트 총리는 비서를 통해 회담 시간을 30분 연장하라고 지시했다. 박정희는 최종적으로 자신의 이야기를 정리하면서 다시 한번 서독 정부의 경제 지원을 부탁했다. 에르하르트 총리가 비로소 입을 열었다.

"각하, 일본하고 손을 잡으시지요."

박정희는 이 말을 통역해 준 백영훈 교수에게 화를 냈다.

"뭐? 돈 좀 꿔달라는데 일본 얘기는 왜 꺼내?"

에르하르트 총리는 박정희의 표정을 통해 감을 잡은 듯 백 교수의 통역이 시작되기 전에 다시 말문을 열었다.

"각하, 우리 독일과 프랑스는 역사상 마흔두 번이나 전쟁을 했소. 그런데 아데나워 총리가 드골과 만나 악수를 하면서 이웃 나라끼리 손을 잡았소. 한국도 일본과 손을 잡으시지요."

박정희 대통령도 지지 않았다. 두 손바닥을 마주치면서 "독일과 프랑스는 서로 대등한 입장에서 싸웠지요"라더니 이번에는 오른손 바닥을 왼손등 위로 내리치며 "우리는 항상 눌려 지냈습니다"라고 말했다.

"우리는 일본과 대등한 입장에서 싸워본 적이 단 한 번도 없습니다. 몰래 힘을 키운 일본이 침략했을 뿐입니다. 그래놓고도 지금까지 사과도 한번 하지 않습니다. 이런 나라와 어떻게 손을 잡으란 말입니까."

"그래요? 일본이 사과는 해야지요. 독일은 프랑스와의 전투에서 단 한 번도 진 적이 없지만 전쟁에서는 독일이 이긴 적이 단 한 번도 없습니다 (웃음). 나의 전임자인 아데나워 총리는 참 훌륭하신 분이었습니다. 독일과 프랑스가 그렇게 사이가 나빴는데 그 분은 드골 프랑스 대통령을 만나 악수를 하고 손을 잡았습니다.

각하, 지도자는 과거나 현재가 아니라 미래를 보고 가야 합니다. 두 나라 사이에 협력관계를 만들어야 공산국가로부터의 위협에 대비할 수 있습니다. 일본과 손을 잡으십시오."

박정희는 다시 오른손 바닥을 왼손등 위로 포개면서 "이렇게 눌려 싸웠는데도 말이오?"라고 되물었다. 에르하르트 총리는 인자한 표정으로 박정희의 손을 잡으며 말을 이었다.

"예, 각하. 눌려 싸운 것이나 대등하게 싸운 것이나 모두가 과거의 일입니다. 일본과 손을 잡고 경제 발전을 이루세요. 우리가 뒤에서 돕겠습니다. 그래서 우리 합심해서 살아갑시다. 우리가 돕겠습니다."

박 대통령은 에르하르트 총리의 말에 감격한 표정으로 총리의 손을 마주 잡으며 자리에서 일어났다. 회담이 시작된 지 한 시간 10분이 지나 있었다. 에르하르트 총리는 회담 후 담보가 필요 없는 財政(재정) 차관 2억 5,000만 마르크(약 4,770만 달러)를 한국 정부에 제공하기로 결정했다.

1964년 12월 9일 오후, 에르하르트 총리와 성공적인 정상회담을 마친 박정희는 서독 방문 후 처음으로 홀가분한 기분이 되어 에르하르트 총리가 주최하는 午餐會(오찬회)에 참석했다.

박정희는 오찬이 끝나자 에르하르트 총리에게 준비해 간 선물을 증정한 뒤 오후 4시경 숙소로 돌아왔다. 그 사이에 장기영 부총리가 에르하르트 총리와 단독회담을 통해 한·독 경제협력과 관련한 구체적인 내용들을 검토하고 서독 정부 측의 확답을 받아냈다. 양측은 1965년부터 1967년까지의 한·독 경제협력 3개년 계획에 합의하고, 서독 측은 한국 면직물 수입쿼터를 100만 마르크에서 200만 마르크로 증대시켰다.

이날 밤 8시엔 박정희 대통령이 주최하는 만찬이 열렸다. 뤼브케 대통령 부부와 에르하르트 총리 부부 등 서독 정부의 요인들과 기업인 등 150여 명이 초청되었다. 만찬장에서는 실내악단이 재독 작곡가 윤이상의 작품 '로랑'을 은은하게 연주하고 있었다.

에르하르트 총리는 명랑한 표정으로 만찬장 분위기를 주도해갔다. 그는 샴페인 글라스를 들고 좌중을 향해 "제가 총리가 되기 전 경제장관으로 있으면서 한국의 경제고문으로 갈 생각을 했었습니다. 그래서 한국의 경제부흥에 참여해 보고 싶었지요"라고 말해 갈채를 받기도 했다.

그는 또 "앞으로 한국 경제재건 문제에 있어서 한국 정부가 저의 개인적인 지식과 도움을 필요로 한다면 언제든지 요청에 응할 것입니다"고 했다. 에르하르트 총리가 슈베르트의 '보리수'를 부르자고 제의하여 한·독 합창이 흘러나왔다.

대통령의 눈물

1964년 12월 10일 아침, 본에서 중요 일정을 모두 마친 박정희 대통령 일행은 우리 광부들이 일하는 루르 지방으로 출발했다. 경찰기동대 오토바이들이 선도하는 차량행렬은 라인 강을 따라 아우토반을 달렸다.

오전 10시 40분, 박 대통령이 탄 차가 루르 지방의 함보른 탄광회사 강당에 도착했다. 인근 탄광에서 근무하는 한인 광부 300여 명, 뒤스부르크와 에센 간호학교에서 근무하는 한인 간호원 50여 명이 태극기를 들고 환영했다.

검은 炭(탄)가루에 찌들은 광부들이지만 모두 양복 차림이었고 격무에 시달린 간호원들도 색동저고리를 곱게 차려입고 박 대통령 일행에게 환하게 웃으며 손을 흔들었다.

박 대통령과 육영수는 서독 실정을 잘 알던 통역관 백영훈 교수로부터 서독에 파견된 우리 광부와 간호원들이 초과근무를 自請(자청), 몸이 부서져라 일해서 고향에 송금하고 있다는 이야기를 차 안에서 이미 들었던 터였다.

박 대통령과 육영수는 이들에게 손을 흔들어 답례했다. 벌써 육영수는 손수건을 꺼내 눈물을 닦았다. 간호원 중에도 조국의 대통령 부부를 보아서인지 더러 눈물을 훔치는 사람들이 있었다.

박 대통령 일행이 강당으로 들어가 대형 태극기가 걸린 단상에 오르자 광부들로 구성된 브라스 밴드가 애국가를 연주했다. 박 대통령이 선창하면서 합창이 시작됐다.

"동해물과 백두산이 마르고 닳도록…."

한 소절 한 소절 불러감에 따라 애국가를 부르는 소리가 더 커져갔다.

"무궁화 삼-천리 화려-강-산…."

이 대목부터 합창소리가 목멘 소리로 조금씩 변하기 시작했다. 우리 광부와 간호원들에게는 떠나온 고향과 조국산천이 눈앞에 스치고 지나 갔을 것이다. 가난한 나라의 대통령으로서 젊은이들이 타국에 와 고생하는 현장을 본 박정희의 음성도 변하기는 매한가지였다.

마침내 마지막 소절인 "대한사람 대한으로…"에서는 더 이상 가사가 들리지 않았다. 모두가 눈물을 쏟아냈다. 밴드의 애국가 연주가 끝나자 박정희 대통령은 손수건으로 눈물을 닦고 코를 풀더니 연설을 시작했다.

"여러분. 萬里他鄕(만리타향)에서 이렇게 상봉하게 되니 感慨無量(감개무량)합니다. 조국을 떠나 異域萬里(이역만리) 남의 나라 땅 밑에서 얼마나 노고가 많으십니까. 서독 정부의 초청으로 여러 나라 사람들이 이곳에 와 일하고 있는데 그중에서도 한국 사람들이 제일 잘하고 있다고 칭찬을 받고 있음을 기쁘게 생각합니다…."

여기저기서 흐느끼는 소리가 들려오기 시작했다. 박 대통령은 원고를 보지 않고 즉흥 연설을 하기 시작했다.

"광부 여러분, 간호원 여러분. 母國(모국)의 가족이나 고향땅 생각에 괴로움이 많을 줄로 생각되지만 개개인이 무엇 때문에 이 먼 異國(이국)에 찾아왔던가를 명심하여 조국의 명예를 걸고 열심히 일합시다. 비록 우리 생전에는 이룩하지 못하더라도 후손을 위해 남들과 같은 번영의 터전만이라도 닦아 놓읍시다…."

박 대통령의 연설은 제대로 이어지지 못했다. 울음소리가 점점 더 커지기 시작했기 때문이었다. 감정의 轉移(전이)로 말미암아 박 대통령 자신도 울고 말았다. 육영수도, 수행원도 울었다. 결국 연설은 어느 대목에선가 완전히 중단되었고 강당 안은 눈물바다가 되어버렸다.

박 대통령은 참석한 광부들과 일일이 악수를 나누고 파고다 담배 500

갑을 전달한 뒤 강당 밖으로 나왔다. 30분 예정으로 들렀던 광산회사에서 박 대통령 일행이 강당 밖으로 나오는 데는 거의 한 시간이 걸렸다.

함보른 광산회사 측에서는 박 대통령에게 한국인 광부가 지하 3,000m에서 캐낸 석탄으로 만든 재떨이를 기념으로 선물했다. 박 대통령과 육영수는 울어서 눈이 부어 시선을 바로 두지 못했다.

대통령 일행이 광부 기숙사를 둘러보고 차로 향하자 어느새 수백 명의 우리 광부들이 운집해 있었다. 몇몇은 작업복 차림에 갓 막장에서 나와 검은 탄가루를 뒤집어 쓴 채였다. 박 대통령 가까이 있던 광부들이 검은 손을 내밀었다.

"각하, 손 한번 쥐게 해 주세요."

"우리를 두고 어떻게 그냥 떠나시렵니까?"

경호원들이 몰려드는 광부들을 제치고 박 대통령 일행이 갈 수 있도록 길을 만들었다. 박 대통령이 손을 흔들며 차에 오르자 광부들은 일제히 만세를 불렀다.

"만세! 만세! 대한민국 만세! 대통령 각하, 안녕히 가십시오!"

박 대통령의 차량은 뒤스부르크의 데마크 철강회사를 향해 아우토반에 올랐다. 박 대통령은 車中에서 눈물을 멈추려 애쓰고 있었다.

베를린 장벽 소감

1964년 12월 10일 낮, 함보른 광산회사를 떠난 박정희 대통령 일행은 데마크 제철회사를 방문한 뒤 석탄·제철 공업의 중심지인 노르트라인 베스트팔렌의 주지사 마이어스 부부가 주최한 오찬에 참석했다.

박 대통령은 이날 오후 4시 15분 뒤셀도르프 근처의 로하우젠 비행장에서 팬아메리칸 항공사 소속의 베를린행 여객기를 타고 약 한 시간 반 뒤 北(북)독일 평원지대에 자리한 西(서)베를린 시 템펠호프 공항에 도착했다.

서베를린은 제2차 세계대전 후 소련이 점령한 동독(독일민주공화국)에 둘러싸여 지리적으로 서독(독일연방공화국)과 격리되었다. 동독 주민들은 낮에는 서베를린 지역으로 건너와 일을 하고 저녁이면 동독지역으로 돌아가곤 했다. 빌리 브란트(뒤에 독일 총리 역임)가 서베를린 시장으로 재임 중이던 1961년 무렵 동독 주민들이 서베를린을 통해 탈출하는 일이 잦아 인구 공동현상이 심화됐다. 체제 붕괴의 위험을 느낀 동독 당국은 1961년 8월 20일 일방적으로 총연장 50km의 콘크리트 장벽을 세웠다(이 장벽은 1989년 11월 9일 밤에 무너졌다).

서베를린 공항에서 박 대통령은 브란트 시장의 "베를린의 문제점과 업적을 보일 수 있는 기회를 가진 것을 기쁘게 생각한다"는 환영사에 대해 이렇게 답했다.

〈나는 오늘 정신적으로 자유 베를린의 한 시민이 된 기분으로 이곳을 찾아왔을 뿐입니다. 나는 조금 전에 동독 상공을 지나면서 바다와 같이 캄캄한 동독을 내려다보고 북한에 있는 우리 동포들의 처지를 생각했습니다. 오늘의 베를린은 여러분만의 도시나 또 독일만의 베를린이 아닐 것이며, 온 세계 자유애호국민들의 정신적인 도시입니다.

기아와 공포의 공산주의 曠野(광야) 속에서 자유와 부흥의 불꽃이 활활 타고 있는 베를린의 존재는 오늘날 자유승리의 상징이며 공산주의 미신을 깨우치는 복음의 불꽃이 퍼지고 있는 것입니다. 베를린과 판문

점의 비극이 끝날 날이 가까워졌습니다. 우리는 비극의 종결만이 인류의 평화와 번영을 영구화할 수 있는 것이며, 끝까지 뭉쳐 전진해 나가야 할 것입니다〉

박정희 대통령은 공항 의식이 끝난 뒤 캠핀스키 호텔에서 잠시 휴식을 하고 베를린 시청을 방문했다. 빌리 브란트 시장은 "용감한 국민의 용감한 대통령을 맞아 기쁘다"는 요지의 인사를 했다.

박 대통령은 연설을 통해 1936년 베를린 올림픽에서 손기정 선수가 마라톤 경기에서 우승한 사실을 언급하면서 "우리는 그때 국기 없는 승리를 했다"고 말했다. 박 대통령은 빌리 브란트 시장과의 만찬을 끝으로 베를린에서의 첫 날을 마감했다.

다음날인 12월 11일 쌀쌀한 겨울 아침이 시작된 베를린에서 박 대통령은 독일 기업인들과의 朝餐(조찬)을 가진 뒤 베를린 장벽을 시찰했다. 박정희는 롤프 슈베들러 베를린 시 주택건설부 장관의 안내로 포츠담 광장에서 木製(목제) 전망대에 올랐다. 박 대통령은 적막에 둘러싸인 동독을 한참동안 바라보았다. 곁에서 지켜본 통역관 백영훈 교수는 '방독 기간 중 박 대통령의 표정이 가장 심각한 순간'이었다고 기억한다. 박 대통령은 동독 지역을 한참 지켜본 뒤 돌아서서 수행기자들에게 소감을 말했다.

"나는 오늘 북한을 보았습니다. 한국에서는 결코 북한을 볼 수 없으나 오늘 東(동)베를린을 통하여 북한을 보았습니다. 이곳은 자유 베를린 시가 평화와 자유를 위해 얼마나 수고했던가를 역력히 나타내 주는 곳입니다. 자유 베를린의 이런 노력은 공산주의라는 미신을 타파하는 데 성공한 것으로 그 공은 영원히 빛날 것이며, 勝共(승공)의 상징이 될 것입니다."

박 대통령은, 1962년 8월 서베를린으로 장벽을 넘어오다 동독 인민경찰의 총을 맞고 장벽 아래에서 세 시간여 동안 신음하다 숨진 동베를린 건축공 페터 페히터 군의 묘 앞에서 헌화했다.

오전 11시. 박 대통령은 '자유 베를린 공과대학'을 방문했다. 파울 힐리비 총장은 1,000여 명의 학생들이 기다리고 있는 전기 공학부 강의실로 박 대통령을 안내했다. 박 대통령이 단상에 오를 때 서독 학생들은 박 대통령을 환영한다는 표시로 책상을 쾅 쾅 두드리며 우–하는 소리를 질렀다. 순간 박 대통령의 표정이 굳어졌다. 국내에서 학생 데모로 계엄령까지 펴야 했던 박 대통령은 베를린 공대 학생들의 환영의 표시를 저항의 표시로 오해했다. 파울 힐리비 총장의 소개가 있자 서독 대학생들이 다시 한번 책상을 쾅 쾅 치며 환호했다. 야유를 받는다고 생각한 박정희는 불쾌한 표정으로 연설문을 읽기 시작했다.

"…이와 같은 기회를 마련해 주신 학교 당국에 대해 심심한 사의를 표합니다."

연설 도중 첫 대목이 끝나자 다시 학생들로부터 우레와 같은 소리가 들려왔다. 책상을 치며 고함지르는 독일 학생들과 눈이 마주친 박정희는 그만 맥이 풀렸다. 박정희는 연설문의 다음 문장을 찾지 못한 채 즉흥 연설을 시작했다. 통역하던 백영훈 교수는 진땀을 흘렸다. 즉흥연설 중 박정희는 독일 학생들이 좋아할 이야기를 했다.

"베를린 공과대학은 내가 평소에 기대하고 希願(희원)하던 이 나라의 과학문명의 본산입니다."

학생들이 다시 한 번 책상을 치며 발을 굴렀다. 이 모습을 찬찬히 보던 박 대통령은 그제야 학생들이 자신을 환영한다는 사실을 알아차렸다. 박정희는 연설문 원고를 훑어보더니 중단된 부분을 찾아내 읽기 시작했다. 이날 박정희는 학생들의 환호에 십수 번이나 연설을 중단하곤 했다. 연설이 끝난 뒤 단상을 내려오던 박 대통령은 백영훈 교수의 팔을 툭 치면서 이렇게 말했다.

"백 교수. 거, 얘기 좀 미리 해주지…"

박정희의 얼굴엔 함박웃음이 터질 듯했다.

大使도 세일즈맨

1964년 12월 11일 박 대통령 일행은 베를린 공과대학을 방문한 뒤 지멘스 공장, AEG 전기공장, 독일개발협회를 방문·시찰했다. 이날 박 대통령은 철강 산업의 실상을 직접 눈으로 확인했다. 박 대통령을 공장으로 안내한 지멘스 社(사)의 브레마이어 소장은 "각하, 철강이 없으면 근대화가 불가능합니다"라고 말했다. 박정희는 브레마이어에게 "저건 짓는 데 얼마나 듭니까", "저건 어떤 용도로 운영됩니까" 등등 상세하게 질문을 했다.

오후 5시경, 박정희는 독일개발협회 시찰을 마치고 나오다 순간적으로 휘청거렸다. 박종규 경호실장이 박 대통령을 부축했다. 28시간의 불편한 비행, 그리고 방독 5일째까지 거의 휴식 없는 강행군으로 누적된 피로 때문이었다. 숙소로 돌아온 박정희는 이날 밤 행사에 참석하지 않았다.

주치의 지홍창 박사가 절대 안정을 요구했지만 박 대통령은 장기영 부총리와 박충훈 장관을 방으로 불렀다. 박정희는 두 사람에게 "기간산업을 발전시키려면 제철공장 없이는 안 되겠더구먼. 우리도 제철공장을 지어야겠소. 돌아가면 제철공장 건설계획을 세워 보고하시오"라고 지시했다.

12월 12일, 박정희는 전날의 피로를 회복한 듯 밝은 모습으로 아침을 맞았다. 그는 방독 여정의 최종 기착지 뮌헨으로 가기 위해 베를린 공항으로 나갔다. 오전 10시 20분발 예정의 전세기는 기상조건이 악화되어 세 시간 뒤에 출발했다.

기내에서 점심을 든 박 대통령은 오후 2시 30분경 뮌헨 리임 공항에 도착했다. 바이에른 주지사 고펠 부부와 주정부 요인들이 영접을 나왔다. 뮌헨의 교포와 유학생 100여 명은 '박 대통령 환영'이란 플래카드를 들고 나왔다. 그들 옆으로는 한국인 태권도 사범이 이끄는 독일인 제자들이 태극기를 그린 커다란 종이를 펼쳐 들고 환영했다.

박 대통령은 고펠 지사의 안내로 뮌헨의 비어야레스자이텐 호텔에 들렀다. 이날 오후 4시부터 호텔에서 유럽-아프리카 公館長(공관장) 회의가 열렸다. 휴식할 틈도 없이 박 대통령은 이 회의에 참석했다.

30대인 이동원 외무장관이 주재한 이날 회의 참석 대사들 가운데는 박정희의 군 선배들이 많았다.

1964년 여름, 이동원 외무장관이 임명된 직후 국내 언론들은 정부가 직업 외교관이 아닌 장성급 출신의 군인들을 대사로 임명하는 것에 대해 문제를 삼았다. 이 장관도 "민간 외교관으로 교체해야 바람직하다"는 취지의 말을 했었다. 이 발언에 격분한 군 수뇌 인사들이 이 장관을 불러다 놓고 "혁명은 누가 했는데… 군인이 민간 외교관보다 못하다는 이유를 대라"고 다그치기도 했었다.

뮌헨에서 공관장 회의가 열리기 직전에 박 대통령은 李東元 장관에게 "거, 좀 잘될 수 없을까"하면서 걱정했다.

"각하, 양해만 해 주신다면 제가 오늘 몇 말씀 하겠습니다."

박정희가 이 장관을 빤히 보더니 고개를 끄덕이며 "좋소"라고 했다. 이날 공관장 회의에는 駐(주)영국 대사 이형근(육군참모총장 역임), 駐프랑스 대사 백선엽(육군참모총장 역임), 駐이탈리아 이종찬 대사(육군참모총장 역임), 駐스위스 대사 이한빈, 駐스웨덴 대사 유재흥(연참의장 역임), 駐제네바 대사 정일영, 駐터키 대사 崔榮喜(최영희, 육군참모총장 역임), 駐모로코 대사 신현준(해병대 사령관 역임), 駐브라질-콩고 대사 崔文卿(최문경), 駐우간다 대사 金永周(김영주), 駐케냐 영사 대사 安光鎬(안광호), 駐카이로 영사 姜春熙(강춘희)가 참석했다.

박 대통령은 회의 벽두에 '경제외교'란 말을 사용하면서 대사들의 분발을 촉구했다.

"여러분은 외자 도입과 차관 획득과 해외시장을 개척하는 데 死力(사력)을 다해야 할 임무를 띠고 있습니다. 오늘날 우리의 처지는 외교관이라 하여 형식과 양식과 체면만을 따지고 있을 형편이 못 됩니다. 여러분은 외교관이라기보다는 하나의 장사꾼이 된 각오로 경제외교의 사명을 다해주시기 바랍니다."

박 대통령은 또 북한의 아시아-아프리카 지역진출을 저지하는 데 노력해 줄 것을 당부했다. 박정희는 유럽-아프리카 공관장들로부터 직접 보고를 받고 자리를 이동원 장관에게 넘긴 채 자신은 방으로 올라갔다. 이때부터 이동원 장관에게 몇몇 대사가 불만을 터뜨렸다.

"대사를 민간 외교관으로 교체할 거라며? 군인들이 뭘 잘못했다고 교체하나?"

이동원 장관은 공세적으로 반론을 펴기 시작했다.

"자꾸만 군사정권이라 하시는데 그건 5·16 때고, 지금은 민간정권입니다. 이 정권은 국민이 선거로 뽑은 정권이지 한강 넘어온 군인들이 세운 정권이 아니잖습니까."

"각하께서도 말씀하셨지만, 이제부터 저는 여러분들의 성적을 매기고 승진 여부를 결정짓겠습니다. 기준은 세일즈 성과입니다. 돈 빌리는 것도 재주입니다. 빌린 돈도 내 돈입니다. 나라를 위해 돈을 많이 빌려 오십시오. 성적에 포함됩니다."

李 장관에게 공관장 회의를 주재토록 한 뒤 방으로 올라온 朴 대통령은 수첩을 꺼내 소감을 적기 시작했다.

결혼기념일의 메모

박정희는 1964년 12월 12일 방독을 마무리하면서 뮌헨 호텔 방에서 메모를 쓰고 있었다.

〈오늘 유럽-아프리카 공관장들을 통하여 내가 받은 보고들 중에는 심각한 관심을 끌어 마땅할 문제들이 있었다.

첫째, 그들은 자신들에게 할당된 수출실적을 거의 예외 없이 올리고 있었으나, 둘째, 더 많은 수출을 할 수 있는데도 불구하고 다름 아닌 한국 상인들끼리의 경쟁과 무성의 때문에 손해를 보고 기회를 逸失(일실)하고 있다는 것이며, 셋째, 中近東(중근동) 지역과 아프리카 일대는 우리가 조금만 노력하면 한국 상품의 원가가 저렴하므로 얼마든지 진출할

여지가 있고, 넷째, 佛(불)·英(영)·이탈리아 등 여러 나라도 남아돌아가는 자금을 세계의 어떠한 곳에 투자할 것인가 망설이고 있어, 이런 나라들로부터 외자도입의 가능성은 충분히 있다는 것이었다.

또한 놀라운 사실은 우리와 맞서 있는 北傀(북괴)는 내가 독일을 방문하고 있는 바로 그때 20여 명의 친선사절단을 50여 명으로 증강시킨 민속예술단으로 만들어 아프리카 일대를 순회하면서 외교와 교역을 함께 도모하고 있다는 사실이다. 우리나라 안의 사정을 생각할 때 나는 참으로 한심스러운 생각을 금할 수 없다.

우리를 에워싼 모든 국가가 묵묵히 건설과 발전을 위하여 피와 땀을 흘리고 있을 때, 또한 우리의 정면의 적이 세계가 좁다 하고 수십 명을 거느리고 아프리카 天地(천지)를 行脚(행각)할 때 우리는 政爭(정쟁)과 紛爭(분쟁)과 입다툼으로 세월을 보내는 실정에서랴…〉(청와대에서 펴낸《박정희 대통령 방독기》에서 인용)

이날 유학생들이 마련한 '한국의 밤' 행사에는 영부인 육영수만이 참석하고 저녁 늦게 돌아왔다. 육영수는 골똘하게 생각에 잠긴 남편에게 말을 걸었다.

"저, 여보세요. 오늘이 무슨 날인지 아세요?"

"음? 무슨 날이오? 오늘이?"

"우리 결혼기념일이에요."

육영수는 손을 입으로 가져가 웃으며 말했다.

이날 오후 육영수 여사 수행원 중 한 사람이 뮌헨 공대 기계공학 박사 과정을 마치고 데마그 제철회사에서 연구원으로 근무 중이던 金在官(김재관·KIST 책임연구원·국방과학연구소 부소장·중공업 차관보·한국 표준연구소 소장 역임) 박사의 집으로 전화를 했다. 김 박사의 부인이 전화를 받았다.

"육 여사께서 오늘 저녁 늦게 호텔로 돌아오실 텐데 호텔 후문으로 중국집 만두 두 접시만 갖다 주세요. 서양 음식이 입에 맞지 않으셔서 식사를 잘 못하셔서요."

김재관 박사가 이날 밤 만두를 포장해 호텔 후문으로 날랐다. 수행원은 김 박사에게 잠시 기다리라고 한 다음 올라가더니 두툼한 보따리 하나를 들고 내려왔다.

"이건 뭡니까?"

"이걸 가져가세요. 영부인께서 식사를 통 못 하셨는데, 이걸 꼭 갖다 드리래요."

김 박사가 집에 와 풀어 보니 붉은 비단에 금박으로 용 두 마리를 수놓은 침대보였다. 訪獨 선물로 준비한 것들 중 하나를 준 것이었다.

다음날(1964년 12월 13일) 아침, 박 대통령은 80여 명의 교포 유학생들을 초청한 조찬회를 가졌다. 이 자리에서 김재관 박사는 자신이 작성한 '한국 강철 산업 발전계획시안' 을 선물로 들고 나왔다.

김 박사는 1962년 독일의 철강회사들이 한국의 울산종합제철소 건설계획에 참여할 무렵 데마그 철강회사 소속원으로 활동했다. 1964년 1월에는 장기영 부총리 앞으로 종합제철소를 건설할 수 있는 방안들을 적어 보내기도 했었다.

金 박사는 박 대통령에게 이런 말을 했다고 한다.

"각하, 철강재는 공업에 가장 많이 들어가는 소재입니다. 자금 때문에 지금은 할 수 없지만 어차피 언젠가는 해야 할 사업입니다. 제 논문이 조금이라도 보탬이 된다면 기쁘겠습니다.”

“정말 고맙습니다. 돌아가서 꼭 철강회사를 만들 생각입니다. 잘 보겠습니다.”

박 대통령과 악수를 나눈 김 박사는, 대통령의 손이 따뜻하고 부드러웠다는 기억을 갖고 있다.

조찬 모임 후 박정희는 독일 알프스의 최고봉 주그스피체에 등정하기로 되어 있었으나 일기불순으로 취소하고 뮌헨 근교의 님펜부르크 성과 슐라이스하이머 성을 관광했다.

관광을 마친 박 대통령 부부는 이날 오후 6시에 바이에른 주지사 고펠 부부를 공식 방문한 뒤 오후 7시에는 쿠빌리에 극장에서 모차르트의 가극 '피가로의 결혼'을 감상했다.

뮌헨에서 마지막 밤을 보낸 박 대통령은 1964년 12월 14일 월요일 아침, 독일 공군이 제공한 군용기편으로 뮌헨의 리임 공항을 떠나 오전 10시에 프랑크푸르트 공항에 도착했다. 독일 의전장과 주지사 대표, 교포들의 환송을 받으며 다시 루프트한자 정기 항공기의 1등석에 탑승해 귀국길에 올랐다.

機內의 명상–50명만 치우면?

박정희 대통령은 10일에 걸친 서독 방문을 끝내고 귀국하는 루프트한자 기내에서 창 밖으로 펼쳐지는 풍경들을 내려다보면서 방독 여정 중 속으로 다짐했던 결의를 곱씹고 있었다.

〈서울신문〉 鮮于煉(선우련) 기자가 옆자리로 오자 박 대통령은 힘주어 말했다.

"우리도 돌아가면 건설을 해야지. 국민의 피와 땀이 어린 독일의 재건 상을 보고 어찌 가만히 있을 수 있겠소. 우리도 기적을 바라지 말고 피와 땀으로써 조국을 건설합시다."

서독 신문들로부터 '아시아의 프로이센人(인)' 이라 불렸던 박 대통령은 자신의 말에 스스로 흥분하여 얼굴이 붉어졌다. 그는 "설사 야당과 국회가 반대하더라도, 심지어 공화당 안에서 협조하지 않더라도…"라고 중얼거리기도 했다. 당시 〈조선일보〉 편집국장이던 소설가 鮮于煇(선우휘)의 동생 선우련은 이런 말을 했다.

"세상 사람들은 이렇게 말합니다. 대통령께서 잔정이 너무 많으셔서 무슨 일을 결정하셨다가도 반대 의견을 들으시면 당장 그쪽으로 기울어 버린다고요…"

채 말이 끝나기 전에 박 대통령이 답했다.

"알고 있어요. 날더러 優柔不斷(우유부단)이라고 하더군요. 정치를 하려니 어려운 점이 많습니다. 공화당 안의 어떤 인사를 불러 정책에 관한 이야기를 몇 마디 하면 밖에 나가서는 과장되게 전한단 말이에요. 그러면 의견이 다른 사람은 토라지거든요. 그래서 다음번엔 그 사람을 불러 타이르면 이 사람도 밖에 나가자마자 얼토당토않게 보태서 떠들어댄단 말이야. 마치 내가 이미 내린 결정을 뒤바꿀 정도로 자신을 신임한다는 듯이. 왜 그렇게 여당 안에 異見(이견)들이 많은지…"

잠시 섭섭한 표정을 짓던 박 대통령은 抑揚(억양)을 높였다.

"두고 보시오. 이번에 돌아가면 단호히 일을 처리할 거요. 주류고 비주류고 가릴 것이 없습니다. 옳은 일이라면 누가 뭐래도 전진할 따름입니다. 어느 나라 자본이라도 괜찮습니다. 운영만 잘 하면 탈이 안 날 게 아니오. 외국자본을 들여다가 우리 국민들을 살려놓고 봐야겠습니다."

박 대통령은 戰後(전후) 폐허에서 다시 일어난 서독의 경제부흥을 직접 목격하고 돌아오는 여객기 안에서 조국 근대화의 집념을 다짐할수록 우리나라 정치, 특히 여당 내의 분열상이 이런 전진에 걸림돌이 되고 있다는 생각을 뼈저리게 느꼈다. 박상길 대변인의 회고록(《나와 제 3, 4공화국》)에서도 선우련과 비슷한 증언이 실려 있다.

박충훈 상공부 장관이 박상길과 한담을 하다가 생각에 잠겨 있는 앞자리의 박 대통령을 향해서 큰 소리로 말하더란 것이다.

"각하, 박 대변인이 우리 박 씨 宗中(종중) 이야기를 하는데 각하는 둘째 분의 작은 집이라십니다."

박 대통령은 싱긋 웃고는 말이 없었다. 박 대통령은 한참 있다가 박 대변인에게 곁으로 오라는 눈짓을 했다. 옆자리에 다가앉은 박 대변인을 두고 한동안 창 밖을 내다보던 박 대통령은 고개를 앞으로 숙이며 목소리를 푹 낮추더니 말했다.

"이번에 내가 돌아가면 그 시끄러운 놈들을 몽땅 좀 치워야겠소. 대체 몇 놈이나 치우면 당이 조용해지겠소?"

"......"

"내 생각으론 한 50명가량만 치우면 될 듯 싶은데…?"

자유당 시절 국회의원을 지낸 박상길은 조심조심 말했다.

"각하, 저와 몇 사람이 4·19 전에 이승만 박사에게 시한부로 한 50명쯤 당장 치우면 사태를 수습할 수 있다고 건의하려다가 실패한 일이 있습니다. 그게 쉽겠습니까?"

"아니오. 이번엔 꼭 해치워야겠소. 돌아가는 대로 대강 대상을 추려 나에게 알려주시오."

"그렇게 해보겠습니다."

무심한 비행기는 그냥 엔진소리만 웅장했고 일행은 화색이 만면한 가운데 情談(정담)에 열중하고 있었다.

〈나는 자리로 돌아와 가만히 생각해보았다. 저 어른이 이 訪獨의 여세를 몰아 오랜 기간 자신을 괴롭힌 거치적거리를 몽땅 쓸어버리려 하는 게 분명하다. 될 수 있을까, 해서 좋을까. 그것은 또 하나의 혁명을 말한다. 그렇게 해서 이 나라의 政界를 근본적으로 쇄신하고 새로운 토양 위에 새 시대의 밭을 일굴 수 있을까. 5·16을 한 분이 한다면 할지도 모른다. 여당은 일단 그렇게 될 수 있다고 치자. 야당권은 방법이 없지 않은가. 야당권의 생태가 그대로 있는 한 한국의 정치는 무엇이 달라지겠는가. 5·16 혁명으로도 실패했던 일이 아닌가〉

박 대통령의 腦裏(뇌리)를 떠나지 않고 있던 한국적 정치 생리의 일대 개혁을 시도한 것은 그로부터 8년이 흐른 뒤였다.

1964년 12월 15일 저녁 7시 루프트한자 항공기는 한국 상공에 이르렀다. 어둠이 한동안 계속되더니 도시의 야경이 나타났다. 어느 기자가 "저기 세종로가 보인다"고 소리쳤다. 서울의 야경만은 적어도 이 여객기가 거치고 온 국제도시들에 비해서 뒤지지 않았다.

市場자유화정책의 태동

1964~1965년은 우리나라가 대외개방 쪽으로 국가전략의 방향을 확실

히 잡은 시기였다. 한일 국교정상화, 월남파병, 박정희 대통령의 서독 및 미국 방문, 南美(남미) 이민, 서독 광부 및 간호사 파견과 함께 경제정책 면에서도 장기영 경제기획원 장관 겸 부총리의 지휘하에 개방체제로의 전환이 이루어지고 있었다. 변동환율제의 실시, 수입자유화, 수출주도 정책, 금리현실화, 적극적인 외자도입, 재정안정정책과 물가안정정책.

시장 기능을 활성화하는 이런 정책이 성공할 수 있었던 배경에는 전과 달리 미국의 적극적인 지원이 있었기 때문이다. 한일 국교정상화와 월 남파병에 박정희 정부가 미국의 세계전략에 적극적으로 협조한 대가로 국내정치의 안정을 위한 미국의 협조를 얻었을 뿐만 아니라 경제정책에 대해서도 많은 협조를 끌어낼 수 있었던 것이다.

1964년 5월에 입각한 장기영에게 시장자유화정책을 건의한 사람은 재무부 차관을 지낸 金正濂(김정렴)이었다. 김 씨는 1964년 초 〈한국일보〉 사장이던 장기영과 함께 도쿄에 가서 일본으로부터 어업 및 선박 협력 차관을 도입하는 비밀교섭에 참여했다.

한국은행 출신인 두 사람은 자연히 한국 경제의 진로에 대한 이야기를 자주 나누었다. 개발연대의 경제정책에 크나큰 영향력을 행사하게 되는 김정렴은 당시로서는 드물게 국제금융에 밝은 사람이었다. 그는 미국 뉴욕 연방준비은행에서 연수, 한국은행 뉴욕사무소 개설요원으로 근무한 뒤 클라크 대학에서 경제학 석사과정을 마쳤다. 김 씨는 일본통이기도 했다. 일본 오이다고상(大分高商)을 졸업하고 조선은행(한국은행의 전신)에 들어갔다가 구마모토 육군예비사관학교를 나와 히로시마 소재 군관구 사령부에 근무 중 원폭투하 때 화상을 입었다.

김정렴은 한국은행 도쿄지점에서 1년간 근무했고 한일회담에도 관계

했다. 미·일의 경제사정에 밝은 그는 '한국이 따라야 할 개발모델이 미국식과 일본식 중 어느 쪽인가' 하는 화두를 품고 다녔다. 그가 내린 결론은, 자원이 빈약한 대신 우수한 인력을 가진 일본이 수출입국정책으로 성공한 모델을 한국이 따라야 한다는 것이었다.

그는 '수출대체산업에 安住(안주)하지 말고 수입대체를 위한 보호적 요소를 자유화해서 국제 경쟁력을 강화하는 동시에 수출 지향적 공업화에 착수하고 나아가서는 중화학공업, 그리고 적극적으로는 고도기술산업으로 발전해 나가야 한다' 는 요지의 건의서를 만들어 장기영에게 주기도 했다.

장기영은 입각교섭을 받자 김정렴을 불러 주요 경제정책에 대한 아이디어를 요약해서 달라고 부탁했다.

그때 국제통화기금(IMF)은 한국 측과 연차 협의를 할 때마다 수입대체산업에 대한 보호정책의 시정, 즉 환율과 금리의 현실화, 수입의 자유화, 관세율의 인하 등 소위 '시장자유화정책' 을 권고하고 있었다.

김정렴은 IMF의 권고사항이 쓴 약이기는 하지만 이런 방향으로 나아가는 것이 결국은 기업의 경쟁력을 강화시키게 될 것이라고 생각하면서 메모를 밤 새워 작성했다.

환율과 금리를 현실화하면 외국차관과 은행돈을 쓰고 있는 기업은 이자부담이 늘어난다. 수입을 자유화하고 관세를 인하하면 수입규제와 관세장벽으로부터 보호를 받고 있던 기업들이 큰 타격을 받게 된다. 과보호를 받고 있던 기업들은 체질개선을 하지 않으면 도산하게 된다.

우리나라가 IMF 관리체제 하에서 겪은 것과 비슷한 고통이다. 이런 고통과 自救(자구) 노력은 결국은 기업체질을 향상시킬 것이지만 정부는 경제계의 반발과 정치권의 압력에 직면할 것이다. 표에 민감한 여당도 시장자유화에 반대할 공산이 크다. 이 정책은 중간에 그만두면 큰 혼란을 불러 안 한 것만 못하게 된다. 따라서 대통령의 확실한 이해와 지지가 반드시 필요하다고 김정렴은 메모에서 강조했다.

며칠 뒤 장기영 부총리가 김정렴을 불렀다. 장기영은 "정일권 총리도 있는 자리에서 박 대통령에게 시장자유화정책을 설명하고 이 정책에 대한 지지를 약속받았다"고 했다.

장 부총리는 "대통령께서는 '경제팀은 언제든지 당신이 원하는 대로 구성해주겠으니 기필코 시장자유화정책을 성공시켜라' 고 말씀하셨다"고 덧붙였다. 장 부총리는 한 달 뒤 박충훈 상공부 장관과 의논하여 김정렴을 상공부 차관에 임명했다.

딱딱하게 보이면서도 유연한 발상의 소유자인 박정희는 시장원리에 대한 이해가 빠른 사람이었다. 그는 1962년에 쓴 《우리 민족의 나갈 길》의 머리말에서 이렇게 말했다.

〈 '최대한의 자유, 최소한의 계획' 을 원칙으로 경제계획을 완수하여 '한강 변의 기적' 을 이룩해놓는 것이 勝共(승공)의 길이다. 우리는 진정한 경제 발전이 민주주의적인 자유와 창발성 가운데서만이 가능하다고 생각한다〉

경제개발을 어디까지나 시장경제의 원리를 바탕으로 깔고 국가에 의한 계획성을 從(종)으로 놓고 추진한다는 소신인 것이다. 박정희에 의한 국가의 개입은 시장원리를 제한하는 데 그 목적을 둔 것이 아니라 시장이 제대로 기능하도록 여러 가지 제도와 관행을 만들자는 것이었다.

그는 이듬해 나온 《국가와 혁명과 나》에서는 '민주주의의 신봉을 견지하는 한, 여론의 자유를 막을 수는 없다. 토론의 자유 속에서 혁명의 구심력을 찾아야 하는 혁명'이라고 썼다.

민주주의와 시장경제의 원칙을 前提(전제)로 한 국가주도의 근대화 전략이었다는 점에서 박정희式(식)은 김일성의 전체주의식이나 필리핀과 파키스탄의 기득권층만을 위한 민주주의와는 차원이 달랐다.

張基榮式

장기영 경제기획원 장관 겸 부총리는 1964년 5월 취임하자마자 김정렴이 권고한 대로 시장자유화정책을 우직하게 밀고 나갔다. 그는 긴축재정 정책을 견지할 것을 미국 측에 대하여 보장하고 그 代價로 1964년 회계연도 중 5,200만 달러 규모의 미국국제개발처(AID) 차관을 얻었다. 1965년 3월 22일부터는 IMF의 권고를 받아들여 고정환율제를 변동환율제로 바꾸어 실시하면서 환율을 1달러 대 255원(종전은 1달러 대 130원)으로 평가절하했다. 금리도 현실화하여 1965년 9월 30일부터는 1년 만기 정기예금 금리를 연 15%에서 30%로, 일반대출 금리를 16%에서 26%로 대폭 인상했다. 수입개방도 과감하게 실시했다. 1964년에는 수입허용 품목이 400여 개였으나 다음해에는 1,570개로 늘었다.

이런 시장자유화와 가격현실화 조치는 '가격의 매개변수적 기능을 구현하자'는 데 목적이 있었다. 일련의 조치는 '정부의 대외 지향적 개발전략을 구현하기 위한 기반조성이란 점에서 1960년대 초에 취한 정책 중 획기적인 것이라고 할 수 있다'(경제기획원 펴냄. 《개발연대의 경제정책》).

시장자유화정책의 입안자인 김정렴(당시 상공부 차관·재무부 장관) 전 대통령 비서실장은 "이 정책의 성공으로 국제사회에서 한국의 행정력에 대한 평가가 높아져 요사이 말로 하면 국가 신인도가 올라갔고 외자유치에 큰 도움이 되었다"고 말했다.

"그때 IMF에서는 한국의 외환보유고가 바닥나면 SDR(Special Drawing Rights=특별인출권)을 쓸 수 있도록 허용하되 환율·금리·수입자유화를 조건으로 붙였습니다. 장 부총리가 이 일을 해내자 IMF에서는 개발도상국으로서는 희귀한 성공사례라면서 회원 국가들에게 널리 알렸습니다. 외화 유치에도 유리해졌을 뿐만 아니라 우리가 외환위기를 맞게 되면 IMF와 IMF를 사실상 조종하고 있는 미국이 뒤를 봐줄 것이란 자신감도 생겼습니다.

시장자유화정책의 성공에는 장기영 부총리의 지도력과 그를 전폭적으로 밀어준 박정희 대통령의 역할이 결정적이었습니다. 아이디어가 많은 장기영 부총리의 역금리 발상, 즉 예금 금리를 대출 금리보다 더 높게 매겨 예금을 많이 유치하는 한편 역금리로 인한 은행의 적자를 메우기 위하여 은행이 보유한 지불준비금에 한국은행이 이자를 붙여준 것은 세계적으로 유례가 없는 것이었습니다. 이런 금리·환율 자유화 문제로 재무장관이 반발하면 장 부총리는 설득을 했습니다. 그래도 말을 안 들으면 박 대통령을 찾아가 해임을 요구, 경제 각료들에 대한 자신의 인사권을 관철시켰습니다. 네 명의 재무장관이 그런 식으로 갈렸습니다."

김정렴은 장기영이 한국은행 조사부장으로 있을 때 그 밑에서 근무한 적이 있었다.

"장기영 씨는 추진력과 독서력, 문장력, 그리고 발상력이 엄청난 분이

었습니다. 조사부장 때 여자 비서를 두 명 데리고 있었습니다. 한 사람
은 전화를 받는 일을 맡았고, 다른 비서는 장 부장이 책을 읽다가 밑줄
친 부분을 淨書(정서)하는 일을 했습니다. 정서한 문구를 담화 때 적절
히 이용하였습니다."

김정렴은 "이분이야말로 가장 성공적인 은행원이었다"고 했다.

장기영은 부총리로 취임한 뒤 담보를 잡고 돈을 빌려주는 식의 관료적
은행 업무는 전당포나 고리대금업과 같다면서 경멸했다. 그는 '유능한
은행원은 유능한 기업인을 발견해 그를 키워주는 사람이다. 대출은 신
용대출이 원칙이다'라고 생각했다. 장기영은 돈을 빌려줄 때 기업인의
인물됨을 가장 중점적으로 관찰·평가했다고 한다. 기업인들과 술을 마
실 때도 行態(행태)를 면밀히 관찰하여 융자 與否(여부)에 반영하기도
했다고 한다.

이런 시장자유화 정책이 추진되고 있던 1964~1965년엔 수출 주도 전
략의 뼈대가 마련되었다. 수출 전략의 설계자로 알려진 당시 상공부 장
관 박충훈은 회고록에서 박정희 대통령을 '수출전선의 총사령관'으로
묘사했다.

〈대통령이 무엇보다 수출을 중요시하고 강력하게 지원했기 때문에 상
공부에서는 수출만이 살 길이다, 수출제일주의다 하는 것을 내세우고
수출하는 게 곧 애국하는 것이며 수출 공장에서 바느질하는 여공까지
깡그리 애국자라는 것을 강조하기에 이르렀다〉

우리나라가 연간 수출액을 1억 달러 이상으로 끌어올린 것은 1964년
이 처음. 이 해 총수출액은 1억 1,910만 달러. 1억 달러를 초과한 날인 11
월 30일을 '수출의 날'로 기념하기로 했다.

혁명정부 시절인 1962년부터 박 대통령은 연간 수출목표 제도를 시행하면서 목표달성을 독려해갔다. 박충훈 장관은 1965~1967년 사이의 3년간 총 7억 달러어치를 수출하고, 1967년에는 3억 달러의 수출고를 달성하겠다는 야심찬 수출 3개년 계획을 세웠다.

1965년에 정부가 마련한 수출진흥종합시책은 수출업체에 대하여 조세, 금융상의 특혜뿐 아니라 외교와 정보 면에서의 지원도 포함시켰다(수출 물품에 대한 철도 요금의 할인제도도 있었다). 정부의 모든 조직이 수출업체에 대하여 유기적이고 종합적인 지원을 맡고 나선 것이다. 수출기업이 무역전선의 전투부대라면 정부는 정보·작전·군수지원을 담당한 셈이었다.

박정희 정부는 1964년에 해외시장개척을 전담하는 대한무역진흥공사를 설립한 데 이어 1965년부터는 대통령이 주재하는 청와대 수출진흥확대회의를 매달 한 번씩 열었다.

格式이 싫은 대통령

대통령 주재의 월례 수출진흥확대회의는 한국만이 가진 독특한 협의체로서 외국에서도 모방하려고 했으나 성공한 나라는 별로 없다고 한다. 이 회의에 박정희 대통령은 반드시 참석하여 수출 진도를 점검하고 애로사항을 즉석에서 해결해주었다. 주무 부서인 상공부가 이 회의에 수출지원책을 내어놓으면 웬만한 것은 대통령 이름으로 받아들여져 즉각 시행되곤 했다.

경제기획원이나 재무부는 하급 부서인 상공부의 뒤치다꺼리를 한다고 불평하기도 했으나 국정의 우선순위에서 수출을 항상 윗자리에 놓는 대통령 때문에 기관이기주의가 발붙일 틈이 없었다.

이즈음 어느 날 박 대통령은 수행원들과 함께 서울 구로공단 내의 한 공장을 시찰했다. 박 대통령은 10대 소녀 근로자가 열심히 손을 놀리고 있는 등 뒤로 다가가 가만히 지켜보고 있다가 덥석 소녀의 손을 잡으면서 말했다.

"네 소원이 무엇인가?"

소녀는 무슨 잘못이라도 저지른 듯 겁에 질린 표정이었다. 대통령 수행원들이 "겁내지 말고 소원이 있으면 말해봐"라고 했다. 소녀는 기어들어가는 소리로 말했다.

"저도 제 또래의 아이들처럼 교복을 한 번 입어보고 싶습니다."

갑자기 분위기가 숙연해졌다. 강직한 외모 뒤에 多情多感(다정다감)한 내면을 지닌 박 대통령은 훗날 산업체의 소년소녀 근로자들을 위한 특별학급을 만들게 된다.

박충훈 장관은 대통령과 함께 한 회식자리에서 아이젠하워 대통령과 얽힌 일화를 하나 소개했다.

〈아이젠하워 대통령이 백악관으로 들어갈 때 언론인 출신 한 사람을 食客(식객)처럼 데리고 갔다고 한다. 이 사람은 반년이 넘도록 벙어리처럼 말 한마디 하지 않았다. 아이젠하워 대통령이 말했다.

"이제 당신이 여기 들어온 지도 여섯 달이나 되었으니 무슨 말이든 한마디 해야 하지 않겠는가."

그 사람은 "예, 알겠습니다"라고 하더니 다음날 종이에 서너 자 적은 것을 들고 와서 바쳤다. 대통령이 받아서 보니 'WELL' 이라 쓰여 있었다.

"미국 대통령의 말 한마디는 세계에 영향을 끼칩니다. 그런데 각하께선 너무 쉽게 '예스, 노'를 말합니다. 앞으로 누가 물으면 먼저 'WELL(글쎄요)'이라고 말해놓고 생각을 가다듬은 후에 가부간의 대답을 하는 게 낫겠습니다.">

이 말을 들은 박 대통령은 "나보고 들으라고 한 이야기구먼"이라고 했다.

박 장관은 술에 약해 김정렴 차관을 종종 데리고 다녔다. 박 장관은 "여기 김 차관은 장관 대신 술 마시는 것을 도맡다 보니까 우리 部(부)에서는 야간장관이라 불립니다"라고 농담을 했다. 박 대통령은 "좋아요, 그러면 내가 김 차관을 야간장관으로 임명하겠어요"라고 농담을 했다.

박 대통령은 格式(격식) 없는 이런 술자리는 좋아했으나 공식적인 만찬이나 파티는 싫어했다. 그런 만찬을 끝낸 어느 날 박 대통령은 정치부 기자 출신의 젊은 공화당 의원 이만섭을 따로 부르더니 "우리끼리 한잔하자"면서 청와대로 데려갔다.

"난 말이야 저런 파티가 싫어. 오늘 李 의원도 봤겠지만 정치인과 악수를 하면 괜히 내 귀에다가 입을 대고 속삭이면서 손을 놓아주지 않는 친구들이 있단 말이야. 할 말도 없으면서 여러 사람들 앞에서 자신을 과시하려고 그러는데 양치질이나 제대로 하고 그러면 밉지나 않지."

대구의 한 요정에서 있었던 逸話(일화).

모 국회의원이 대통령을 담당한 여자 종업원에게 농담을 했다.

"니, 각하하고 여러 번 했제?"

순진한 종업원이 대통령에게 쪼르르 달려가 일러바쳤다. 듣고 난 박 대통령은 그 국회의원을 향해서 소리쳤다.

"그래 임마, 했다. 그러니 니 형수한테 술 한 잔 올려라!"

이 무렵의 박정희는 1970년대의 그와는 많이 달랐다. 40대 후반의 젊은 대통령은 '선거로 뽑힌 대통령'이란 정당성을 근거로 하여 야당과 언론의 비판에 당당하게 논리적으로 대응했다. 원래 격식을 싫어하는 그는 대통령직이 부여하는 최소한의 儀典(의전)도 부담스러워했다. 이 무렵 찍은 사진들을 보면 대통령과 합석한 측근 인사들도 대통령의 존재를 별로 의식하지 않고 자유롭게 담소하고 담배를 피우는 모습이다.

박 대통령은 한일회담이나 월남파병과 같은 중대사를 결정할 때는 충분한 토론을 거치게 했다. 공화당이 전체 의석 중 3분의 2에 육박하는 압도적인 의석을 갖고 있었으나 박 대통령이 야당에게 끌려 다닌다는 불만을 털어놓을 정도로 국회 활동은 활발했다. 박 대통령의 이런 유연성은 자신감의 반영이기도 했다.

무엇보다도 그는 미국이 원하는 월남파병과 한일 국교정상화를 정력적으로 추진함으로써 미국의 지지를 확보했다. 이는 反정부 활동을 벌이는 야당과 학생들에 대한 미국의 전통적인 지지가 철회된 것을 의미했다. 1970년대에 들어서면 월남전선에서 한국군이 철수하는 것을 계기로 하여 한·미 간의 그런 고리가 끊어진다. 박 대통령의 영구집권을 가능하게 한 유신체제의 선포와 함께 미국 정부는 야당·학생·지식인 사회의 박 대통령 비판을 지원하는 형국으로 바뀐다.

일괄타결에서 개별타결로

1965년에 들어서면서 박정희는 한일 국교정상화 회담과 월남파병을 동시에 추진했다. 이해 1월 14일 밤 박 대통령은 청와대 본관 2층 침실에서 며칠 뒤에 있을 年頭教書(연두교서) 발표 자료를 만들어 가져온 박상길 대변인을 맞았다.

"수고하였소. 저녁은 어떻게 했소?"

"네, 이제 나가서 먹겠습니다."

"그런데 그 월남파병인가…. 밖에서들 뭐라고 합니까?"

"우리 처지에서는 공산군과 싸워 실전을 익힐 수 있는 좋은 기회이고, 미국을 한번 도와주어 빚을 갚아볼 좋은 기회이고, 경제 건설에 필요한 달러를 벌어들일 기회도 되고, 5000년 만에 처음으로 남을 도와 파병한다는 기록도 남기는 게 밑지는 장사는 아니라고 생각합니다."

묵묵히 듣고 있던 박 대통령은 다소 상기된 표정을 짓더니 "관계자들을 부르시오"라고 즉석회의를 소집했다. 박 대통령은 뤼브케 서독 대통령으로부터 선물받은 포도주를 가져오게 하여 대변인과 함께 마시고 있으니 장관들이 놀란 표정으로 들어오기 시작했다. 요정에서 달려온 장관, 잠자리에 들었다가 뛰쳐나온 장관도 있었다.

박 대통령은 관계 장관들이 다 모였는가 하고 둘러보더니 입을 뗐다.

"월남파병을 결행하기로 하였으니 그리들 알고 각자 필요한 작업에 내일부터 착수토록 하시오."

박정희가 이날 밤에 말한 월남파병은 파병이 이미 확정된 非전투부대인 비둘기부대에 이어 전투부대도 보내겠다는 뜻이었다. 미국과 월남 정부가 공식적으로 전투부대 파병을 요청하기 전이었다. 박 대통령은 그런 공식요청이 언제 오는가 하고 초조하게 기다리고 있는 형편이었다.

이해 7차 한일회담은 아슬아슬하게 진행되고 있었다. 1964년 12월에

急死(급사)한 일본 측 수석대표 스기미치스케(杉道助)의 후임이 된 다카스키 신이치(高杉晋一)는 평생을 미쓰비시(三菱) 그룹에서 일해온 재계의 거물이었다. 그는 1965년 1월 7일 외무성 출입기자들과 회견하는 자리에서 妄言(망언)을 했다.

"조선 통치에 대하여 한국 측은 사죄를 요구하고 있으나 우리로서도 할 말은 있다. 우리는 조선을 좀더 풍요롭게 만들려고 지배한 것이다. 지금 조선의 산들은 벌거숭이가 되어 있는데 이는 조선이 일본에서 이탈한 때문이다. 일본이 한 20년간 더 지배했으면 좋았을 뻔했다. 創氏改名(창씨개명)은 조선인을 동화시켜 일본인과 같은 대우를 해주려고 한 배려였다."

이런 발언이 일본공산당 기관지 〈아카하다(赤旗)〉에 보도되었다. 김동조 주일 대사 겸 수석대표는 이 내용이 한국 신문에 보도되면 회담이 결렬되고 말 것이라고 판단했다. 그는 우시바(牛場) 차석대표에게 전화를 걸어 "사건이 확대되면 우리로서도 어쩔 수 없다. 그러니 다카스키 대표가 한국 기자들과 만난 자리에서 이 발언을 무조건 부인하도록 하라"고 했다.

우시바도 사태의 심각성을 깨닫고 다카스키로 하여금 1월 18일 한국 기자들과 만나 자연스럽게 자신의 발언을 부인하도록 했다. 다카스키는 이날 본회의 직후 한국 언론의 주일 특파원들과 대화하면서 태연스럽게 말했다.

"내가 36년간의 조선통치가 한국 측에 유익했다는 발언을 한 것처럼 평양의 노동신문이 보도했는데 터무니없는 날조이다. 이는 공산주의자들이 회담을 방해하려고 꾸민 사건이다."

다음날 〈동아일보〉는 이런 다카스키의 변명에도 불구하고 그의 중대 실언 내용을 크게 보도했다. 20일 본회의에서 김동조 수석대표는 이 기사를 읽은 다음 "이 내용이 사실이라면 회담의 계속 여부도 재검토하지 않을 수 없다"고 경고했다. 다카스키 수석은 보도내용을 부인하는 문안을 낭독함으로써 이 발언파문은 수습되었다. 이 문안은 김동조 대사가 미리 일본 측에 요구하여 작성된 것이었다.

이동원 외무장관은 국내의 反日(반일)감정을 순화시키기 위해선 일제의 식민지 지배에 대한 일본 정부의 공식 사과를 받아내는 것이 중요하다고 판단했다. 1964년 10월 김동조 대사가 일본에 부임할 때 '요시다(吉田) 전 총리 같은 거물이 한국에 와서 사과를 하도록 노력해 줄 것'을 당부했다. 김동조 대사는 일본에서 시나(椎名悅三郎) 외상을 만나 방한을 요청하고, 주일 미국대사 라이샤워를 만나서도 측면지원을 당부했다.

한일회담 한국 측 수석대표를 겸한 김 대사는 종래의 일괄타결 전략을 수정하여 문제별·위원회별·개별 타결 방식으로 전환했다. 청구권, 어업, 기본조약, 재일동포 문제가 한일회담의 4대 議題(의제)였다. 청구권 문제는 1962년의 김종필-오히라(大平) 메모로 그 대강이 결정되었다.

김 대사는 기본조약을 마무리하면 2개 문제가 해결되므로 국교정상화를 기정사실로 만들면서 조기 타결로 가져갈 수 있다고 판단했다. 각 분과위원회별로 실무 선에서 합의를 해보고 합의가 되지 않는 것들은 막후교섭 또는 정치회담에서 타결하기로 한 것이다. 일본도 이런 手順(수순)에 동의했다.

공식 사과

삼성물산의 李秉喆 사장은 이 무렵 울산에 지을 한국비료 공장에 대한 차관 교섭을 위해 일본에 와 있었다.

金東祚 대사가 어느 날 李 사장을 찾아와서 물었다.

"지금 對日 청구권은 무상 3억 달러, 유상 2억 달러, 상업차관 1억 달러로 이야기가 되었는데 이중 무상 3억을 6억으로 늘리면 어떨까요."

"무상을 늘리는 것은 일본의 외환사정을 감안하면 어려울 겁니다. 상업차관은 일본이 상품을 팔고 이자까지 받는 것이므로 교섭하기에 따라서는 增額(증액)이 가능할 겁니다."

김 대사는 "나는 우시바(당시 일본 외무성 심의관, 한일회담 차석 대표) 씨에게 부탁을 너무 많이 했으므로 이 사장께서 교섭을 좀 해주시지요"라고 했다. 이병철은 김 대사, 우시바, 그리고 한국은행 도쿄지점장 金奉殷(김봉은)과 함께 복요리로 유명한 후쿠겐이란 음식점에서 만났다. 그런데 골프를 치느라고 일행은 예약 시간보다 한 시간이 늦었다. 음식점 현관에 들어서니 주인이 화를 냈다. 복요리는 시간이 맞아야 한다면서 예약 시간에 맞추어 요리를 해놓았는데 한 시간이나 늦었으니 제 맛이 나지 않게 되었다고 주인은 안타까워했다. 일본 제일의 복요리사한테서 야단을 맞은 네 사람은 멋쩍은 표정이 되어 방으로 들어갔다. 주인이 따라 들어와 정중하게 고개를 숙이더니 이렇게 사과했다.

"제가 복요리를 하는 것은 돈을 벌자는 목적 이외에 최고의 맛을 손님들에게 서비스하자는 데 있습니다. 시간이 맞지 않아 제 맛이 안 나는 것이 억울합니다. 네 분이 보통 손님이 아니라는 것을 잘 알고 있습니다. 무례를 용서해 주십시오."

이 자리에서 우시바는 이병철 사장의 제안을 듣고 난색을 보였다. 이 사장은 "일본으로서는 한국 · 인도 · 파키스탄 가운데 어느 쪽이 소중하냐"고 물었다. 우시바가 "그야 물론 한국이지요"라고 하자 이 사장은 "인도와 파키스탄에 대한 상업차관 공여액이 얼마인지 아느냐"고 물었다.

우시바는 "조사해보고 내일 알려주겠다"고 했다.

다음날 우시바로부터 이병철에게 연락이 왔다. 인도에 대한 차관 공여액은 5억 5,000만 달러라는 것과 對韓(대한) 상업차관 증액문제는 잘 되는 방향으로 추진하겠다고 했다. 이병철은 돌아오는 대로 박 대통령, 정일권 총리, 장기영 부총리를 만나 그 전말을 알리고 꼭 실현시켜달라고 부탁했다.

그러나 정부는 상업차관의 증액보다는 유상자금 2억 달러에 대한 이자를 낮추어 달라는 교섭을 하게 되었다. 이병철은 이것이 小貪大失(소탐대실)이었다고 회고록에서 개탄했다. 우시바도 이병철에게 "일본 같으면 경제인의 말에 귀를 기울이지만 한국에서는 매사를 관리들이 결정한다"고 비판하더란 것이다.

한일 양국이 회담의 타결을 향한 돌파구로 생각한 것은 1965년 2월 17일로 예정된 시나 외상의 방한이었다. 일본 외상이 공식적으로 한국을 방문하는 것은 이것이 처음이었다. 양국은 또 서울에서 있을 양국 외무장관 회담에서 기본조약 부문에 합의, 假(가)서명함으로써 국교정상화의 조기타결을 기정사실로 만드는 극적인 연출을 준비하고 있었다.

국무회의에서는 김포공항에 일본 국기를 게양하고 국가를 연주해야하는 문제에 대해서 갑론을박이 있었다. 국무회의 전에 정일권 총리와 김형욱 정보부장이 장관들을 상대로 설득을 했음에도 다수가 반대했다. 장기영 부총리, 양찬우 내무, 김성은 국방 정도가 찬성했다. 박 대통령은 답답하다는 표정을 짓고 있었다. 이동원 외무장관이 강경하게 발언했다.

"국민 감정이 무섭다고 외교 관례를 무시하면 이건 국가라고 할 수 없습니다. 대외적으로도 국민 여론에 정부가 끌려간다는 인상을 남기면 외교에도 지장이 생깁니다. 아무리 국민이 그렇다고 해도 국가는 체통을 지켜야 합니다. 일장기를 걸고 기미가요를 연주해야 합니다."

박 대통령은 묵시적으로 이동원 장관 편을 드는 것 같았다. 이 장관은 야당인 민정당에서 낸 시나 방한 반대 집회도 허가해주자고 윤치영 서울 시장에게 건의했으나 윤 시장은 거절했다고 한다.

"이건 정치가 아닌 예절의 문제요. 어떻게 건국 이래 처음으로 찾아오는 일본 요인을 시위대와 부딪치게 할 수 있습니까. 난 절대 허가할 수 없어요."

2월 17일 오전 JAL(일본항공)기편으로 김포공항에 내린 67세의 시나 외상은 도착 성명 문안을 잃어버려 호주머니를 뒤지느라고 기내에서 3분을 지체했다. 계단을 내려올 때는 구두끈도 매지 않은 상태였다. 그가 읽은 도착 성명의 핵심은 다음 대목이었다.

"日韓(일한) 양국은 예로부터 一衣帶水(일의대수)의 隣國(인국)으로 사람의 교류는 물론 문화적이나 경제적으로도 깊은 관련이 있었으나 양국 간 오랜 역사 중에 불행한 시간이 있었음은 참으로 유감스러운 일로 깊이 반성하는 바입니다."

일본 정부가 공식적으로 일제 식민통치에 대해서 사과하는 역사적 순간이었다. 시나 외상의 방한 전날 우시로쿠(後宮虎郎) 아주국장은 외무성 출입기자들에게 도착 성명문을 돌린 다음 의견을 들어보았다. 기자들의 반응은 "사과를 하려면 좀더 확실히 하고 하지 않으려면 한마디도 하지 마라. 이렇게 어중간해선 오히려 역효과가 나겠다"는 것이었다.

선발대로 먼저 서울에 가있던 외무성의 마에다(前田利一) 조사관도 문안을 읽어보고는 "사과의 뜻을 더 확실히 하는 것이 좋겠다"고 건의해 왔다.

우시로쿠 국장은 '깊이 반성하는 바입니다' 라는 말을 덧붙인 다음 문안을 시나 외상에게 가져갔다.

"모두가 그렇게 생각한다면 그렇게 해야지."

시나는 아주 간단하게 받아주었다. 이동원, 김동조도 막후에서 강력한 사과 문구를 포함시키도록 일본 측을 설득하느라고 무진 애를 썼었다.

시나 외상의 낮술

일본 외무장관으로서는 최초의 공식訪韓(방한). 시나 외상을 맞은 1965년 2월 17일의 김포공항에선 이변이 하나 있었다. 67세의 시나가 서른 살 가량 아래인 이동원 외무장관의 안내를 받으면서 의장대를 사열하는데 기미가요(일본 국가)가 나와야 할 대목에서 아리랑이 흘러나오는 게 아닌가. 대통령이 일본 국가의 연주를 허락한 것으로 알고 있었던 이 장관은 속으로 '각하가 허락하셨는데… 마음을 바꾸었나' 하고 생각했다. 이 일은 별 말썽 없이 지나갔고 그날 저녁의 워커힐 만찬장에서는 기미가요가 연주되었다.

이 장관과 함께 승용차에 타고 숙소인 조선호텔로 들어오는 차중에서 시나는 말이 없었다. "도쿄에 비해서 서울은 깨끗하고 조용하군요"라고 한마디 했을 뿐이다. 차가 조선호텔에 거의 당도했을 때 시위군중 속에서 던진 달걀이 차체에 맞았다.

이동원은 서툰 일본어로 말했다.

"놀라실 것 없습니다. 이건 환영의 표시입니다. 아마 증오의 표시였다면 총을 쏘았을 겁니다."

시나는 유쾌하지 않은 표정이었다. 독백처럼 "환영 제스처 치고는 좀 지나친데…"라고 말했다.

다음날 박정희 대통령은 청와대를 방문한 시나 외상 일행을 맞아 30분간 요담했다.

박 대통령은 "일본이 먼저 과거사에 대한 한국민의 감정을 이해하고 손을 내밀어 납득이 갈 만한 성의표시를 해야 할 것이다"라고 말했다.

박 대통령은 자신보다 스무 살 가량 많은 시나를 앞에 두고 감회가 새로웠을 것이다. 그가 일본의 괴뢰국인 만주국의 장교 양성 기관 만주군관학교에서 훈련을 받고 있던 생도 시절 시나는 만주국의 산업부 국장이었다. 그는 만주국 총무처 차관으로서 괴뢰국을 조종하던 기시 노부스케(岸信介·뒤에 일본 총리 역임)와 함께 군국주의 일본이 만주에 파견한 대표적 엘리트였다. 그는 전후 《童話(동화)와 정치》란 책을 썼는데 이런 대목이 있었다.

〈일본이 대만·조선·만주를 합방, 경영한 것이 제국주의라고 일컬어진다면 그것은 영광 있는 제국주의이다〉

그런 그가 과거를 반성하고 사과하는 사절로 박 대통령 앞에 선 것이다. 박 대통령은 야망가와 음모가들이 몰려들던 '동양의 서부' 만주에서 질풍노도의 시대를 같이 호흡했던 사람들끼리 갖는 편안한 신뢰감 같은 것을 시나로부터 받았던 것 같다.

박 대통령은 시나 일행에게 점심으로 한정식을 대접했다. 시나 외상은 젓가락으로 밥을 맛있게 먹는데 쩝쩝 하는 소리가 들릴 정도였다. 덕택에 긴장된 분위기가 풀렸다.

시나가 도중에 정색을 하고 말했다.

"각하, 부탁이 하나 있습니다."

"예, 말씀해 보시지요."

"저, 밥이 참 맛있습니다. 한 그릇 더 먹을 수 있겠습니까."

거물 정치인 시나의 소탈한 언동을 계기로 한일 양측 인사들은 속을 털어놓기 시작했다.

"각하, 한일 간 음식 풍속엔 닮은 점이 많은 것 같습니다. 확실히 가까운 나라임이 틀림없습니다."

"인종적으로도 아마 가까울 겁니다."

"일본 정계에서도 사실은 한국계 혈통이 많이 활약하고 있습니다. 기시나 후쿠다는 자신의 조상들이 한국계인 것 같다고 저에게 귀띔한 적도 있습니다. 도조(東條) 내각의 도고(東鄉) 대신도 공공연히 자신은 조선인이라고 말하고 다녔습니다."

"아, 그렇습니까?"

화기애애한 점심이 끝난 후 외무부 회의실에서는 제 1차 외무장관 회담이 있었다. 쟁점은 한일 간 기본조약에서 규정할 대한민국의 관할권과 舊조약의 무효시점 문제였다.

한국 측은 한일합방 시기까지 거슬러 올라가 그때와 그 이전 한일 간에 체결된 모든 조약은 무효라고 못 박아야 한다고 주장했다. 한일합병 자체가 불법이므로 그에 따른 일제의 한국통치도 불법이란 의미를 내포한 문구였다.

이에 대해 일본 측은 "일본과 한국 사이에 체결된 조약의 무효는 일본의 패망을 명문화한 샌프란시스코 강화조약을 기점으로 해야 한다"고 주장했다.

日帝(일제)의 식민 통치를 史實(사실) 그대로 놓아두겠다는 속셈이었다. 이는 일제 통치에 대한 일종의 역사관 논쟁이므로 좀처럼 결론이 나지 않았다.

일본 측은 또 대한민국의 관할권 범위를 '휴전선 이남 지역으로 본다'는 의미의 문구를 명기할 것을 주장하였으나 우리는 이를 받아들일 수 없었다. 일본 측은 또 '대한민국은 한반도의 유일 합법 정부'란 대목 앞에 '1948년 12월 18일 유엔의 한국 관계 결의에 따라서'란 수식어를 넣자고 했다. 일본은 빠지고 유엔의 판단을 소개하는 식의 문구였다. 북한 당국을 反국가단체 또는 괴뢰로 보는 우리와 그렇게만 볼 수 없는 일본의 입장 차이가 있었다. 한국의 역사적 · 국가적 정체성에 대한 이견이므로 쉽게 좁혀질 수 없었다.

이동원 장관은 실무자들에게 회담을 맡기고는 시나 장관을 데리고 장관실로 돌아왔다. 두 사람은 잡담을 하면서 분위기를 부드럽게 만들어 갔다.

시나가 엉뚱한 제안을 했다.

"저, 부탁이 있는데… 우리 술 한잔 합시다."

"예?"

놀란 이 장관이 무의식중에 고개를 끄덕이자 이와세(岩瀨) 비서관이 재빨리 가방을 들고 들어왔다. 그는 가방을 열더니 나폴레옹 코냑 병을 탁자 위에 내어놓았다. '숙달된 조교'의 행동이었다. 회담장을 이탈한 두 나라 외무장관은 낮술을 즐기고 있었다. 직업 외교관이 아니란 공통점이 있는 두 사람의 이런 파격성은 한일 국교정상화 같은 난관을 돌파하는 데는 모범생들의 상식적인 행동보다 더 효과가 있었다.

靑雲閣 심야 담판

1965년 2월 18일 서울에서 있었던 이동원-시나 한일 외무장관 회담은 대한민국 정부의 관할권과 舊조약 문제를 놓고 팽팽한 입장 차이만 보이고 별다른 진전을 보지 못했다.

그날 밤 우이동의 요정 仙雲閣(선운각)에선 양측 대표들 사이에 만찬이 있었다. 시나는 밴드가 한국 유행가를 연주하자 가만히 듣고 나서 이렇게 말했다.

"내가 중국 노래도 들어보았지만 이처럼 가슴에 와 닿지는 않았소. 역시 우리 두 나라는 역사의 밑바닥에 깊은 무엇이 흐르고 있는 게 분명하오."

시나는 만찬을 파하고 헤어지기 전에 이 장관에게 "조용한 데서 이야기할 게 있다"고 붙들었다. 별실에서 시나는 심각한 표정으로 변하더니 "이 장관, 다케시마(竹島·독도의 일본식 이름)는 어떻게 할 작정이오? 사토 총리의 특별지시도 있었어요. 외무성의 증거 서류를 보면 다케시마는 분명히 일본 영토인데…"라고 했다.

"우리에게도 대마도가 우리 땅이란 역사 자료가 있습니다. 그러면 대마도와 독도를 바꾸지요."

대화는 싱겁게 끝나버렸다. 다음날에도 외무장관 회담을 양측 실무자들에게 맡겨놓고 이동원과 시나는 장관실에 앉아 시간을 죽이고 있었다.

시나가 불쑥 말했다.

"난 오늘 아침 영자신문을 보고 깜짝 놀랐어요. 내가 나를 물러가라고 데모를 벌이고 있었으니…."

"예?"

"거, 조선호텔 앞 시위 사진 말이오."

야당인 민정당의 당수 윤보선 전 대통령이 시나 외상과 닮은 점을 두고 한 말이었다. 이틀 전 환영만찬에서도 그런 이야기가 나오자 시나는 "내가 (윤보선 전 대통령보다) 한 살 아래이니 동생이군요. 그런데 우리는 같은 조상님을 둔 것이 아닐까요?"라고 해서 웃겼다.

2월 19일의 외무장관 회담도 실무자들 사이에 진전 없이 끝났다. 舊조약 폐기의 시기 문제는 의견 접근이 가능해졌다. 한일 양측 사이의 구조약은 '이미 무효'란 의미로 'already(이미)'를 문장에 삽입하기로 합의한 것이다. 1951년 샌프란시스코 강화조약을 양국 간 모든 조약의 무효 시점으로 하자는 일본 측과 1910년의 한일합병을 基點(기점)으로 하자는 한국 측의 주장을 절충한 것이었다.

대한민국의 관할권 문제에 있어서는 진전이 없었다. 일본 측은 대한민국이 한반도의 유일 합법 정부임을 유엔 결의를 빌어 인정하는 형식을 취하면서 그 관할권은 휴전선 이남에 한정된다는 조항을 넣으려고 했다. 한국 측은 이를 전면 거부했다. 다음날이면 시나가 귀국하게 되어 있었다. 사토 총리 등 일본 정부 수뇌부도 '무리하게 굳이 합의 볼 필요가 없다'는 자세였다고 한다.

이동원 장관은 오후 5시쯤 청와대로 박정희 대통령을 찾아가 보고했다.

"각하, 舊조약 문제는 우리가 양보할 수도 있는 사안이지만 관할권 문제는 國基(국기)와 관계되는 일이니 만큼 양측이 모두 완강합니다. 그러나 완전히 끝난 것은 아닙니다."

박 대통령은 언짢은 표정을 짓더니 자리를 박차고 일어나면서 내뱉듯이 말했다.

"마음대로 해. 나는 머리 좀 식히려 진해에 갔다 올 테니. 내가 임자를 외무장관에 임명할 때 분명히 말한 것이 있잖아. 한일회담은 임자에게 일임하겠다고. 그러니 임자 책임 아래서 최선을 다해봐."

이날 저녁 조선호텔에서는 시나 장관이 주최하는 만찬이 열렸다. 장기영 부총리가 이동원 장관에게 다가오더니 걱정을 해주었다.

"회담이 잘 안 되는 모양이지. 야단인데, 그게 잘 되어야 우리 경제도 소생할 텐데. 이판사판으로 밀어붙여 봐. 일단 저질러놓고 보는 것 있잖아."

이 장관도 이날 밤에 승부를 내기로 결심을 한 터였다. 그는 시나 장관에게 "우리끼리 조용한 데 가서 술 한잔 더 합시다"라고 했다. 이 장관, 김동조 주일대사 겸 한일회담 수석대표, 외무부의 延河龜(연하구) 아주국장, 그리고 시나와 우시로쿠 아주국장이 요정 靑雲閣(청운각)으로 향했다. 밤 10시를 넘어서였다.

일행이 대청에 올라서는데 "아니, 여긴 웬 일이오?"라고 하면서 나타난 사람이 있었다. 육군 중장 출신인 김종갑 국회 국방위원장이었다. 김 위원장을 따라 방에 들어가 보니 정복 차림의 군 수뇌부가 회식 중이었다. 李 장관은 시나의 양해를 얻어 합석했다. 애주가인 시나는 늘 갖고 다니는 나폴레옹 코냑을 꺼내 마셨다.

한국말을 모르는 시나는 군인들과 李 장관이 뒤엉켜 고성으로 이야기를 나누는 것을 가만히 듣고 있다가 "지금 무슨 일로 싸우는 거요?"라고 묻기도 했다.

장군들은 두 외무장관에게 "두 분이 어떻게 하든지 이번 회담을 성사시켜주십시오. 이번 기회를 놓치면 절대 안 됩니다"라고 부탁하고 있는 중이었다.

이동원 장관에 따르면 이날 낮 사토 총리로부터 '회담 타결이 잘 안 되면 일본에 와서 자기에게 맡기라'는 전갈을 받았던 시나는 갑자기 옆 방에서 술을 마시던 우시로쿠 아주국장을 불러 이렇게 말했다고 한다.

"사토 군에게 전화해! 내가 여기서 한일회담 해결하고 간다고! 바가야로(바보자식)! 내가 외무장관이니 내가 알아서 하는 것이지. 총리가 뭔데 국내에 앉아서 뭘 안다고 말이야…"

시나는 일본으로 돌아가 남긴 회고담에서 '장군들과의 遭遇(조우)는 박 대통령이 회담 성사에 압력을 넣기 위해서 꾸민 것이었다'고 썼다.

밤 11시가 되어서야 對坐(대좌)한 두 장관은 배석한 사람들을 내보내고 결판에 들어갔다.

존슨의 訪美 초청

시나 외상은 맞은편의 이동원 장관에게 "어떻게 할 수 없을까…"라고 말을 흐렸다.

"이 장관, 이번 교섭이 실패하면 일한회담은 또 몇 년 늦어질 것입니다. 이 장관이 이제는 결단을 내려야 할 차례요."

이 장관이 정색을 하고 말했다.

"대신께서는 저의 부친보다도 연장자이십니다. 저 같은 어린 나이의 인간도 목숨을 걸고 이 일을 하고 있습니다. 왜 일본案(안)에만 집착하십니까. 생각을 다시 해봅시다."

"묘안이 떠오르지 않는데."

이동원 장관은 방을 나서서 延河龜 국장을 찾았다. 연 국장과 우시로쿠 국장은 문 밖에서 두 장관이 무슨 이야기를 나누는지 귀를 기울이고 있었다. 직업 외교관인 두 국장은 외교 경험이 적은 두 장관을 걱정하고 있는 눈치였다.

이 장관은 연 국장을 향해서 "연구해 보았는가"라고 물었다.

"예, 무리는 좀 있습니다만 준비한 것이 있습니다."

"갖고 들어오시오."

이 장관은 연하구 국장이 가져온 메모를 시나 앞에 내놓았다. 일본 측은 '대한민국의 관할권은 휴전선 이남에 한정된다'는 부분을 포기하고, 한국 측은 '국제연합의 결의에 따르면… 대한민국은 한반도의 유일합법 정부'란 문안에 동의한다는 절충안이었다.

시나는 우시로쿠와 의논하더니 "이 정도라면 본국에 설명이 되는

데…"라고 반응했다.

"좋아요. 본국 측에 대한 설득은 내가 책임을 질 테니 귀하도 한국 측을 책임지세요."

시나가 너무 적극적으로 나오자 이동원은 한 발 물러섰다.

"안 됩니다. 대통령의 양해를 얻지 못하면 안 됩니다."

이렇게 하여 양측은 상부의 재가를 얻은 다음 시나가 귀국하는 이날 오후에 기본조약 가조인식을 갖기로 했다.

당시 한일 간의 국제전화는 사정이 좋지 않았다. 일본 측은 한국군과 在日(재일) 미군 사이의 군용전화선을 이용하기로 하고 오전 6시부터 30분 간격으로 총리, 자민당 부총재, 간사장, 외무차관에 연결시켜줄 것을 부탁하고 헤어졌다. 이미 시계는 1965년 2월 20일 새벽 2시를 넘고 있었다.

이 장관은 청와대로 가서 진해의 박정희 대통령 숙소로 전화를 걸었다. 박 대통령은 자지 않고 이 장관의 전화를 기다리고 있었다. 그는 장관에게 합의한 문안을 읽어보라고 했다.

"어떻게 생각해?"

"이 정도라면 국민들을 설득할 수 있다고 생각합니다."

"시나 외상은 뭐라고 하던가."

"그분도 일본 국회에서 설명할 수 있겠다고 했습니다."

"좋아, 그대로 하게."

이날 아침 시나 외상은 사토 총리에게 합의사항을 보고했다. 사토는 몇 가지 질문을 하더니 裁可(재가)했다. 1951년에 한일회담이 시작된 이래 14년 만에 드디어 국교정상화의 돌파구가 열린 순간이었다. 20일 오후 2시 외무부 회의실에서 연하구와 우시로쿠 국장 사이에 가조인된 '대한민국과 일본국 간의 기본 관계에 관한 조약'은 7조로 되어 있었다. 쟁점이 되었던 2, 3조는 이렇게 확정되었다.

제2조: '1910년 8월 22일 또는 그 이전에 대한제국과 일본제국 간에 체결된 모든 조약 및 협정이 이미 무효임을 확인한다.'

제3조: '대한민국 정부가 국제연합 총회 결의 제 195호에 명시된 바와 같이 한반도에 있어서의 유일한 합법 정부임을 확인한다.'

한일 간 외무장관 회담이 서울에서 열리고 있던 2월 19일 사이공에서는 또 쿠데타 시도가 있었다. 1963년 가을 고 딘 디엠 대통령이 쿠데타로 무너진 이후 여덟 번째의 쿠데타였다. 타오 대령이 주미 월남대사 키엠 장군을 업고 일으킨 이 쿠데타 기도는 군사혁명위원회 위원장 구엔 칸 장군을 지지하는 부대가 사이공을 탈환함으로써 이틀 만에 실패로 끝났다.

베트콩의 공세가 강화되고 미군의 월맹 폭격이 연일 계속되는 가운데 2월 25일 비둘기 부대 약 2,000명이 사이공 港(항)에 도착했다. 박 대통령은 본격적인 전투부대 파견의 교두보를 만든 것이다.

1965년 1월 14일 金炳旭 정보부장은 김현철 주미 대사와 함께 백악관을 찾아가 국가안보회의 간부 체스터 L. 쿠퍼와 만났다.

김 부장은 "박 대통령은 (월남 문제와 관련하여) 존슨 대통령이 요청하는 것이면 무엇이든지 기꺼이 협조할 생각이다"라고 본심을 털어놓았다.

브라운 주한 미국대사는 2월 22일 박 대통령에게 존슨 대통령의 방미 초청장을 전달했다. 박 대통령 부처가 오는 5월 17~18일 국빈으로서 워싱턴을 방문해달라는 내용이었다. 이 초청의 가장 큰 목적은 한일국교정상화 회담과 관련하여 양국의 관심사를 논의하는 것으로 되어 있었으나 나중에는 전투부대의 파월이 새로운 의제로 추가된다.

3월 4일 김현철 대사는 백악관에서 쿠퍼를 다시 만났다. 그는 시나 방한 후의 한일회담 진전 상황에 대한 문서를 전달한 뒤 이렇게 떠보았다.

"한국이 전투병력을 월남에 파병하겠다고 제의한다면 미국은 관심을 가질 것인가."

쿠퍼는 "우리는 아직 제3국의 병력을 사용할 생각을 갖고 있지 않다"고 답했다.

1개 전투사단 派越 요청

1965년 3월 12일 월남전선을 시찰하고 돌아온 미국 육군참모총장 존슨 장군은 '한국군 1개 사단을 포함한 3개 사단의 추가투입'을 상부에 건의했다. 3월 16일엔 미국 해병대 2개 대대가 월남의 다낭에 상륙했다. 지상군 전투부대가 최초로 참전함으로써 월남전은 새로운 국면을 맞게 되었다. 3월부터 미국 정부는 막후에서 한국군 전투부대의 파병을 위한 整地(정지) 작업을 시작한다.

브라운 주한 미국대사와 이동원 외무장관 사이에서 탐색전으로 전개되던 한국군의 전투부대 파월 문제가 공식적으로 논의된 것은 3월 15일. 이날 워싱턴을 방문한 이 장관은 러스크 국무장관과 세 시간에 걸친 오찬회담을 가졌다.

회담을 마치고 나온 이 장관은 기자들에게 "러스크 장관에게 월맹과의 협상에 반대한다는 한국 측의 입장을 전달했다. 미국과 월남 정부가 한국 전투부대의 원조를 필요로 한다면 그런 요청을 진지하게 고려할 용의가 있다"고 말했다. 이 회담에서 러스크 장관은 한일 간의 기본조약 가조인에 만족했으며 국교정상화 회담의 조기 타결을 희망했다.

이동원 장관은 18일엔 존슨 대통령을 만나 30분간 요담했다. 이날 주된 화제는 전투부대의 월남파병이었다고 한다. 李 장관은 한국군이 월남에 갈 경우 미국이 부담해 주길 바라는 여러 항목을 설명하고 존슨의 言約(언약)을 받았다고 주장하고 있다(회고록《대통령을 그리며》).

4월 들어서 미국 정부는 한국 전투부대의 파병을 성사시키기 위해 바쁘게 움직인다. 4월 1일 대통령 안보보좌관 맥조지 번디가 존슨 대통령에게 보고한 메모를 읽어보면 워싱턴 당국은 한국군 1개 전투사단의 파월을 전제로 한 월남전 확대전략을 구상하고 있었음을 알 수 있다.

이 메모에서 맥조지 번디는 '국무장관의 의견으로는 한국의 국내 사정이 미묘하긴 하지만 한국 정부와 조용하게 접촉하여 현재 월남에 주둔하고 있는 한국군 2,000명을 보강하는 형식으로 전투부대를 파견하도록 할 수 있을 것 같다'고 했다.

1965년 4월 15일 러스크 국무장관은 사이공의 주미 대사 테일러에게 '월남 정부와 연대 규모의 한국군 전투부대를 파견하는 문제를 논의해 보고 월남 정부가 그런 파병제의를 최대한 빠른 시일 안에 한국에 하도록 만들라'고 지시했다.

테일러는 이틀 뒤 '대규모 외국군 부대를 투입하는 문제에 대해서 그들의 동의를 얻기는 쉽지 않을 것'이라고 보고했다.

월남 정부는 한국군의 파병이 자신들을 도우려는 것이라기보다는 미국 정부가 국내 여론 무마용으로 만든 것이라는 불신감을 갖고 있었다.

미국 정부는 이런 월남 정부에 대해서 외국군을 받아들여야 군수지원을 하겠다는 식으로 압박을 가해 한국 정부 등에 전투부대의 파견을 요청하도록 만들었다.

월남 정부는 비전투 한국군의 파견도 반기지 않았다. 1965년 2월에 파견된 비둘기부대의 선발대장으로 월남에 미리 도착하여 복잡한 행정 문제를 처리했던 李勳燮(이훈섭) 준장은 《그때 당신은 어디에 있었는가—베트남 파병 선발대장의 회고》란 책을 썼다.

李 장군의 회고에 따르면 韓·美·越(한·미·월) 합동회의에서 한국 군은 월남군의 작전통제하에 들어갈 수 없다고 하자 월남 최고사령부 작전참모부장인 탕 장군이 일어서더니 이렇게 말하더란 것이다.

"한국이 우리나라를 위해 군대를 파견한 것은 고마운 일이지만 그런 지원이 꼭 필요한 것은 아닙니다. 우리는 貴國(귀국)에 대해 원조를 요청하라는 설득을 미국 정부로부터 받았습니다."

한국 전투부대의 파병이 미국 정책으로 공식 채택된 것은 1965년 4월 20일 호놀룰루의 미 태평양 사령부에서 있었던 고위 전략회의에서였다. 이 회의에는 맥나마라 국방장관을 비롯, 존 T. 맥노턴 국방차관, 윌리엄 번디 국무차관, 합참의장 휠러 대장, 주월 미국대사 맥스웰 테일러, 미 태평양지역 사령관 샤프 제독, 주월 미군 사령관 웨스트모어랜드가 참석했다.

이 회의에서 미군 수뇌부는 단기간에 호찌민(胡志明)의 월맹과 베트 콩이 굴복할 가능성은 없다고 판단하고 미 공군에 의한 北爆(북폭)의 계속과 병력의 증강을 존슨 대통령에게 건의하기로 했다.

당시 월남에는 3만 3,500명의 미군과 2,000명의 한국군(비둘기부대)

이 주둔하고 있었다. 미군 수뇌부는 미군 8만 2,000명과 한국 · 호주 · 뉴질랜드 군 7,250명의 증강을 건의하면서 추가적인 증강을 위해서 한국군 1개 전투사단(1만 4,500명)의 파병을 추진하기로 했다.

한편 브라운 주한 미국대사는 맥조지 번디 보좌관에게 한국 정부가 전투병력 파월에 적극적인 점을 지적하고 '이런 움직임에 대해서는 아주 신중하게 대처해야 한다'고 경고했다. 잘못하면 한국 정부의 전략에 말려들어 필요 이상의 부담을 미국이 져야 할 것이란 충고이기도 했다.

정상회담 후에 발표될 공동성명서 문안은 상당기간 전부터 검토되는데, 5월 1일 주한 미국 대사관이 작성하여 국무부에 보고한 16일 뒤로 예정된 한미 정상회담 성명서 초안에는 박정희 대통령에 대한 선물을 많이 준비하고 있었다.

〈주한미군의 현 수준을 유지한다, 군사원조를 현 수준보다 늘린다, 軍援移管(군원이관: 한국군에 대한 군사원조를 삭감하여 한국군의 부담을 늘리는 것)을 재검토한다〉

월남전의 擴戰(확전)을 결심한 미국 측은 박정희-존슨 정상회담에서 1개 전투사단의 파월에 대한 朴 대통령의 확답을 받아내지 않으면 안 되는 상황에 몰리고 있었던 것이다.

철없는 학생들과 위선적 지식인

1965년 4월 30일 오후 방한 중인 마셜 그린 미 국무부 극동담당 부차관보는 서울 중구 정동의 미 대사관저에 尹潽善 민정당 총재를 초대하여 한일회담과 관련한 요담을 했다. 그린 부차관보는 5 · 16 군사 혁명 때는 대리대사로서 尹 대통령을 찾아가 박정희 소장이 지휘하는 쿠데타軍(군)을 진압하기 위해 병력동원을 건의했으나 거절당한 인연이 있었다.

이날 민정당의 김준연 의원은 그린 부차관보를 '각하'라고 호칭하면서 그에게 보내는 공개장을 발표했는데 요지는 박 대통령의 방미 정상회담 계획을 중단시켜달라는 것이었다.

한 공화당 의원은 이렇게 불평했다.

"자기 나라 현직 대통령도 안 만나겠다는 전직 대통령은 외국의 외교관을 찾아가 만나고 또 다른 인사는 각하란 말까지 썼는데 이건 굴욕외교가 아닌가."

한 야당 의원도 "부차관보는 우리나라 국장급인데…"하면서 고개를 갸우뚱했다고 보도되었다. 이날 박 대통령도 벌컥했다. 그는 박상길 대변인을 불러들였다.

"그 X버선인지 헌 버선(편집자 註–윤보선을 지칭)인지 하는 자가 하는 말을 나는 다 알고 있지. 새카만 일본 헤이타이(兵隊) 출신인 째그마한 내가 … 제까짓 게 뭘 알겠느냐, 이런 말 아니오? 도대체 당신은 뭘 하는 사람이오?"

박상길은 나오자마자 윤보선의 '사대적 태도'를 비판하는 논평을 냈다. 다음날 그린 부차관보가 브라운 주한 미국대사와 함께 청와대를 찾아왔다. 박 대통령은 그린이 尹 전 대통령을 만난 데 대하여 기분이 상해 있었다. 그린 부차관보는 일국의 대통령을 앞에 두고도 담배를 꼬나물고 다리를 포개고 앉았다.

朴 대통령은 그 무서운 눈매를 번득이면서 그린을 정면으로 쏘아보더니 통역에게 말했다.

"이 자에게 내가 하는 말을 한마디도 빼지 말고 그대로 통역하시오."

박정희는 비수 같은 질문들을 던졌다.

"그래 윤보선 씨가 뭐라고 하던가?"

"당신은 지금도 내가 물러나야 한다는 생각에 변함이 없는가?"

배석했던 박상길에 따르면 그린은 원색적인 대통령의 한국말을 얼마간 알아듣는 것 같았다고 한다. 朴 대통령은 시선을 그린의 눈에 고정시키고 추궁하듯이 따지고 들었다.

〈정말 옆에서 보기에도 식은땀이 흘렀다. 그린은 대통령의 말씀이 몇마디 진행되자 겹친 무릎을 풀고 자세가 장군 앞에 선 병졸 모양으로 초긴장되면서 교장 선생에게 꾸중 듣는 학생 모양으로 담배는커녕 손끝까지 떨리는 듯하였다. 그리곤 정확한 발음으로 "예ー서 엑설런시" 소리만 연거푸 하다가 다리를 후들거리며 정신없이 나갔다. 나는 이때 '크든 작든 한 나라의 국가원수란 이렇게 무서운 것이로구나' 하고 느꼈고, 한 독립국가의 주권에 대하여 뼈로부터 우러나오는 긍지를 통감하였다〉(박상길 《나와 제3·4공화국》)

이즈음 朴 대통령은 학생·지식인·야당세력들이 다시 뭉쳐서 調印(조인)이 임박한 한일 국교정상화 조약 반대운동을 벌이려고 하는 조짐에 대해서 신경이 날카로워졌다. 그린 부차관보를 혼내준 다음날 박정희 대통령은 진해 제 4비료 공장 기공식에 참석, 치사를 하다가 미리 준비한 원고를 제쳐놓고 학생들과 인텔리들을 향해서 격한 비판을 쏟아붓기 시작했다.

박정희 대통령은 가끔 책상을 소리 나게 치면서 자신의 분노를 격앙된 억양으로 적나라하게 드러냈다.

"오늘 이 자리에 학생들도 좀 얼굴이 보이기 때문에 내 좀더 얘기를 하려 합니다. 학생! 지금 정치인들이 국회에서 뭐라고 떠들면 내용도 모르고 덮어놓고 거리에 나와서 플래카드를 들고 무슨 학교에서 성토대회도 하고 '무슨 정부 물러가라, 매국하는 정부 물러가라' 하는 등 이런 철없는 짓도 하는데, 나는 학생 제군들에게 솔직히 이 자리에서 이야기 해두거니와 제군들이 앞으로 이 나라의 주인공이 되자면, 적어도 10년 내지 20년 후라야만 제군들이 이 나라의 주인공이 되는 것입니다. 제군들의 시대가 오는 것입니다.

오늘 이때에는 우리들 기성세대가 모든 것을 책임지고 여러분들 못지 않게 나라에 대한 것을 걱정하고 근심을 하고 노력을 하고 있다는 것을 여러분은 잊어서는 안 됩니다. 4·19 정신의 계승운운 하나 그런 정신은 백 년에 한 번이나 수백 년에 한 번 있을까 말까한 숭고한 정신입니다. 문제 하나하나를 4·19 정신에 결부시킨다면 4·19를 모독하는 것입니다."

박 대통령은 '철부지 학생들'에 이어 위선적인 지식인들에게 銳鋒(예봉)을 들이댔다.

"과거 일제시대에 우리가 일제와 싸우던 것과 마찬가지인 정신 자세, 즉 왜적이 와서 우리를 점령하고 우리를 식민지화하고 우리가 남의 노예가 되었을 때 우리가 일제에 대항하던 이러한 정신 자세는 (지금에 와서는) 근본적으로 뜯어고쳐야 되는 것입니다. 인텔리 가운데는 정부가 하는 일은 무조건 반대하여야만 그 사람이 아주 인텔리이고 지식인이고 애국자然(연)합니다.

정부가 하는 일은 그네가 아무리 생각해도 옳다고 해도 여럿이 있는

데서 이야기했다가는 '저 사람은 사쿠라요 정부의 앞잡이다' 하는, 이런 우리 한국의 인텔리들의 사고방식이 근본적으로 뜯어고쳐지기 전에는 한국의 근대화라는 것은 어렵습니다."

제23장

미국 순방

朴正熙

미국 대통령 전용기를 얻어 타고

1965년 5월 16일 오후 박정희 대통령 부부와 수행원들은 존슨 미국 대통령이 보내준 대통령 전용기 보잉 707에 몸을 실었다. 박정희는 외국 대통령으로부터 비행기를 얻어 타야 하는 자신의 입장을 의식이라도 한 듯 김포공항에서의 출발인사에서 자주, 자립을 강조했다.

"다시는 빈곤과 굴욕이 없는 자주, 자립의 역량을 배양해야겠습니다. 이 기회에 한 가지 소신을 밝혀둘 것은 우리가 공짜라는 무상원조에만 지나치게 기대고 살아왔던 부끄럽고 낡은 과거로부터 크게 한 걸음 나아가 떳떳하게 빌려 쓰는 장기차관 도입 등의 호혜적인 국제협력에도 큰 노력과 관심을 기울여야 하겠다는 것입니다."

서울을 떠난 지 한 시간이 지나 전용기가 일본 상공을 날고 있을 때 박정희-육영수 부부는 機內 전화로 청와대를 불렀다. 육영수 여사와 큰딸 근혜 양 사이엔 이런 대화가 오갔다.

"근혜니? 지금 무엇들 하고 있지?"

"지만이와 근영이 데리고 놀고 있어요. 어머니, 거기가 어디예요."

"지금 막 일본 상공을 날고 있다. 잡음이 많은데 어머니 말이 잘 들리니?"

"예, 잘 들려요. 어머니, 비행기 멀미하지 않으셔요?"

"괜찮아. 높이 떠서 참 편안해. 할머니께도 걱정 마시라고 여쭙고, 그리고 아버지 어머니 안 계시는 동안 동생들 잘 보살펴라."

약 여덟 시간의 야간비행으로 북태평양을 횡단한 비행기는 16일 새벽 2시(현지 시각)에 알래스카의 엘멘도르프 공군기지에 도착했다. 여기서 잠시 쉬었다가 다시 일곱 시간의 비행 끝에 워싱턴 근교의 랭글리 공군 기지에 도착한 것은 현지 시간으로 16일 오후 5시였다. 윌리엄스버그 시장, 기지 사령관 등이 마중 나왔다. 박정희 일행은 영국 식민지 시대의 古都(고도) 윌리엄스버그에서 첫날밤을 보냈다.

다음날 오전 박 대통령 일행은 헬리콥터 편으로 백악관으로 향했다. 존슨 대통령의 영접은 각별했다. 두 대통령은 백악관 뜰에서 환영식을 마친 뒤 큰 리무진에 同乘(동승)했다. 두 대통령의 차량 행렬은 백악관을 출발, 펜실베이니아 대로를 거쳐 영빈관인 블레어 하우스에 이르는 카 퍼레이드를 벌였다. 존슨 대통령은 박 대통령을 숙소까지 바래다 준 셈이다. 1961년 11월의 첫 방미 때와는 비교가 되지 않을 정도의 깍듯한 國賓(국빈) 대접이었다.

1965년 5월 17일 오후 5시로 예정된 한미 정상회담 한 시간 전에 백악관 안보회의는 존슨 대통령에게 회담 준비 자료로 3페이지짜리 메모를 전했다. 지금은 비밀 해제된 이 문건의 요지는 이러했다.

〈박 대통령은 미국이 한국을 계속 지원하고 한일 국교정상화 이후에도 한국을 일본의 통제권 안으로 밀어 넣지 않는다는 보장을 요구하고 있다. 그런 보장을 얻게 되면 그는 한일 국교정상화 협정을 비준하는 데 필요한 국민의 지지를 얻는 문제에서 유리해질 것이다. 박 대통령은 농촌 출신인데 부끄럼을 타면서도 아주 영리한 사람이다. 그는 키가 작은데 대해 콤플렉스를 갖고 있어 처음 만나면 공식적이고 딱딱하다. 그러나 기분이 편해지면 상대방의 솔직한 태도에 잘 반응한다. 그의 한 가지 취미는 승마이다.

월남 정부는 추가적인 한국군 파견을 요청하고 있다. 우리는 한일 국교정상화와 관련하여 도전을 받고 있는 박 대통령이 그 난관을 극복하기 전에는 이 월남파병 문제를 의논해선 안 된다고 생각한다. 한국 측은 이번 방미 기간에 추가 파병의 대가로서 추가 원조를 얻을 수 있지 않을까 탐색전을 벌일 것으로 예상되므로 이 시점에서는 우리가 나서서 구체적 논의를 하지는 말아야 한다고 생각한다〉

백악관 서재에서 열린 제1차 한미 정상회담에는 두 대통령이 통역만을 데리고 대좌했다. 이 대화록은 비밀분류에서 해제, 공개되어 있다. 이를 근거로 박–존슨 두 대통령의 발언들을 대화체로 재구성하면 대강 이러했다.

존슨: "우리는 한국에 대해선 가능한 모든 원조 수단을 동원할 작정입니다. 주한미군은 그대로 주둔시키겠습니다. 어떤 병력 감축안도 생각하지 않고 있습니다. 만약 병력을 조정해야 할 일이 생기면 각하께 먼저 알려드리고 사전에 충분히 상의하겠습니다. 한일 국교정상화 회담이 순조롭게 진행되고 있어 다행입니다. 이는 오로지 각하의 지도력 덕분이라고 믿습니다. 한일회담이 성공적으로 마무리되면 월남에서 양국이 서로 협력하는 데도 도움이 될 것입니다."

박정희: "한일회담은 오는 6월 초나 중순까지는 마무리 될 것입니다. 협상을 방해하려는 무책임한 세력이 있지만 우리는 적극적인 대국민 홍보 등 다각적인 방법으로써 일본과의 합의에 도달하고야 말 것입니다."

존슨: "요사이는 외국에 대한 원조안을 의회에서 통과시키는 것이 더욱 어렵게 되고 있습니다. 다행히 한국이 월남에 2,000명의 병력을 보낸 것이 의회를 설득하는 데 좋은 역할을 했습니다. 각하께서는 월남에 한국군을 추가로 파견할 수 있습니까."

박정희: "그 문제는 좀더 연구 검토해봐야 하겠습니다. 국민들 사이에는 너무 많은 병력을 월남에 파견하게 되면 휴전선 방어력이 약화되고 북한의 모험을 유발하지 않을까 걱정하는 이들이 많습니다. 그렇지만 우리는 월남에 병력을 增派(증파)할 생각을 갖고 있습니다."

백악관 무도회의 異變

존슨 대통령은 또 다시 "1개 사단을 보낼 수 있을까요? 그렇게 하면 전쟁수행에 큰 도움이 되겠는데요…"라고 박정희 대통령을 몰아세웠다.

박정희: "한국이 월남전에 병력을 증파할 수 있다는 것은 나의 개인적인 견해입니다. 한국 정부가 이 문제를 연구해보아야 합니다. 이 시점에서는 결정할 수 없는 문제입니다."

존슨: "우리는 한국에 필수적인 물건의 수입, 개발차관, 기술 원조, 그리고 평화 목적의 식량지원에 대해서 돈을 대겠습니다. 한국에 대한 미국 측의 인상이 지금처럼 좋았던 적은 일찍이 없었습니다. 로스토 박사도 한국을 방문하고 돌아와서 '경제 분야에서 큰 발전이 있다'고 보고했습니다."

박정희: "주한미군의 철수에 대해서 워싱턴으로부터 아무런 말들이 나오지 않기를 정말 바랍니다. 그런 이야기가 나올 때마다 국민들이 불안해하므로 우리가 월남을 돕기가 매우 곤란합니다."

존슨: "한국의 안보는 충분한 병력과 예산으로써 보장될 것입니다. 아무리 적은 주한미군을 철수시킨다 하더라도 반드시 각하와 사전에 의논한 다음에 하도록 하겠습니다. 나는 호주, 필리핀, 뉴질랜드도 월남을

원조해주기를 기대하고 있습니다. 월남에서 우리가 이기기 위해서는 여러 나라들로부터 7만에서 8만 명 사이의 병력이 파견되어야 할 것입니다. 지금 브라운 대사가 작업을 하고 있는 것으로 알고 있습니다만 주한 미군의 지위에 관한 행정협정은 독일의 예를 따를까 합니다. 그러나 각하의 이번 방문 기간 중에 그 협상이 결론나지는 않을 것 같습니다."

박정희: "이 협상은 너무 오래 끌고 있습니다. 많은 국민들, 특히 야당은 불만이 많습니다. 각하께서 빨리 결론을 내리라고 지시해주셨으면 합니다. 1967년은 제1차 경제개발 5개년 계획의 마지막 연도입니다. 우리는 곧 제2차 경제개발 5개년 계획을 추진할 생각입니다. 한국은 미국의 계속적인 원조를 필요로 합니다."

존슨: "우리는 제2차 세계대전 이후 약 1,000억 달러의 대외원조를 했고 16만 명의 장병들이 죽거나 다쳤습니다. 몇 나라들이 행동하는 것을 보면 의회로부터 원조허가를 받아내기가 매우 어렵게 보입니다. 예컨대 수카르노가 미국 공보원의 도서관들을 불태웠을 때 의회 인사들은 인도네시아에 대한 원조를 전면적으로 중단시키려 했습니다. 한국이 월남을 지원한 것은 그런 점에서 매우 현명한 조치였습니다. 한국의 월남파병은 다른 나라에도 자극이 되어 호주와 뉴질랜드 같은 나라들이 월남 지원에 동참하도록 만들고 있습니다. 한국이 월남에 1개 사단을 증파해 주시기를 거듭 희망하는 바입니다."

1965년 5월 17일의 제1차 한미 정상회담은 30분 만에 끝났다. 존슨 대통령은 백악관 서재에서 나와 박 대통령을 안내하여 백악관의 장미정원을 거닐면서 환담했다. 존슨 대통령은 수행한 한국기자들을 불러들여 함께 산책하자고 권했다. 존슨은 애견 두 마리를 끌고 나와 한 마리의 줄을 박 대통령에게 주었다. 이 개는 박 대통령을 따라가지 않으려고 버티는 것이었다. 박 대통령은 몇 걸음을 질질 끌어보다가 안 되겠다 싶었는지 개의 두 앞다리를 들어올려 손으로 잡고 걸음마를 시켰다. 기자들이 소리 내어 웃자 개도 긴장이 풀렸는지 동행하게 되었다. 나중에 박 대통령 밑에서 청와대 대변인과 문공부 장관을 지내게 되는 金聖鎭은 당시 〈동양통신〉 워싱턴 특파원으로서 현장에 있었다.

"존슨 대통령은 한마디 한마디 할 때마다 박 대통령을 즐겁게 해주려고 무척 애쓰는 것이었습니다. 월남에 전투사단을 파견하도록 박 대통령을 설득해야 하는 다급한 입장에 있었던 존슨은 산책이 끝나자 대통령 일행을 안내하면서 백악관 내부를 돌아다녔고 자상한 설명을 곁들였습니다."

존슨은 어느 방에 놓여 있던 화첩을 들어 박 대통령에게 한 장씩 펼쳐 보이면서 말했다.

"우리 언론이 나를 어떻게 만들어놓았는지 한번 보십시오."

시사 만화가들이 존슨을 웃음거리로 만든 장면들을 본 박 대통령도 웃음을 터뜨렸다. 그는 한국 기자들과 수행원들에게 "여기 좀 봐, 이렇게 그렸네"라고 했다.

金聖鎭 당시 기자에 따르면 미국은 박 대통령이 승마를 즐긴다는 사실을 알아두고는 존슨과 나란히 말을 타는 장면을 연출하려 계획했다고 한다. 이 계획은 청와대 측에서 "우리 각하는 1년 전부터 승마를 그만두셨고 승마를 할 경우 너무 피곤해 하실 것 같다"고 해서 취소되었다는 것이다.

이날 저녁 백악관 연회실에선 존슨 대통령이 주최한 박 대통령 환영

만찬이 있었다. 150명의 인사들이 초청되었다. 한국 기자들은 만찬 이후에 있을 음악회와 무도회에 초대되었다. 야회복을 준비해오지 않았던 기자들은 옷 빌려주는 가게를 찾아가 한 벌에 12달러씩 주고 옷을 빌렸다.

무도회가 시작되자 존슨 대통령은 육영수 여사에게 다가가 춤을 추자고 했다. 당황한 육영수는 남편보다는 한 자(尺)가 더 큰 존슨 대통령에 매달려 1분쯤 느린 왈츠를 추었다. 존슨 대통령은 자기 부인을 朴 대통령에게 보내 춤을 추라고 시켰다. 춤을 출 줄 모르는 박정희는 이 프러포즈를 거절하는 결례를 범했다. 그뿐이 아니었다. 朴 대통령은 피로하다면서 아내를 데리고 숙소로 돌아가버렸다. 주빈이 갑자기 사라지니 분위기가 이상해질 수밖에. 현관까지 朴 대통령 부부를 전송하고 돌아온 존슨 대통령은 썰렁해진 무도장의 분위기를 수습하려고 딸 린다 양을 불러 스케이팅 왈츠를 추면서 손님들에게 동참을 권했다.

존슨의 선물-KIST 설립 약속

1965년 5월 18일의 일정도 여덟 군데를 도는 시간표로 박정희 대통령을 기다리고 있었다. 미국 대통령 직속의 국가안보회의 간부 제임스 C. 톰슨은 제1차 정상회담을 분석하여 이날 존슨 대통령에게 참고용 메모를 올렸는데 재미있는 대목이 있다.

'우리 측 통역이 전하는 바에 따르면 각하께서 박 대통령에게 발언할 기회를 충분히 주었으나 박 대통령은 극도로 부끄럼을 타는 사람이므로 오늘 회담할 때도 그에게 다시 한 번 지난 회담 때 그냥 넘겨버린 어떤 의제가 있다면 기탄 없이 이야기를 해보라고 격려해주는 것이 좋을 듯

합니다.'

제2차 정상회담은 이날 오후 5시 양쪽 장관과 보좌관들이 배석한 가운데 백악관에서 열렸다. 존슨 대통령은 먼저 이날 정오 내셔널 프레스 클럽에서 한 박 대통령의 연설이 훌륭했다고 축하했다. 그는 이어서 지난 봄 중서부를 강타한 허리케인의 희생자들을 돕기 위하여 한국 국민들이 보내준 성금에 대해서 감사했다.

"한국 국민들에게 전해주십시오. 그 돈은 한국전에 참가했던 군인들 중 피해가족들을 위해서 쓰겠다고요."

존슨 대통령은 전날 밤의 만찬에 대해서도 듣기 좋은 말만 했다.

"어제 만찬장은 빈 자리가 하나도 없었습니다. 오늘 많은 손님들이 나와 집사람에게 각하와 자리를 함께한 것을 영광이었다고 말했습니다. 그렇게 많은 사람들이 먼 길을 와서 자리를 빛내준 것이 참으로 뿌듯합니다."

존슨 대통령은 박 대통령에게 "어제 우리는 양국 간에 논의할 이야기를 전부 다한 것 같습니다. 각하께서 提起(제기)하시고자 하는 의제가 더 있으면 서슴없이 말씀해주십시오. 무슨 주제든지 좋습니다. 나는 러스크 장관과 함께 간밤을 거의 뜬눈으로 지새면서 도미니카 공화국의 정부군과 반란군이 무력충돌을 일으키지 않도록 제지하는 데 골몰했습니다"라고 했다.

박정희: "오늘 나는 맥나마라 국방장관과 조찬을 하면서 軍援移管(군원이관) 문제에 대해서 의논했는데 각하께서 이를 유념해주시기 바랍니다."

존슨: "내년에 정부가 30억 달러 규모의 군사·경제 원조 예산을 확보

할 수 있을지 아직 자신이 없습니다. 이처럼 불명확한 상태에서 외국의 지도자들이 방문하면 만나서 원조 문제를 이야기해야 하는데 이것이 싫어서 그들의 訪美를 연기시키고 있는 실정입니다."

박정희: "한국은 60만 명의 잘 훈련된 군대를 보유하고 있습니다. 이 병력은 공산주의와 대항해 싸우는 미군의 일부가 될 수도 있습니다. 우리 군대는 미군과 함께 공산주의와 싸울 것이며 동시에 미국의 지원에 의존하지 않을 수 없습니다."

존슨: "각하의 그런 다짐은 매우 감동적입니다."

박정희 대통령은 이어서 아프리카에서 한미 양국이 협조하여 외교활동을 강화했으면 한다는 뜻을 말했다.

"아프리카는 우리의 도움을 필요로 하고 있지만 그들도 우리에게 도움이 될 수 있을 것입니다."

박 대통령은 이즈음 북한이 아프리카 외교를 강화하고 있는 것에 자존심이 상해 있었다. 존슨은 "연구해보겠다"고 답했다. 배석하고 있던 金聖恩 국방장관이 존슨에게 말했다.

"한국군 장병들의 월급이 너무 적어 사기에 영향을 끼치고 있습니다. 각하께서는 한국군이 미군의 일부란 인식하에 선처해 주시기 바랍니다."

존슨은 "우리 의회도 미군의 월급 인상을 요청하고 있으나 예산의 한계 때문에 어려울 것 같다"고 했다.

박정희는 이어서 "공동성명에 포함될 각하의 '기술 및 응용과학연구소 건립 제안'에 대해 기꺼이 받아들이겠습니다"라고 했다.

존슨은 "각하나 나나 똑같이 교편을 잡은 적이 있지 않습니까. 그러니 과학교육에 신경을 써야 합니다. 도움이 된다면 내 과학고문을 한국에 파견하겠습니다. 동의하신다면 이 대목을 공동성명에 넣도록 합시다"라고 했다. 이 연구소는 나중에 한국과학기술연구소(KIST)로 결실된다.

배석하고 있던 장기영 경제기획원 장관 겸 부총리는 "공동성명 5페이지에 있는 문장에서 '매년(annual)'이란 단어를 삭제하고 '적절한 (applicable)'으로 대체할 수 없겠습니까"라고 말했다. 문제의 문장은 '(미국이 약속한 1억 5,000만 달러의) 개발차관은 매년 의회의 승인을 받아서 지급될 것이다'는 내용이었다. 장기영 부총리는 그런 제약 내용이 공개되면 1억 5,000만 달러 차관이 조건부란 인상을 줄까봐 '매년'이란 단어를 떼버리자고 했던 것이다. 존슨은 '매년'만을 그냥 떼버리도록 양해하면서 한마디를 덧붙였다.

"그렇지만 우리는 의회와 언론에 대해 솔직하게 말할 수밖에 없습니다. 그들은 우리의 대외원조가 매년 의회의 승인을 받아야 한다는 것을 잘 알고 있으니까요."

옆에 있던 이후락 비서실장이 한마디 거들었다.

"우리도 그러한 법적 절차를 잘 알고 있습니다. 미국이 이런 식으로 우리를 많이 도와주었으므로 우리는 이 원조를 善用(선용)하여 보답하도록 하겠습니다."

존슨 대통령은 "내가 가는 곳마다 오늘과 같은 공동성명을 만들어낼 수 있다면 표를 많이 얻겠소"라고 하더니 배석한 브라운 주한 미국대사와 김현철 주미 한국대사에게 "덧붙일 말이 없느냐"고 물었다.

두 사람 모두 "없다"고 하자 존슨은 박 대통령에게 "오늘 저녁 7시에 다시 만날 수 있기를 바랍니다. 나는 다른 일정 때문에 조금 늦겠습니다"라고 하면서 제 2차 정상회담을 끝냈다.

대통령과 과학기술

1965년 5월 18일 백악관에서 박정희-존슨 제 2차 정상회담이 끝난 직후 발표된 양국 공동성명서는 '월남에 대한 지원 문제에 두 나라가 협조하기로 합의했다'고만 밝혀 전투병력 파견 문제가 논의된 것을 감추었다.

성명의 요지는 '한일 국교정상화 이후에도 對韓(대한) 원조 계속, 군원이관 계획의 재검토, 주한미군 지위 협정의 원칙 합의, 그리고 공업기술연구소 설립'이었다.

〈양국 대통령은 교사로서의 과거를 상기하면서 양국의 교육 문제에 대해 논의했다. 박 대통령은 한국에 공업기술 및 응용과학연구소를 설치할 가능성을 검토하기 위하여 그의 과학고문을 한국에 파견하겠다는 존슨 대통령의 제의를 환영했다〉

한국의 공업화를 과학기술적으로 뒷받침하게 되는 한국과학기술연구소(KIST)의 설립으로 이어지는 이 성명의 중요성을 제대로 안 기자는 별로 없었다. 이 연구소의 초대소장이 되는 崔亨燮(최형섭·뒤에 과학기술처 장관) 당시 원자력연구소장에 따르면 〈동아일보〉의 金鎭炫(김진현) 경제부 차장만이 제대로 기사를 썼다는 것이다.

〈워싱턴에서 전해오는 그 많은 '파격적'이고 '이례적'인 의전 대접에도 불구하고 경제 분야 원조에선 파격도 이례도 없었다. 한 가지 파격이 있었다면 한국 정부가 전혀 제안도 준비도 한 바 없음에도 불구하고 존슨 대통령이 먼저 제안한, 공업기술 및 응용과학연구소의 설치 가능성

을 검토할 과학고문의 파견이다〉

이 기사를 쓴 김진현 기자는 그 25년 뒤에는 과기처 장관이 된다. 군대·경제·과학은 보통 동반 발전한다. 강력한 상비군을 유지하려면 경제력이 커야 하고 그러려면 과학기술의 뒷받침이 있어야 한다. 포병 출신인 박정희는 과학기술을 이런 유기적 관계 속에서 파악한 사람이었다. 박 대통령의 과학정책을 지휘한 사람 중에는 5년간 과학기술연구소장, 7년간 과학기술처 장관을 지낸 최형섭 박사가 중심인물이었다. 그는 원자력연구소장으로 있을 때 대한화학회誌(지)에 캐나다의 과학기술진흥정책에 대하여 논문을 쓴 적이 있었다.

1964년 말 韓準石(한준석) 경제비서관이 "대통령께서 그 논문을 읽었는데 직접 설명 좀 해주시오"라고 했다. 그래서 최 박사는 대통령, 국무총리, 장관들이 참석한 자리에서 과학정책에 대해서 설명하고 질문을 받기로 했다.

박 대통령이 물었다.

"최 박사, 우리나라의 과학기술을 어떻게 하면 좋겠소?"

"과학기술을 발전시키려면 무엇보다도 과학교육을 바꾸어야 합니다. '아는 교육'에서 '하는 교육'으로 바꾸어야 한다는 뜻입니다. 자격을 따는 교육이 아니라 문제 해결 능력을 갖추는 교육이 필요합니다. 공업화를 하는 데 기술을 아는 사람도 없고, 기술을 어디서 가져와야 된다는 것도 모르고, 기술을 만들어낼 줄도 모르는 지금으로서는 기업과 학계를 연계하는 어떤 매개체가 필요합니다."

최형섭 박사에 따르면 박 대통령은 방미 한 달 전에 연구소장들을 모아놓고 리셉션을 베푼 적이 있다고 한다. 이 자리에서 박 대통령은 "스웨터를 만들어 2,000만 달러나 수출했다"고 대견해하더란 것이다. 최형섭이 찬물을 끼얹었다.

"그것은 참 기특한 일입니다. 그러나 언제까지나 그런 일만 하겠습니까. 일본은 이미 매년 10억 달러어치의 전자제품을 만들어 수출하고 있습니다. 그런 힘은 어디서 생겼겠습니까. 바로 기술개발입니다."

朴 대통령은 미국에 갈 때 기업과 기술을 연결시켜주는 매개체로서 과학기술연구소의 필요성을 절실하게 느끼고 있었다고 한다. 최형섭 박사가 나중에 김현철 주미 한국대사로부터 들은 바에 따르면 당초 존슨 대통령의 과학고문은 우리 쪽에 공과대학을 만들어주겠다는 제안을 했으나 박정희 대통령이 대학 대신에 연구소를 만들어 달라고 부탁했다는 것이다.

과학기술연구소 설립에 합의한 한 달 뒤 존슨 대통령은 약속대로 과학 보좌관 도널드 F. 호니그 박사와 전문가들을 한국으로 보내 최형섭 박사가 소장으로 있던 원자력연구소와 금속종합연구소를 둘러보았다.

호니그 박사는 방한하기 전에 최형섭 박사에게 "연구소 설립의 기본 계획을 수립하기 위한 조사를 주관할 미국 연구소는 장래 한국 연구소와 자매 결연을 맺어야 하는데 어떤 연구소가 좋다고 보느냐"고 물었다.

최 박사는 "미국 측 생각은 어떠냐"고 물었더니 호니그 박사는 "벨 연구소를 생각하고 있다"고 말했다. 최 박사는 '벨 연구소는 세계적인 명성을 가진 연구소이지만 막대한 연구비를 들여 기초연구부터 하는 귀족적인 연구소로 우리 실정에는 맞지 않다' 고 생각했다고 한다. 그래서 "우리에겐 기업을 도와서 그들이 필요한 연구를 해주는 바텔 연구소가 바람직하다. 공업과 직결되는 연구를 할 수 있는 장사꾼 같은 계약연구소가 필요하다"고 호니그 박사에게 연락했다고 한다.

벨 연구소는 장기적인 안목으로 기초과학에 막대한 투자를 하여 얻어진 연구 성과를 오랜 기간에 걸쳐 상품화하는 곳인 데 반해, 바텔 연구소는 受託(수탁) 연구 중심으로서 그때그때 필요한 연구 결과를 기업에 적용시켜 나가고 있어 공업화 초창기의 한국에 더 적당하다고 판단했다는 것이다. 박 대통령은 1966년 2월 3일 최형섭 박사에게 한국과학기술연구소의 초대소장 임명장을 주는 자리에서 두 가지 당부를 했다.

"예산은 내가 책임지고 마련해 줄 테니 구차하게 소장이 경제기획원에 들락거리지 마시오. 그리고 인사 청탁을 절대로 받아들이지 마시오. 최 박사는 고집이 세서 남의 말을 잘 안 듣는다는 것을 잘 알고 있으나 그래도 혹시 거북한 일이 있으면 나한테 와서 말해주시오."

웨스트포인트에서

1965년 5월 18일 저녁 박정희 대통령은 워싱턴 메이플라워 호텔에서 존슨 대통령과 워싱턴의 요인들을 초청한 리셉션을 가졌다. 박 대통령은 리셉션이 끝나자마자 한국 대사관으로 달려가 밤 9시부터 재미동포들을 위한 만찬회를 베풀었다. 당시 미국에 살고 있던 한국 국적의 동포는 1만 2,643명이었다. 이 가운데 7,876명이 영주권을 갖고 있었고 유학생은 4,233명이었다.

박 대통령은 "만리이역에서 고생하는 여러분들은 지금 내 조국, 내 집안의 되어가는 사정에 몹시 안타깝게 생각할 것입니다"라고 서두를 꺼낸 뒤 이렇게 연설했다.

"이제 우리도 꼭 한 번 잘 살아 보아야겠다, 다시는 남을 쳐다보거나 구걸을 안 해야겠다는 피맺힌 결심 속에서 분연히 일하고 있습니다. 한 가지 우리의 걱정은 어떻게 하면 민주주의를 잘 키워갈 것인가의 문제입니다. 이런 걱정은 후진국가 모두가 겪고 있는 공통의 고통입니다. 나는 여기에 도달하는 捷徑(첩경)은 中庸之道(중용지도)에 있다고 생각합니다. 민주주의의 기본은 자제와 책임, 권리와 의무의 한계가 분명한 데 있어야 할 것입니다. 조국이 못살고 가난하다 해도 조국은 조국이요, 부모는 부모입니다. 역사가 우리에게 부여한 사명을 반드시 이룩해야만 우리의 후손에게 영광 있는 조국을 인계할 수 있을 것입니다."

5월 19일 박정희 대통령 일행은 백악관에서 험프리 부통령의 환송을 받은 뒤 앤드류 공군기지에서 특별기 편을 타고 뉴욕으로 떠났다. 뉴욕의 케네디 공항에 도착한 박 대통령 일행은 20여 대의 모터사이클이 경호하는 가운데 뉴욕 시내로 들어갔다. 번화가인 브로드웨이를 지나는 25분간의 카 퍼레이드는 고층 건물에서 눈처럼 쏟아지는 오색 종이들 속에서 진행되었다. 박 대통령은 잘 연출된 환영에 기분이 좋았다.

박 대통령 일행은 월도프 아스토리아 호텔에 들었다. 다음날 박 대통령은 뉴욕에서 열리고 있던 세계박람회장을 둘러보았다. 한국관을 구경하면서 박 대통령은 골똘히 생각에 잠겼다.

이날 한미재단이 주최한 오찬에는 소설가 펄 벅 여사, 맥아더 장군의 미망인, 《순교자》란 소설을 써서 유명해진 재미동포 리처드 김, 이승만 대통령 시절의 주미 한국대사 梁裕燦(양유찬) 같은 인사들이 참석했다.

양유찬은 퇴장하는 박 대통령을 붙들고 계속 이야기를 걸었다. 박 대통령이 내키지 않는 표정을 짓자 이후락 비서실장이 가운데 들어서 두 사람을 떼어놓았다. 이 실장은 주미 한국대사관의 무관으로 근무할 때 양 대사를 모신 적이 있었다. 한 기자가 "양 대사가 모처럼 박 대통령과 이야기를 하겠다는데 그렇게까지 할 필요가 있습니까"라고 따지듯이 묻자 이 실장은 "눈치가 빠르긴, 그런 일 없어요"라면서 웃었다.

5월 20일 유엔본부를 방문하여 우 탄트 총장을 면담한 박 대통령은 그 직후 '한국의 유엔 가입이 실현되지 못하고 있는 부조리의 지속상태는 유감스럽고 불행한 일이다' 는 성명을 발표했다. 박 대통령 일행은 유엔총회장을 참관했다.

박정희는 소련 대표 자리를 가리키면서 "저기서 흐루시초프가 구두를 들고 책상을 쳤겠군"이라고 농담을 하더니 "우리 대표 자리는 어디인가?"라고 물었다. 안내자가 옵서버席(석)을 가리키자 "빨리 저 한복판으로 옮겨야 할 텐데"라고 했다.

朴 대통령은 다음날 뉴욕에서 자동차로 약 두 시간 거리에 있는 웨스트포인트의 육군사관학교를 미 공군 특별기를 타고 찾아갔다. 만주군관학교, 일본 육사, 그리고 조선경비사관학교 등 3국의 육사를 모두 졸업한 경력을 가진 박 대통령은 군사문화에 익숙한 체질 때문인지 이 방문을 아주 즐겼다. 의장대 사열을 받기 직전 이곳에 사는 것으로 보이는 동포 여성 한 사람이 박 대통령을 붙들고 감격에 겨워 눈물을 흘렸다.

박 대통령은 생도들을 앞에 두고 짤막한 연설을 했다.

"역사상에는 동일한 연대에 대등한 무력이 등장하고 전쟁을 하는 것을 자주 보아왔습니다. 어느 쪽의 무력이 일시적으로 강대해지더라도 정의를 함께 하지 아니한 무력은 끝내 처참하게 패망했습니다. 이런 진리를 부정하고 오로지 폭력만으로써 인류를 제압할 수 있다고 믿는 어리석은 자들이 바로 공산주의자들입니다. 폭력은, 스스로 부정할 수 있는 폭력도 내포하고 있는 것입니다. 본인은, 이런 면에서도 본인과 한국 국민이 계속하고 있는 반공 투쟁이, 끝내 승리할 것이라는 자신을 가지는 것입니다."

생도식당에서 생도들과 함께 한 식사가 끝나갈 무렵 학교 당국은 이곳을 방문하는 국가원수에게만 주는 특권 하나를 박 대통령에게 드리겠다고 했다. 박 대통령은 오전에 운동장을 시찰하다가 20여 명의 사관 생도들이 罰(벌)로 특별훈련을 받고 있는 것을 목격한 기억이 났다. 박 대통령은 벌을 받고 있는 한 생도에게 이것저것 물어보기도 했었다.

"나는 나에게 부여된 특권으로 지금 교정에서 벌을 받고 있는 생도들을 모두 사면하는 바입니다."

생도들은 함성을 올리면서 식탁을 꽝꽝 소리 나게 쳤다. 생도들은 박 대통령이 웨스트포인트를 떠날 때는 모자를 일제히 벗어 하늘로 높이 던져 환송했다. 박 대통령은 며칠 뒤 〈동양통신〉 金聖鎭(김성진 · 뒤에 청와대 대변인 및 문공부 장관 역임) 워싱턴 특파원에게 이런 말을 했다.

"내가 미국 방문에서 가장 깊은 인상을 받은 것이 두 가지야. 하나는 푸른 숲, 다른 하나는 웨스트포인트에서 만난 생도들의 늠름한 모습과 젊은 기개야. 내가 미국에서 가져가고 싶은 것이 저 푸른 숲이야. 나라라는 것은 이렇게 푸르러야 미래가 있는 거야."

푸른 숲과 생도들의 기개를 높게 평가한 박정희도 당시 나이가 48세, 그를 수행한 참모들도 거의가 30대 후반, 40대 초반이었다. 패기 있는 지도층이 이끌던 젊은 한국이었다는 얘기이다.

"남의 나라 로켓인데…"

　웨스트포인트 육군사관학교 방문을 마친 박정희 대통령은 항공편으로 강철의 도시 피츠버그로 이동했다. 힐튼 호텔에 여장을 푼 대통령 일행은 걸프 석유회사에서 마련한 만찬에 참석했다. 울산정유공장과 진해 비료공장 건설에 투자한 걸프로서는 투자국의 국가원수를 깍듯이 접대할 이유가 있었다.

　다음날(1965년 5월 22일) 아침 일찍 대통령 일행은 피츠버그의 존스앤드 로린 철강회사를 방문했다. 군정 시절에 종합제철공장 건설을 시도하다가 좌절한 바 있었던 박 대통령은 부러운 표정으로 말없이 공장 내부를 돌아보았다. 수행원들은 "단 한 개라도 좋으니 우리도 이런 공장을 가져보았으면 원이 없겠다"고 말하기도 했다.

　피츠버그 공항을 오전 10시 20분에 출발한 특별기는 약 두 시간의 비행 끝에 플로리다 주의 우주기지인 케이프 케네디에 도착했다. 야자수 나무들이 서 있는 常夏(상하)의 평원 여기저기에는 금방 단추만 누르면 우주를 향해서 치솟을 것 같은 로켓들이 전신주처럼 여기저기에 박혀 있었다. 우주센터에서는 朴 대통령의 방문에 맞추어 아틀라스 장거리 로켓 발사 시험을 했다.

　로켓이 굉음을 내면서 아프리카 남단의 한 무인도를 목표로 솟아오르자 박 대통령은 뒷자리에 앉은 사람이 쓰던 쌍안경을 달라고 하여 사라질 때까지 지켜보았다. 다른 사람들의 시선은 이미 땅으로 내려왔지만 박 대통령은 쌍안경의 시야에서 로켓이 사라질 때까지 지켜보다가 쌍안경을 내려놓았다. 그리곤 아무 말이 없었다. 옆에 앉아 있던 김성진〈동양통신〉 기자가 "소감이 어떻습니까"하고 물었다.

박 대통령은 시큰둥한 표정으로 "뭐, 남의 나라에서 쏘았는데 감상은 무슨 놈의 감상이야"하고 고개를 돌려버리는 것이었다. 합동취재기자단의 대표로서 취재 중이었던 김성진은 논평을 듣는 데는 실패했으나 박 대통령의 표정이라도 정확하게 관찰해 놓으려고 유심히 살폈다.

"마치 좋은 장난감을 갖고 있는 옆집 아이를 시샘하는 어린아이의 표정이었습니다. 저는 거기서 '아하, 이 분은 보통 양반이 아니구나' 하는 느낌을 받았습니다. 박 대통령은 뉴욕 시가지를 걸을 때도 골똘히 무엇을 생각하는 표정이었습니다. '이 분은 자수성가한 사람답게 국가도 자주정신을 가져야 한다고 굳게 믿는 분이로구나, 미국에까지 와서도 국가경영의 지표를 설정하려고 끊임없이 명상하는 분이로구나' 하는 생각이 들었습니다."

로켓 발사 실험이 끝나고 일행이 버스에 오르자 기다리던 기자들이 "홍종철 장관, 뭐 발표없어요?"라고 소리쳤다. 홍종철 장관은 김성진 기자를 쳐다보았다. 김 기자는 "글쎄 말이야, 내가 대변인이라면 '우리 우방의 놀라운 과학기술의 발달이 인류에 도움이 되기를 바란다' 고 하면 안 될까"라고 했다.

같은 버스에 동승했던 李厚洛 비서실장이 한 시간 뒤 "대통령 소감이 나왔습니다"하고 돌린 논평은 金聖鎭 기자가 버스 안에서 말한 내용과 흡사했다.

다음날은 일요일로 박정희 대통령 일행은 모처럼 자유로운 시간을 보낼 수 있었다. 케이프 케네디의 패트릭 공군기지에 숙소를 두고 있던 박 대통령은 이날 오전 수행기자들을 불러 아침식사를 함께 하면서 화기애

애한 분위기 속에서 즉석 기자회견을 했다. 한 기자가 "육영수 여사가 도처에서 격찬을 받았습니다"라고 하자 박 대통령은 싫지 않은 표정으로 "나보다도 인기가 좋았단 말이오?"라고 했다.

박 대통령 부부는 근처에 사는 교포들을 초청하여 환담했다. 가수 孫詩響(손시향)도 끼어 있었고, '박정희'란 이름을 가진 여성이 미국인 남편 사이에서 낳은 아기를 안고 와 자신의 성명을 밝히는 바람에 웃음이 터졌다.

박 대통령은 오전에 시간이 남자 洪鍾哲 공보부 장관을 보내 혼자서 기사를 정리하고 있던 김성진 기자를 자신의 방으로 불렀다.

"김 기자, 심심한데 우리 드라이브나 합시다."

박 대통령은 전화기를 들더니 수행경호관에게 지시를 했다.

"자동차 나오라고 해. 깃발은 커버를 씌워라. 이건 공식행사가 아니야."

잠시 후 세 사람은 리무진을 타고 바다가 넘실대는 남국풍의 해안을 달렸다. 운전석과 맞닿은 바로 뒷자리에는 김 기자, 홍 장관이 앉아 박 대통령과 마주 보게 되었다. 박 대통령은 워싱턴 특파원 생활을 오래 한 김성진에게 미국의 외교정책, 의회 사정, 언론 동향 등에 대해서 이것저것 물었고 김 기자는 방미 소감을 물었다. 다음날 박 대통령은 헤어지는 김 기자를 부르더니 물었다.

"미스터 김, 당신은 한국에 안 돌아오시오?"

"저도 임기가 있습니다."

"언제 끝나나?"

"내년이면 저도 돌아가야 합니다."

"돌아오면 나한테 연락하시오."

김성진은 박 대통령의 이 말을 그냥 하는 이야기로 이해했다. 다음해 귀국한 김성진은 정치부장 대리로 있으면서 동남아 취재를 했다. 그 기사가 나간 뒤 청와대로부터 들어오라는 연락이 왔다. 박 대통령은 김 기자를 보자마자 "당신 언제 왔어?"라고 했다.

"온 지 오래됩니다."

"이 사람, 연락하라고 그랬잖아."

김성진은 '그런 걸 다 기억하고 있는 이런 양반 앞에서 허튼 소리를 했다가는 큰일이 나겠구나' 하고 생각했다고 한다.

'생산하는 政治'

1965년 5월 24일 월요일 오전 9시, 박정희 대통령 일행은 케이프 케네디의 패트릭 공군기지를 출발해 방미 최종 기착지인 로스앤젤레스 공항에 도착했다. 박 대통령은 새뮤얼 요티 로스앤젤레스 시장의 한국말로 된 환영사를 들었다. 며칠 전부터 한국어로 번역한 연설문에 영어식 발음을 달아 연습했다는 후문이었다.

공항에는 수백 명의 교포들이 환영 피켓을 들고 마중 나와 있었다. 그들 중에는 大韓同志會(대한동지회) 소속의 노인들 10여 명이 영어로 '환영 박 대통령 각하'라고 써놓고 한글로는 '평화선을 팔지 말라', '굴욕적인 한일회담 반대'라고 쓴 플래카드를 들고 있었다.

박정희는 이 플래카드를 눈여겨보았지만, 정작 의전행사가 끝나자 환영 나온 교포들과 손 한 번 잡지 않은 채 차에 올라 공항을 빠져 나갔다.

수행기자 단장이었던 〈한국일보〉 片鎔浩(편용호) 기자는 '교포와 플래카드를 들고 나온 노인들도 섭섭한 눈치였다. 경비를 담당한 시당국의 지나친 배려 때문이었는지 몰라도 기자 역시 서운한 감이 없지 않았다'고 취재 후일담에서 쓰고 있다.

박 대통령 일행은 숙소를 힐튼 호텔로 정한 뒤 이날 오후 南加州(남가주·캘리포니아) 대학교의 귤 농장을 시찰하기 위해 헬기로 이동했다. 공중에서 내려다 본 귤 농장은 광활한 사막을 개간한 미국 농업의 전형을 보여주고 있었다.

농장에 도착하자 캘리포니아 대학교의 힌델레이커 총장이 박 대통령을 안내했다. 그는 "지하수가 없는 사막에 물을 대기 위해 서울부터 강릉만큼 먼 거리에서 물을 끌어온다"며 농업에 과학을 접목시킨 성과를 자랑했다. 총장이 "과학의 힘을 최고도로 이용하는 농업이지만 현재 시험 중인 기계식 과실 수확방법은 나무가 많이 상하는 단점이 있다"고 말하자 박 대통령은 "그것만은 아무래도 실패인 것 같은데…"라며 웃었다.

농민 출신의 박 대통령에게 캘리포니아 귤 농장은 퍽 인상적이었다. 박 대통령은 부러움을 감추지 못한 채 힌델레이커 총장에게 재배현황과 시설규모 등을 꼬치꼬치 물어보던 중 수행하던 측근들에게 "이런 것들을 우리나라 제주도에서 재배할 수 없을까"라고 묻기도 했다.

오늘날 제주도 감귤농장의 시초는 1968년에 정부가 각 도별 농어민 소득증대 특별사업 품목으로 제주도에 감귤을 선정한 데서 비롯된다. 일본에서 묘목을 들여와 조성하기 시작한 제주도 감귤 농사에는 1998년 현재 3만 6,212가구(제주도 전체가구의 21%)가 종사하고 있으며 연간 60만 톤 생산에 4,000억~6,000억 원의 소득을 올리는 업종으로 성장했다.

이날 저녁 박정희는 로스앤젤레스 山頂(산정)에 자리한 요티 시장의 동양식 저택에서 베풀어진 만찬에 참석했다.

다음날인 5월 25일, 미국에서 마지막 하루를 보내는 날 아침에 박 대통령은 교포들을 초청한 조찬회를 가졌다. 로스앤젤레스를 중심으로 인근 지역에 분포한 교포는 약 2만 명. 초청받은 200명의 교포들은 정장 차림으로 이른 아침부터 힐튼 호텔 로비에 도착해 조찬회를 기다렸다. 초청장을 받지 못한 10여 명의 교포들은 이들의 입장을 제지하는 경호원과 입씨름을 하고 있었다.

조찬회장에서 박 대통령은 "羅城(나성·LA의 한자어 표현)은 과거 우리 독립운동의 근거지요, 우리들의 마음의 고향"이라고 연설했다.

"본시 하나의 민족이 재건되는 데는 격심한 진통과 고난을 겪어야만 한다는 것은 역사의 상식입니다. 비록 오늘의 한국에 일부의 실망이 있을지 모르나 그것은 우리의 민족적 용기와 결속과 자신 여하에 따라 얼마든지 타개해 갈 수 있습니다."

박 대통령은 "다시는 가난할 수 없다는, 우리에게 부과된 근대화의 과업은 우리 세대 중에 우리의 손으로 끝내야 할 피할 수 없는 역사의 사명"이라고 강조했다. "부디 또 다시 가난과 빈곤과 못사는 조국을 후손에게 물려주지 않기 위해 다같이 굳게 뭉쳐 일어서기 바랍니다"라며 연설을 끝냈을 땐 우레 같은 박수가 터져 나왔다.

조찬 이후 박 대통령은 공식 수행원들을 모두 불러 방미 성과를 검토하는 자리를 가졌다. 여기서 박 대통령은 장기영 부총리에게 미국으로부터 얻게 된 1억 5,000만 달러의 차관을 귀국하는 대로 신청해서 4개월 안에 끝내도록 지시했다.

1965년 5월 26일 오전 8시 5분, 박 대통령 일행은 10일간의 방미 일정을 마치고 귀국길에 올랐다. 출발할 때와 마찬가지로 미국 측은 대통령 전용기를 제공했다. 로스앤젤레스 공항을 이륙한 대통령 탑승기가 미국 본토를 지나 캐나다 영공에 들어설 무렵 존슨 대통령이 기내 무전기로 작별 전문을 보내기도 했다.

5월 27일 오후 7시 30분, 박 대통령은 김포공항에 도착했다. 박 대통령은 도착 성명을 발표하는 자리에서 "나는 이번 방미에서 존슨 대통령과 미국 정부 및 미국 국민으로부터 극진한 歡待(환대)를 받았다는 것을 먼저 국민 여러분께 알려 드리며 이러한 환대는 미국 국민이 한국 국민에게 보내는 뜨거운 우정의 표시인 것으로 나는 생각합니다"라고 말했다.

이날 연설에서 박 대통령은 '생산하는 정치'라는 신조어를 선보였다.

"나는 미국을 돌아보고 우리에게 '생산하는 정치'가 필요하다는 것을 느꼈습니다. '생산 없는 정치'는 있을 수 없다는 것을 느꼈습니다. '생산', 그것이 곧 미국의 정치였습니다."

또 "이번 방미를 통해 민주주의의 위대함을 다시 한번 확인할 수 있었다"면서 "권리를 찾는 시민이 되기 전에 먼저 책임을 다할 수 있는 시민, 남에게 의지하기 전에 먼저 제 힘으로 일어서 보겠다는 국민이 되어야 합니다. 이것이 바로 오늘 이 자리에서 여러분께 드리는 인사의 말씀이며 선물입니다"라고 끝맺었다.

지방시찰 종합 소감 및 지시

朴正熙 대통령은 1965년 3월10일 그동안 지방시찰을 한 소감을 요약하여 관계 부처에 배포토록 했다. 여기서 그는 행정 운영 방식에 대한 자신의 원칙을 피력한다. 특히 행정에 중점적 시책을 선정하여 역량과 자원을 집중하라는 강조는 그의 행동요령을 잘 보여 준다.

그가 지도한 고속성장은 전략적 목표와 우선순위를 잘 선택하여 제한된 자원을 그곳에 집중적으로 투입한 결과이기 때문이다. 사소한 것들에게 자원을 분산시키지 않고 전략적으로 중요한 목표들을 선별하여 그 달성에 국력을 총동원한 것이 朴正熙 체제가 가진 효율성의 비밀이었던 것이다.

〈지방시찰 종합 소감 및 지시

연두 지방시찰을 끝내고 느낀 종합적 소감과 이에 따른 지시를 다음과 같이 시달하오니 그 시정 및 조치에 유감 없기를 바랍니다.

1. 중점적 시책을 가져라.

각 지방장관이 열성으로 市·道政에 임하고는 있으나, 무엇을 꼭 해보겠다는 중점시책들이 부각되어 있지 못하는 경향들이 있습니다. 바른 시책의 방향과 중점을 갖지 못할 때에는 열성과 노력은 분산된 결과밖에 나타나지 않을 것입니다.

각 지방 장관은 그 지방 행정의 특징을 이룰 만큼 확실한 중점시책을 가질 것을 촉구하는 바입니다.

2. 각 지방 장관은 독자적 창의와 신념을 가져야 한다.

적어도 한 지방의 행정 장관은 그 지방 행정을 운영하는 데 있어서, 독자적 창의력을 발휘하여야 할 것입니다. 뚜렷한 개성과 창의가 없는 지방 행정은 결국 앞에 말한 「중점 없는 행정」의 결과와 같습니다. 「○○ 도지사는 ○○에 유명하다」는 여론이 있을 만치 지방장관은 중점을 갖춘 독자적 창의가 있어야 하는 것입니다. 중앙의 지침은 어디까지나, 일반적 지침에 불과한 것이며, 그 지침에 너무 구애되어 독자적 창의를 갖지 못한다면 그 지방 행정은 「죽은 행정」이 되고 마는 것입니다. 중앙의 지침과 더불어, 그 지방의 특수 사정에 알맞은 지방장관의 독자적 창의와 신념만이 지방행정을 빛낼 수 있는 것입니다.

3. 중앙의 더욱 협조된 지침이 있어야 한다.

어떤 시책의 지침(對지방)은 중앙에서 사전에 협조되고 종합되어 시기에 알맞게 지방에 하달되어야 할 것입니다. 예를 들면 「모범 읍면 단위 육성」에 대하여는 중앙의 관계 장관들은 「경제각료회의」와 같이 관계장관회의를 가져 종합적으로 그 지침을 작성하여 하달하고, 그 후에도 이를 계속 지원하는 시책들이 이 회의에서 뒷받침하게 나와야 하는 것입니다. 앞으로 지방 행정의 중요 문제점들에 대하여는 「○○에 대한 정부 지침」의 형식으로 각부 의견이 종합된 것으로 하달되어야 할 것입니다.

(中略)

상기 지시들에 대하여 본인은 그 실천상황을 관심을 갖고 주시할 것입니다. 특히 중앙의 지침. 계획은 물론, 각 지방 장관들은 그 지방의 독자적 추진계획이 성안되는 대로 본인에게 직접 보고할 것을 지시합니다.〉

인사 원칙 천명

1965년 6월9일 朴正熙 대통령은 「국영기업체의 紀綱」이란 제목의 지시를 국무총리에게 내린다.

朴 대통령 특유의 人事觀과 인사원칙이 드러나 있다.

〈1. 근간 들리는 바에 의하면, 국영기업체들 중에는 간부진에 있어서 서로 불화하여 수다한 잡음이 조성되고 있으며, 심지어 상위자를 축출하기 위한 下剋上(하극상)적 현상마저 있다 합니다.

2. 기업의 운영에 있어서 무엇보다 중요한 것은 운영인원들의 人和에 있을 것이며, 이러한 인화를 갖지 못한 기업체에 그 발전을 기대할 수는 없을 것입니다.

3. 따라서 다음과 같이 그 방침을 천명 재확인하여, 기업체의 효율적 운영을 기할 것을 당부하는 바입니다.

記

가. 국영기업체의 이사 및 인원편성에 있어서는 그 長의 의견을 절대 존중할 것.

나. 理事陣 내의 불화상태가 있을 때에는 그 長이 인사조치할 수 있는 권한을 부여할 것.

다. 불화로 인하여 부득이 그 長을 사임케 할 때에는, 불화에 책임 있는 숫이사를 같이 사임케 할 것.

라. 전반적으로, 各部 장관이 예하 기업체를 감독하는 노력과 책임이 부족함. 만일 기업체에 대한 잡음이 있을 때에는 그 책임 장관은 이를 방치함이 없이 조치하는 감독권을 즉시 행사하여야 할 것임.〉

朴 대통령의 인사 방침은 조직의 長 이외의 非공식 실력자를 허용해선 안 된다는 것이다. 長을 임명했으면 그에게 부하 인사권을 주어야 하고 책임을 물을 때엔 長과 관련 이사들에게 같이 하여야 한다는 것이다. 시스템을 어떤 원리로 운영해야 하는가에 대한 金言이다.

가발 수출 바람

1965년 초여름 상공부 공업 1국장 吳源哲은 수출전선의 사령관인 박충훈 상공장관을 수행하여 상공회의소 2층 간부 회의실로 향했다. 박 장관은 일주일에 하루를 상공인들과 면회하는 날로 정하고 상공회의소로 나가고 있었다. 이날 면회 신청자는 5명이었다. 첫 번째 면회자는 서울통상의 崔俊圭(최준규) 사장. 최 사장은 이야기를 꺼내기 전에 이상한 물건을 내놓았다. 나일론실 같은 것을 수십 개 묶어 한 다발로 만든 조그마한 물건이었다.

"장관님, 이것이 가발 원료입니다. 이것으로 가발을 만들어 수출하자는 건의를 올립니다."

박 장관은 신기해서 만져보았다. 사람의 머리카락 같지가 않았다. 최사장의 설명은 계속되었다.

"우리나라 사람들의 머리카락은 원래 검지 않습니까. 그래서 우선 탈색을 해서 순백색으로 만들어야 합니다. 그리고 난 다음 각종 색으로 염색을 하는 것입니다. 이 물건이 바로 염색한 우리나라 머리카락입니다."

최 사장의 力說(역설)은 계속되었다.

"지금까지 우리는 머리카락을 그대로 수출했습니다. 원자재로 일본에

판 것이지요. 가발을 만드는 것은 완전히 수공업적인 작업입니다. 여자가 손끝으로 머리카락 하나하나를 꿰매어야 합니다. 지금 일본이나 홍콩에서는 가발 제조 붐이 일고 있는데 우리나라는 한발 늦었습니다. 그러나 우리나라의 저렴한 인건비로 충분히 경쟁이 가능합니다. 수출가득액도 거의 100%입니다. 인모를 그대로 수출하는 것보다는 가발을 만들어 수출하면 2~3배의 수출 증가가 가능합니다."

흥미가 동한 박 장관이 "얼마나 수출할 수 있소?"하고 물었다.

"가발은 과거 선진국에서는 사치품이었습니다. 그런데 최근 붐이 일기 시작했습니다. 미국에서는 생활필수품이 되어가고 있습니다. 특히 흑인 여성에게도 인기입니다."

"그럼 흑인 여성이 노란 가발을 쓴단 말이오?"

"아닙니다. 흑인은 검은색 가발을 씁니다. 미장원에서 소요되는 시간과 비용을 절약하자는 것입니다. 수요는 얼마든지 있다고 봅니다."

박 장관이 "정부가 무엇을 도와드릴까요"하고 물으니 최 사장은 "단지 원모 수출을 금지시켜 주십시오"라고 했다.

가발 수출은 1964년에 처음 이루어졌다. 1만 4,000달러 어치. 1965년에는 155만 달러로 늘었다. 이 해 말에 행운이 찾아왔다. 미국이 공산 월맹을 지원하는 중공산 머리카락으로 만든 가발에 대해 수입금지 조치를 취한 것이다. 일본이나 홍콩은 중공산 머리카락으로 가발을 만들고 있었는데 원료 공급이 막혀버리는 바람에 미국 시장은 한국가발의 독차지가 되었다. 국내 가발업체도 40여 개 사로 늘었다.

수출은 빠르게 늘어났다. 1966년엔 1,062만 달러, 1967년엔 1,978만 달러, 1968년엔 3,055만 달러, 1969년엔 5,336만 달러, 1970년엔

9,357만 달러. 1970년엔 가발이 총수출량의 9.3%를 차지하면서 단일품목으로는 의류, 합판 다음의 제 3위였다.

이때 맥나마라 세계은행 총재가 한국을 방문한 적이 있었다. 그의 부인을 吳源哲 당시 상공부 차관보가 안내하여 서울 구로공단에 있는 서울통상 가발공장으로 모셨다.

〈그 공장에는 1,000여 명의 여공들이 유니폼으로 단장하고 열심히 일하고 있었다. 전부 20세 내외의 젊은 처녀들이다. 부인은 공장에 들어서자마자 움찔하고 걸음을 멈추었다. 얼굴을 보니 멍한 표정이었다. '이럴 수가 있을까' 하고 생각하는 듯했다. 가발공장이라고 하면 10여 명의 아주머니나 아저씨가 가내공업적으로 만드는 광경을 연상했을 것이다. 그런데 1,000여 명이나 되는 젊은 아가씨들이 만들고 있으니 놀랄 수밖에 없었다. 잠시 후 우리는 공장을 돌기 시작했다. 우리나라 여자들의 손끝이 어찌 그리 재주가 좋은지, 어찌 그리 손놀림이 빠른지, 머리카락 하나하나를 천에다 꿰매는 솜씨는 神技(신기)에 가까웠다. 부인은 그저 "원더풀, 원더풀"만 연발했다〉(오원철, 《한국형 경제건설-엔지니어링 어프로치》에서 인용)

1965년 1월 9일 연두기자회견에서 박 대통령은 국가 중요 시책 일곱 가지를 설명했는데 그 가운데 제 6항이 중소기업의 수출전환이었다. 박 대통령은 "종래의 나열식 중소기업 육성책을 지양하고, 금년에는 300개 업체를 수출업체로 전환시키겠다"고 다짐했다.

이해 3월 2일 청와대에서는 중소기업육성책을 논의하는 최고정책회의가 열렸다. 吳源哲 상공부 공업 1국장은 중소기업체를 수출 쪽으로 전환시키기 위해 특화산업을 지정하여 집중적으로 육성하여야 한다고 강조하면서 정부의 적극적인 지원방안을 구체적으로 보고했다. 이 보고를 다 들은 박 대통령은 두 가지 지시를 내렸다.

"브리핑한 대로 중소기업육성시책을 강력히 추진하시오. 전국의 지방 장관들에게도 수출산업을 적극적으로 지원하도록 지시하시오."

박 대통령은 또 "지방 시도의 상공행정 담당기구를 강화하라. 상공과 도 없는 도가 있으니 공업 발전을 하겠는가"라고 말했다. 1963년의 광고 업 센서스에 따르면 고용인원 200명 이상의 대기업체는 229개소뿐이고 그보다 작은 중소기업체수는 1만 8,068개였다.

한편 오원철 국장은 중소기업이 경제의 중추를 이루고 있는 대만을 방문하여 성공 요인을 분석했다.

여성 인력의 진출

상공부 공업 1국장 吳源哲은 한국의 중소기업을 수출업체로 전환시키는 전략을 짜는 과정에서 대만의 중소기업 연구를 위해 현지를 방문했다.

그는 대만의 중소기업은 우리나라와는 본질적으로 다른 생리를 가졌다는 것을 발견했다. 그들은 정부에 기대하는 것도 없고 정부도 그들의 업무에 간여하지 않았다. 그만두는 것도 간단하고 새로운 사업을 시작하는 절차도 간단하다.

대부분의 중소기업체가 가족회사이다. 식구가 종업원이다. 학생인 자녀들은 방과 후에 회사 일을 돕는다. A라는 사람이 창업을 하면 친구들이 모여 의논을 하고 도와주자는 결정을 하면 친구들이 돈을 모아서 출자를 한다. 이 출자금엔 이자가 없고 나중에 원금만 갚으면 된다. 은행에서도 약간의 담보만 있으면 대출받기가 쉽다.

이윤을 남기면 이 은행 빚부터 갚는다. 이것이 그들의 국민성이다. 다시 공장을 확장하고자 할 때는 은행 빚을 거의 다 갚았을 때 은행을 찾는다. 은행의 융자 조건은 사업성이다. 연줄이나 압력이 통하지 않는다. 의리와 신용의 세계이다. 빚지는 것을 싫어하니 기업의 내실은 튼튼할 수밖에 없다. 이런 강점은 아시아를 휩쓴 1997년의 금융위기에서 實證(실증)되었다.

吳源哲 국장은 대만의 중소기업을 시찰하고 돌아와서는 그들의 장점을 업계에 소개하면서도 내심으로는 우리로서는 한계가 있다는 생각을 했다고 한다. 그저 담보 범위 안에서 융자나 잘 되었으면 하는 생각이었다는 것이다.

당시 우리 중소기업의 문제는 자금력이 약하고 팔 곳이 좁다는 점이었다. 이것을 해결하기 위해 상공부가 전국의 약 2,000개 중소기업을 선정하여 그들을 상대로 수출업체로 전환할 업체를 모집한 결과 1965년 말 542개 업체가 응모했다. 이들 업체에 대해서는 '수출품 생산 지정업체' 란 간판을 달게 했다. 자부심부터 심어주자는 뜻이었다.

오원철 국장은 생산성본부에 맡겨 '중소기업에 어떤 업종을 수출산업으로 육성하도록 지도할 것인가' 를 연구하게 했다.

그 선정 기준은 비교생산비가 외국에 비해서 낮을 것, 외화가득률이 높을 것, 고용률이 높을 것, 수출 실적의 증대가 기대되는 것, 그리고 해외시장성이 좋은 것. 이 기준에 따라 13개 품목이 선정되었다. 생사 및 견사, 견직물, 도자기 제품, 고무 제품, 라디오 및 전기기기, 어패류 및 양송이 통조림, 毛(모)제품, 합판, 면직물, 의류, 피혁제품, 공예품(갈포

벽지 포함), 잡화류(양식기 및 가발).

이 품목을 特化(특화) 산업 혹은 특화 품목이라 부르기로 했다. 특화란 '수출업종으로 전환하여 특별히 중점 육성키로 한 업종'이란 뜻이었다. 오원철 공업국장은 또 수출업체로 전환한 중소기업체에 대한 정부의 지원체제를 갖추었다. 그는 "각 과에서는 외국 기계의 카탈로그를 될 수 있는 대로 많이 구하라. 그 기계의 내용을 파악하여 업자에게 알려주는 것이 제일 도움이 된다. 중소기업 사장들은 공장을 상호 방문하도록 하라. 一見(일견)이 百聞(백문)보다 낫다"고 했다.

지방 행정조직의 상공과에 대해서는 연도별 수출계획서를 작성하고 매월 실적을 보고토록 했다. 연말에는 청와대에 지방별 수출 실적이 보고 되니 시장, 도지사들이 뛰지 않을 수 없었다.

1966년의 경우 전국의 시도에서 작성한 중소기업 수출목표는 총 5,000만 달러였다. 이 해의 수출 목표는 2억 5,000만 달러였고 그 가운데 공산품은 1억 5,872만 달러였다. 수출 공산품의 약 3분의 1을 중소기업에서 해내기로 했다는 얘기이다.

중소기업이 수출전선에서 맹활약을 하는 가운데 여성 인력들이 경제개발에 동원되기 시작했다. 이때는 가족계획이 본격적으로 실시될 무렵이었다. 가족 부양의 부담이 줄어든 많은 주부들도 중소기업의 생산현장으로 몰려갔다. 가발과 함께 초창기의 중소기업 수출을 주도한 것은 '홀치기'였다. 일본어로는 '시보리'라고 하는데 일어를 쓰는 것이 뭣하다고 해서 만든 용어였다.

명주는 원래 얇은 천인데 이 천을 좀 두텁게 보이게 하면서 각종 문양을 짜 넣고 염색한 것이 시보리이다. 이 문양은 기계로 짜 넣는 것이 아니라 수공업적으로 한 바늘 한 바늘씩 일일이 짜 넣어야 하는 것이다.

1964년에 홀치기 제품은 약 9만 달러어치가 일본으로 수출되었다. 다음해엔 수출액이 115만 달러, 1966년엔 287만 달러, 1967년엔 1,442만 달러, 1969년엔 2,587만 달러에 달했다. 이 해엔 전국에서 11만 2,000명의 여성들이 이 홀치기에 종사하고 있었다. 이렇게 수출이 늘어나니 生絲(생사) 공급을 위해서 養蠶(양잠)을 장려하게 되었다.

중소기업의 수출전환을 실무적으로 주도했던 오원철 국장은 이렇게 말했다.

〈중소기업의 수출전선에서 필요한 노동력은 가냘픈 처녀들의 손이었다. 머리카락을 판 것도 가난한 처녀들이요, 이 머리카락으로 가발을 만든 것도 이들이었다. 홀치기로 밤을 새운 것도 여자들이었다. 우리나라는 가난한 나라이니 여자가 살림을 꾸려갈 수밖에 없었던 시절이다. 남자들에게는 아직 일감이 없었다〉(오원철, 《한국형 경제건설-엔지니어링 어프로치》 제2권에서 인용)

수출 사령탑의 面面

1965년은 우리나라 수출이 섬유공업을 중심으로 가속도가 붙기 시작한 해였다. 수출전선의 최고 사령관은 박정희 대통령이고 야전사령관은 박충훈 상공장관, 부사령관은 김정렴 차관, 主攻 사단장은 오원철 공업1국장이었다. 김정렴-오원철 팀은 경공업 시대인 1960년대에 이어 중화학공업 시대도 열었다. 두 사람은 1970년대엔 대통령 비서실장과 방위산업 및 중화학공업 담당(중화학공업기획단 단장 겸임) 제2경제수석

비서관 사이로서 한 시대를 이끌었다.

박충훈 장관은 공군 소장 출신, 김정렴은 일제 시대 예비사관학교 출신, 오원철은 서울대 화공과를 졸업한 뒤 공군에 입대해 소령으로 제대한 경력의 소유자들이었다. 장교·이공계 출신 엘리트가 한국 수출전략의 기본을 짰다는 것은 많은 생각을 하게 한다.

실천력, 계획성, 과학정신을 공유하고 있는 군·이공계 출신들의 영향력이 근대화 과정에 많이 반영된 것은 박정희 대통령 자신이 포병 출신으로서 사고방식이 기본적으로 이공계적인 면이 강했던 것과 관계가 있을 것이다. 1998년 〈월간조선〉 8월호의 조사에 따르면 대학입학 정원에선 理科(이과)가 52%로서 文科(문과)의 48%를 앞섰지만 김대중 정부 부처의 국장급 이상 공무원 가운데서는 理科 출신이 21%에 지나지 않았다. 국가 지도부가 과학정신에 약하면 정책이 중구난방의 주먹구구식으로 흐를 위험성이 있다.

吳源哲은 한국 현대사에서 가장 성공한 엔지니어 출신 정책입안자로 꼽힌다. 그는 기발하고도 파격적인 발상으로 중화학공업 건설을 추진했다. 1950년대에 오 씨는 시발자동차 공장장, 국산자동차주식회사 공장장을 지내면서 한때는 기름 없이 달리는 자동차 연구에 골몰했던 적도 있었다.

이 시절 이승만 대통령은 기름 없이 달릴 수 있는 자동차를 개발하면 온갖 특혜를 다 주겠다는 엉뚱한 공약을 한 적이 있었다. 이 대통령은 가끔 북진통일론을 이야기했는데 그때마다 한국 내에서 석유공급과 판매를 독점하고 있던 코스코란 미국의 석유저장회사가 미국 대사관의 지시에 따라 석유 시판을 중단하는 방식으로 압력을 넣곤 했다. 화가 난 이승만 대통령이 이상한 방법으로 반발한 것이다.

5·16 군사혁명 직후 최고회의 기획위원회 조사과장으로 징발되어 경제개발계획에 참여하게 되었던 吳源哲은 1965년 초 대통령의 상공부 초도순시 때 섬유공업을 중심으로 하는 수출전략을 보고했다. 5·16 뒤 선진 행정 기술의 군사문화가 행정부에 깊게 침투하면서 브리핑 또는 차트 보고가 중요해졌다. 박 대통령 앞에서 이런 보고를 잘해서 출세한 사람도 있는가 하면 작은 실수로 경력을 망친 사람이 생겨나기도 했다. 자연히 장관은 보고 자료에 신경을 많이 쓸 수밖에 없었다.

박충훈 장관은 기획실장이 종합한 보고 자료를 김정렴 차관에게 읽어 보라고 주었다. 김 차관은 내용을 훑어보더니 "잠시 시간을 주십시오"하고는 사라졌다. 두 시간 뒤에 나타난 김 차관의 손에는 자신이 완전히 다시 쓴 원고가 들려 있었다.

부하들이 박 대통령한테 보고를 할 때는 사인펜으로 백지에 크게 글씨를 쓴 다음 이를 한장 한장 넘기면서 했다. 설명하는 사람이 잊어버리지 않도록 차트 한 구석에다가 연필로 깨알처럼 써둬도 넘기고 나서 "아차!"하고 후회하는 수가 많았다. 막대기를 절도 있게 차트에 갖다대면서 보고하는 사람을 돕기 위해서 보조원이 붙어 서서 차트를 넘기는 일을 맡는데 가끔 이를 찢어놓는 실수를 범해 혼이 나기도 했다.

1965년 초 박 대통령의 상공부 연두순시 때 오원철 국장은 "섬유공업을 중심으로 경공업 제품이 총수출 물량의 50%(중공업제품은 10%)를 담당하도록 하겠다"는 야심 찬 계획을 보고했다.

그는 "이렇게 해서 섬유공업이 발달하면 합성섬유(나일론·아크릴·폴리에스테르絲(사) 등)의 수요가 증가한다. 이를 수입하면 막대한 외화가 소요되니 국산화해야 한다. 즉 합성섬유공업을 1966년 후반기부터 육성해야 한다. 합성섬유공업의 원료를 공급할 석유화학공업 건설은 1967년에 착수해야 한다"고 역설했다.

이 단계적 발전전략은 한 단계의 수요증가를 압축해가다가 폭발 직전에 다음 단계로 밀고 가는 방식이었다. 그 도약의 타이밍을 잘 잡은 것이 우리나라 섬유·석유화학공업 발전의 한 비결이기도 했다.

박 대통령은 이날 상공부의 수출전략 보고에 만족하여 저녁에 상공부 국장급 이상을 청와대로 초청하였다. 그러나 브리핑 준비로 밤을 새웠던 국장들이 각자 뿔뿔이 흩어진 뒤였다. 집에 전화가 없는 사람들이 많아 소집이 되지 않았다. 며칠 뒤 박 대통령은 상공부에 격려용 돈 봉투를 내려 보냈다.

수출전선의 사령탑이었던 상공부의 요직에 있었던 면면들을 본다. 무역부문에서는 李喆承(이철승) 상역차관보, 金禹根(김우근) 상역국장, 沈宜煥(심의환) 상정과장이 트리오였다. 법과 규정에 밝은 이철승은 결재를 까다롭게 해 뒤탈을 없앴다. 김 국장은 추진력이 강하고 부하들을 잘 감싸주었다. 심의환은 산골인 경북 靑松(청송) 출신의 고등고시 합격자로서 작은 몸집에 好酒家(호주가)이고 친교가 넓었다. 이 세 사람은 이철승이 차관으로 승진하면 김우근은 차관보로, 심의환은 상역국장으로 대를 잇는 식으로 움직였다.

심의환은 나중에 총무처 장관으로 일하다가 박 대통령보다 며칠 먼저 세상을 떴다. 박 대통령이 피살되기 하루 전에 그가 마지막으로 쓴 편지가 심 장관의 미망인에게 보내는 위로 서신이었다.

상역국 수출진흥과장 자리에는 文基祥(문기상·뒤에 차관보 역임), 계장으로는 洪性佐(홍성좌·차관·무역협회 부회장 역임)·李東勳(이동훈·공업진흥청장·수출보험공사 사장 역임) 같은 사람들이 뛰었다.

봉제품

수출사령탑인 상공부의 공업부서를 지휘하던 인물은 李雨龍(이우룡) 차관보였다. 그는 해군대령 출신으로서 군수·경리 전문가였다. 몸집은 깡마른데 독주를 좋아했고, 사교에도 능해 각처에 아는 사람들이 많았다. 여야 국회의원들과도 친해 상공부에 문제가 생기면 발 벗고 나서서 해결했다.

국정감사 때 그의 실력이 유감없이 발휘되었다. 상공위원회 국회의원들이 지방의 국영기업체로 감사를 나갈 때는 李 차관보의 지휘하에 교통편, 숙소, 식사 준비는 물론 양말, 러닝셔츠, 팬티까지 준비했다. 와이셔츠도 의원 개개인의 치수를 알아 사놓아야 했다. 심지어 화장실에 간 국회의원이 "이봐 국장, 화장지가 없어"하고 소리치면 화장지를 갖고 뛰어야 했다. 그러면 화장실 문에서 손이 나와 화장지를 받던 일도 있었다고 한다(오원철 당시 공업1국장 증언). 吳源哲은 "당시는 상공부 직원은 모두 접대부였다"고 말했다.

공무원들도 국회의원들을 이용할 줄 알았다. 어느 상공부 산하 국영기업체에선 일이 잘 풀리지 않은 것이 있으면 야당 국회의원한테 부탁을 하여 국정감사장에서 상공부를 향해서 질문을 하게 해서 승인을 받아내기도 했다. 국회의원들이 석탄공사나 대한중석의 광산을 감사할 때는 일부러 깊은 막장까지 시찰하도록 하여 체력을 소진시키기도 했다.

문제는 감사 전날이었다. 광산촌에서 저녁식사를 끝내면 할 일이 없다.

이런 때에 대비하여 이우룡 차관보는 모 과장으로 하여금 '전문교사' 한테서 화투놀이 기술을 한 2년간 배우게 했다고 한다. 이 과장은 국회의원들과 함께 하는 화투판에 끼어들어 좋은 패를 주었다가 뺏는 식으로 흥분을 고조시켜나갔다. 종장에 가서는 이우룡 차관보에게 돈이 모이도록 화투판을 조종한다. 이 차관보는 딴 돈을 의원들에게 돌려주어 인심을 얻었다. 그리고 한 잔 하면 취침시간이 된다. 이 과장의 화투기술이 소문이 나는 바람에 몇 해 뒤엔 판이 끼지 못하게 되었다.

한국의 수출전략을 짜고 도약시킨 지휘관들 중엔 박충훈 차관, 이우룡 차관보, 오원철 국장처럼 장교 출신들이 중심적 역할을 했다. 군 출신들은 조직을 몰아붙여 難關(난관)을 돌파하고 생산성을 높이는 데는 장기가 있었다. 조직의 관리보다는 조직의 생산성, 즉 조직이 일을 하도록 만들어내는 데는 군 출신들이 뛰어났다.

상공부가 섬유공업을 수출전략산업으로 설정하고 집중적으로 육성하는 데 있어서 우선순위를 둔 것은 최신기계의 도입과 공장 간의 기술 장벽을 허무는 것이었다. 상공부에선 면방업계 공장장들을 불러놓고 서로 공장견학을 하도록 하라고 지시했다. 그때까지는 회사비밀과 기술이 누설된다고 공장견학을 서로 금지시켜 놓고 있었다. 상공부에선 "만약 공장견학을 허용하지 않는 곳이 있으면 기계 부속품을 도입하지 못하도록 하겠다"고 엄포를 놓아야 했다.

섬유공업 중에서도 맨 먼저 세계의 수출전선을 뚫고 나간 것은 縫製品(봉제품)이었다. 봉제품이란 와이셔츠, 아동복, 원피스 등 재봉틀을 돌려서 만드는 모든 제품을 말한다. 1963년엔 10만 달러도 수출하지 못했으나 이듬해에는 403만 달러를 수출했다. 상공부에선 1971년엔 5,000만 달러를 수출하겠다는 계획을 세웠다. 1965년엔 700만 달러가 수출목표였는데 1,152만 달러어치의 봉제품이 수출되었다. 1968년엔 5,118만 달러어치를 수출했다. 상공부는 생산현장의 문제점을 찾아 해결하는 역할을 했다.

어느 날 공업 1국장 오원철이 서울 돈암동 근처 삼호방직 계통의 봉제공장을 찾아갔다. 공장 안으로 들어가 보니 壯觀(장관)이었다. 수백 명의 젊은 여성들이 재봉틀 한 대씩을 맡아 똑 같은 자세로 일하고 있었다. 근로자들의 위치도 바둑판처럼 전후좌우로 일직선을 이루고 있었다. 사람이 와도 여공들은 거들떠보지도 않고 작업에 열중하고 있었다. 한눈 팔 틈이 없어 보였다. 바느질하는 손놀림이 어찌 빠른지 재봉틀 소리가 꼭 소나기 소리 같았다.

검사실에 가니 여성 검사원이 "금년은 작년의 배를 수출할 계획입니다"라고 자랑했다. 내가 만든 물건을 수출한다는 자부심이 서린 표정. 오원철 국장은 '아, 이게 바로 국력이구나' 라고 생각하니 열심히 도와주어야겠다는 책임감을 생기는 것을 느꼈다. 공장장실로 가서 물었다.

"기계는 전부 日製(일제)이지요."

"예, 아직 전기식 재봉틀은 국산이 안 됩니다."

"천은 전부 수입합니까?"

"국산 천은 아직 멀었습니다. 고급 천도 안 나옵니다. 외국에서는 합성섬유와 면을 혼방한 천이 나오는데 우리는 아직 생산을 못 합니다. 염색도 문제가 많습니다."

"재봉실은 국산화되었습니까?"

"국산 실은 자꾸 끊어지고 꼬여서 못 씁니다."

문제가 첩첩산중이었다. 오원철은 상공부로 돌아와서는 담당과장을 불러 우선 재봉실 문제라도 해결해 주라고 지시했다. 2년의 세월이 흘러 동일방직에서 재봉실을 국산화할 수 있었다.

吳 국장은 섬유담당 과장에게는 "당신은 우리나라의 특공대장이오. 섬유과에서 수출을 늘리지 못하면 우리나라는 파산이오. 부탁하오"라고 당부했다.

메리야스

봉제품 수출을 앞지르기 시작한 섬유제품은 메리야스 제품이었다. 메리야스란 실 한 가닥으로 만든 옷가지를 말한다. 티셔츠, 팬티, 양말, 스웨터, 장갑 같은 것들이다. 1965년에 봉제품과 비슷한 1,109만 달러어치의 수출을 기록했던 메리야스 제품은 이듬해엔 2,519만 달러, 1968년에는 6,538만 달러어치의 수출을 달성했다. 스웨터는 스웨덴에 특히 많이 수출되었다. 한때는 스웨덴 사람들 두 명 중 한 명은 한국산 스웨터를 입었다. 메리야스 공장도 주로 여공들로 채워졌다.

섬유 수출전선의 일선 사단장 격이던 오원철 상공부 공업 1국장이 서울 용산 삼각지 근처 미원산업을 방문했다. 여사장이 안내했다. 긴 작업대에 붙어 앉은 여공들이 열심히 수를 놓고 있었다. 천에 수를 놓는 것이 아니라 스웨터 위에 각종 색깔의 털실을 가지고 큼직한 무늬를 뜨개질하고 있는 것이었다. 꽃도 있고 동물도 있고 집도 있었다. 제품 진열실로 안내한 여사장이 말했다.

"스웨터 값을 제대로 받으려면 디자인이 중요합니다. 같은 모양은 일시에 많이 팔리지 않습니다. 여러 가지 모양을 소량 만들어야 합니다. 바이어가 와서 소량, 다종을 주문하기 때문입니다."

이 해 한일 무역실무자 회의가 상공부에서 열렸다. 오원철 국장은 디자인 문제를 거론했다. 회의가 끝나고 나서 한 일본인이 오 국장에게 다가오더니 말을 걸었다.

"디자인 문제를 이야기하는 것을 보니 한국도 많은 진보를 했다고 생각되는군요. 디자인은 딴 나라에서는 수입할 수 없는 분야라서 스스로 해결해야 합니다. 디자인은 유행 따라 변하니까요. 오히려 디자인이 유행을 창조한다고 보아야 할 것입니다."

모직, 견직물 수출의 不振(부진)에서 디자인이 중요하다는 것을 실감하고 있었던 오원철은 서울대 미대 李順石(이순석) 교수를 찾아가 의논했다. 세 가지 대책이 제시되었다.

첫째, 분위기 조성을 위해서 商工(상공)미술대전을 매년 개최한다.

둘째, 디자인센터를 만들어 인재를 모으고 업계를 지원한다. 우선 포장지와 글씨 디자인부터 연구한다.

셋째, 각 대학에 디자인과를 증설한다.

봉제품과 메리야스 제품과 함께 면제품의 수출도 늘었다. 1964년에 1,278만 달러, 1968년엔 2,109만 달러어치를 수출했다. 면제품은 옷을 만드는 원재료이다. 수출용 봉제품에 대한 原緞(원단)으로 공급되고 남은 것을 수출하기 시작한 것이다. 상공부는 면직물을 짜는 織機(직기)가 일제시대에 설치된 것이 대부분이라 이를 신식 직기로 대체시키는 데 주력했다.

1938년 미국에서 발명된 나일론은 합성섬유 시대를 열었다. 1959년 우리나라에 처음으로 나일론 필라멘트(나일론 실)가 수입되었다. 이 필라멘트를 가공하여 제품을 만들기 쉽도록 하는 것을 스트레치라고 하는데 이런 가공 공장들이 1964년 현재 16개소가 있었다.

재일동포 출신인 李源萬(이원만), 李源千(이원천) 형제는 대구에 한국나일론이라는 스트레치 공장을 갖고 있었다. 형제는 1963년엔 日産(일산) 2.5톤의 나일론 原絲(원사) 공장을 준공했다. 이것이 한국 합성섬유 공업의 출발점이 되었다. 이듬해엔 이병철, 趙洪濟(조홍제)가 한일나일론(뒤에 동양나일론에 흡수) 공장을 세웠다.

이해 경남모직의 金翰壽(김한수) 사장이 마산에 日産 7.5톤의 아크릴 파이버 공장(한일합섬)을 건설했다. 1968년엔 綿紡(면방) 업체들이 공동으로 투자하여 울산에 일산 6톤짜리 폴리에스테르 공장을 세웠다. 선경합섬, 동양나일론, 고려합섬 등 합성섬유 공장들이 잇따라 세워지면서 섬유공업은 전방위로 발전, 성장하기 시작한다.

당시 제조업 종사자들은 국군 장병수(약 60만 명)보다도 약간 적었다. 섬유공업에는 약 11만 명의 종업원들이 있었다. 대부분이 여성인력이었다. 이 훈장 없는 여전사들에 의해서 수출전선이 지탱되었다.

오원철은 "일선에서 싸우는 병사들과 그들이 무엇이 다르겠는가. 비가 안 오면 농민을 생각하며 걱정했고, 여공이 땀을 흘리면 닦아주고 싶었다. 지금도 그들 생각만 하면 '고맙습니다. 여러분들이 나라를 구해주었습니다'라고 인사를 하고 싶어진다"고 회고했다.

박정희 대통령은 어느 날 마산의 한일합섬 공장에 들렀다. 수천 명의 여공들이 수출용 스웨터를 만들고 있었다. 시골에서 올라온 앳된 소녀들은 나이보다도 어려 보였으며 키도 작았다. 박 대통령은 한 여공의 머리를 쓰다듬으며 소원이 무엇이냐고 물었다.

"공부 못 한 것이 한입니다. 영어 글씨를 모르니 감독님 말씀을 알아들을 수 없습니다."

눈물이 글썽이는 여공을 바라보던 박 대통령의 시선은 옆에서 안내하던 김한수 사장 눈과 마주쳤다. 박 대통령이 "김 사장"하고 말을 꺼내자마자 김 사장은 "당장 야간학교를 개설하겠습니다. 중학교 과정부터 시작하겠습니다"라고 했다.

"돈 없어 공부 못 한 것이 한이라는데 시설을 충실히 해주시오. 공부한다는 자부심을 느끼게."

한일합섬에서는 여공들을 위한 야간고등학교를 설립했다. 박 대통령은, 이들에게 수료증은 줄 수 있지만 졸업장을 줄 수는 없다고 버티는 문교부 장관에게 특명을 내려 그런 규정을 뜯어고치게 했다.

공부 못 한 한을 품고 그래서 더욱 열심히 땀 흘려 수출한국의 일선을 지켰던 여공들은 그 뒤 어머니들이 되었고 자식들 교육에 힘을 쏟아 대학에 보냈다. 여공들의 자녀들은 공장으로 가지 않았다. 공장마다 여성 노동자들이 모자라게 된다. 30년 뒤의 이야기이다.

13년 8개월 만의 結實

우리나라가 석유산업에 기초한 섬유공업을 발전시켜 나가고 있을 때 북한은 이런 세계적인 대세와는 거꾸로 가고 있었다.

李升基(이승기) 박사. 서울공대 교수로 있다가 6·25전쟁 중 북한으

로 간 그는 김일성의 신임을 받으면서 1961년 흥남에 年産(연산) 2만 톤
짜리 비날론 공장을 지었다. 세계 최대의 비날론(이것은 북한식 명칭이
고 원명은 비닐론) 공장이었다. 비날론은 카바이드에서 뽑아내는 합성
섬유이다. 즉 석탄에 기초한 화학공업인 것이다.

비날론은 생산성과 질에서 나일론 같은 석유화학 계통의 합성섬유 제
품에 크게 뒤떨어졌다. 김일성은 석유 대신 석탄이 풍부한 북한에서 비
날론에 의존하여 입는 문제를 해결하려고 한 것인데 완전히 세계 과학
기술의 흐름에 역행하는 발상이었다.

비날론 공장을 건설한 방식도 사회주의식 비능률성의 극치를 보여주
었다. 15만 평의 거대한 공장을 짓는 데 1만 5,000개의 크고 작은 기계
가 필요했다. 북한은 이 기계를 일일이 제작하여 설치했다. 설계도면이
두 트럭분이었다고 한다. 그들은 공장에 들어갈 기계와 부품 하나하나
를 몽땅 설계하고 깎아 만들었다. 자동차 한 대를 만든다면서 부속품을
사오지 않고 일일이 만들어 조립한 식이다. 이렇게 만들었으니 가격은
얼마나 비싸겠는가. 이승기 교수로부터 배우기도 했던 서울공대 출신
오원철은 "낙후된 비날론 기술로 의복 문제를 해결하려고 한 북한은 지
금도 헐벗고 있다"면서 한때 세계적인 석학으로 추앙받았던 이승기도
김일성의 이른바 주체사상 때문에 "민족반역자가 되었다"고 지적했다.
이승기는 나중에 북한에 원자력연구소를 창설, 核(핵)개발에도 관여하
게 되었기 때문이다.

1965년 6월 22일 오후 일본 도쿄 총리관저 1층 대응접실. 한국 측 대
표 이동원 외무장관과 金東祚 주일대사, 일본 측 대표 시나 외상과 다카
스키 수석대표는 13년 8개월을 끌어온 한일회담에 종지부를 찍었다. 한

개의 조약, 4개의 협정, 2개의 의정서 등 총 29건의 문서에 네 사람이 교환 서명하는 데는 12분밖에 걸리지 않았다. 참의원 선거 지방유세 도중 도쿄로 돌아와 국교정상화 조약 조인식에 참석한 사토 총리가 이 역사적인 순간을 조용히 지켜보았다.

조인을 마친 뒤 일본 측은 100명이 넘을 것 같은 양측 대표자들 및 배석자들에게 일일이 샴페인 한 잔씩을 돌렸다. 굳은 표정의 사토 총리가 일어나 "양국의 번영과 우호를 위해 건배합시다"라고 선창했다. 참석자들은 잔을 높이 들고 한 모금씩 입에 대는 데 그쳤지만 애주가인 시나 외상은 잔을 비웠다. 조인식을 끝낸 양국 대표들은 서로 악수를 나누었지만 웃음기를 찾아볼 수 없었다.

즐거워할 수도 웃을 수도 없는 역사의 무게를 모두가 느끼고 있었다. 텅 빈 조인식장 기자석에 마지막까지 남은 일본인 기자가 곁에 있던 한국인 기자에게 "오늘 기사는 무슨 말로 시작해야지?"하고 말을 걸었으나 실없는 이야기처럼 들릴 정도로 분위기는 풀리지 않았다.

김동조 대사는 '난항에 난항을 거듭한 끝에 드디어 현안을 해결했다는 감격도 있었지만 그보다는 이제부터 한일관계를 어떻게 하면 새롭게 건설해갈 것인가 하는 책임감에 눌려서 기쁨을 느낄 여유가 없었다'고 회고록에 썼다.

조인식 날 아침까지 양국이 합의하지 못했던 것이 獨島(독도) 영유권 문제였다. 일본 측은 '독도 영유권 문제가 존재한다'고 외교각서에 기록을 남겨두자고 했다. 우리 측은 '독도 문제는 존재하지 않는다'는 기존 입장을 양보하지 않았다.

실질적으로 일본 측을 대표하여 회담을 이끌어왔던 우시바(牛場信彦)

심의관은 비공식으로 김동조 수석대표를 만난 자리에서 이런 아이디어를 냈다고 한다.

"한국이 다케시마(竹島−독도의 일본명)의 일본 영유를 인정할 수 없듯이 우리도 국민 감정상 독도를 인정할 순 없습니다. 구린내 나는 물건은 뚜껑을 덮어두자는 말이 있습니다. 일본 외무성이 독도문제와 관련한 문서를 매년 한 차례씩 한국 측에 전달하면 귀측에선 이를 매번 묵살하면 되지 않습니까."

결국 독도의 명칭을 거론하지 않고 '분쟁해결에 관한 교환공문'(일반 원칙을 기술한 공문)에 애매하게 이 문제를 기술하기로 합의함으로써 우리는 '독도문제는 존재하지 않는다'는 입장을 지켜낸 셈이 되었다.

김동조 전 대사는 1996년 6월 23일 제주도에서 있었던 한일 정상회담 때 하시모토 일본 총리의 발언에 김영삼 대통령이 말려들었다고 말하고 있다.

이날 하시모토는 1996년 3월 2일 방콕의 아시아 · 유럽 정상회담(ASEM) 때 제기되었던 신해양법에 의한 어업 基線(기선) 200해리에 독도가 포함되면 영유권 문제와 관련된 여러 가지 문제가 발생할 것이 우려된다고 말했었다. 이에 대해 김 대통령은 "영유권 문제와 어업협정은 별개 문제로 하여 해결하자"고 답변함으로써 '한일 양국 간에 독도에 관한 영유권 문제가 현안으로 존재한다'는 일본 측의 주장을 인정한 셈이 되었다는 것이다.

김 전 대사는 "일본 언론까지 나서서 김 대통령과 한국 정부의 태도변화를 '유연한 자세' 운운하며 칭찬을 아끼지 않았던 사실이 잊혀지지 않는다"고 했다.

李承晩의 죽음

식민지와 지배국 사이로 맺어졌던 한일관계가 대등한 주권국가 사이로 새 장을 연 1965년 6월 22일 서울 시내는 1만여 명의 학생들과 야당 인사들이 참여한 '굴욕외교 규탄 시위'로 최루탄·곤봉·삐라가 난무하는 수라장으로 변했다.

다음날 밤 8시 청와대에서 박정희 대통령은 라디오 및 텔레비전으로 중계된 연설에서 금속성 목소리로 특별담화를 읽어 내려갔다. 이 담화문은 박 대통령의 대일관을 잘 보여준다. 그는 패배주의적인 대일관을 비판하면서 자신의 소신을 강한 어투로 표현했다.

"나는 우리 국민 일부 중에 한일교섭의 결과가 굴욕적이니 저자세니 심지어 매국적이라고까지 극언을 하는 사람들이 있다는 것을 잘 알고 있습니다. 나는 지금까지 그들의 주장이 정부를 편달하고 정부가 하는 교섭의 입장을 강화하는 데 도움도 될 수 있으리라는 점에서 이것을 호의적으로 받아들였습니다. 그러나 그들의 주장이 진심으로 우리가 또다시 일본의 침략을 당할까 두려워하고 경제적으로 예속이 될까 걱정을 한 데서 나온 것이라면 나는 그들에게 묻고 싶습니다.

어찌하여 그들은 그처럼 자신이 없고 피해의식과 열등감에 사로잡혀 일본이라면 무조건 겁을 집어먹느냐 하는 것입니다. 이같은 비굴한 생각, 이것이 바로 굴욕적인 자세라고 지적하고 싶습니다. '일본 사람하고 맞서면 언제든지 우리가 먹힌다'는 이 열등의식부터 우리는 깨끗이 버려야 합니다. 우리의 근대화 작업을 좀먹는 암적인 요소는 우리들 마음 한구석에 도사리고 있는 패배주의와 열등의식 및 퇴영적인 소극주의,

바로 이것입니다.

　나는 이 기회에 일본 국민들에게도 한마디 밝혀둘 일이 있습니다. 과거 일본이 저지른 죄과들이 오늘의 일본 국민이나 오늘의 세대들에게 책임이 있다고 생각하지는 않습니다. 그러나 '일본은 역시 믿을 수 없는 국민이다' 하는 對日(대일) 불신 감정이 우리 국민들 가슴속에 또 다시 싹트기 시작한다면 이번에 체결된 모든 협정은 아무런 의의를 지니지 못할 것이라는 것을 이 기회에 거듭 밝혀두는 바입니다."

　도쿄에서 조인식을 마친 다음날 귀국한 이동원 외무장관은 역사적 문서를 들고 청와대로 들어갔다. 박 대통령은 두 손을 서류에 얹고는 흐뭇한 표정으로 한동안 들여다보다가 독백처럼 말하더란 것이다.

　"대체 이 서류 몇 개를 가져오는 데 몇 년이 걸린 건가…."

　연하구 외무부 아주국장이 "자유당 시절부터 햇수로 15년입니다"라고 했다.

　"15년이라, 그것 참, 그렇지만 앞으로 150년이건 1500년이건 잘 돼야 할 텐데…."

　1965년 7월 19일 하와이 호놀룰루의 마우나라니 靜養院(정양원)에서 치료를 받고 있던 이승만 초대 대통령이 부인 프란체스카 여사, 양자 李仁秀(이인수), 재미동포 崔伯烈(최백렬)이 지켜보는 가운데 운명했다. 향년 90세. 의식을 잃은 지 1년이 넘은 그는 큰 숨을 한번 몰아쉬고는 조용히 숨을 거두었다. 유언을 남길 처지가 아니었다.

　프란체스카 여사는 눈물을 닦으면서 이인수에게 "절대로 남 앞에서는 눈물을 보이지 말라"라고 당부했다. 프란체스카 여사는 늘 들고 다니던 팬암 항공사 상호가 찍힌 낡은 쇼핑백에 성경과 찬송가를 담아 들고는 병실을 나섰다.

이승만 전 대통령을 마지막으로 위문한 정부 요인은 이동원 외무장관이었다. 그는 넉 달 전 미국 방문을 마치고 귀국하는 길에 정양원을 찾았다. 이 전 대통령은 사람을 전혀 알아보지 못한 채 바다가 보이는 창가에 누워 있었고, 간호사를 고용할 돈도 없던 프란체스카 여사가 소파를 침대처럼 쓰면서 옆에서 看病(간병)하고 있었다고 한다.

이 장관이 돌아와 박 대통령에게 이승만의 처지를 전하면서 "프란체스카 여사의 부탁입니다만, 머지않아 돌아가시게 될 터인데 고국에서 묻힐 수 있게 해달라고 합디다"라고 보고했다. 박 대통령은 깊은 생각에 잠긴 채 묵묵부답이었다.

7월 21일 호놀룰루 한인 기독교회의 영결식장에서 말년의 이승만과 가장 가깝게 지냈던 미국인 친구 보스윅은 故人(고인)을 덮은 베일을 걷어낸 뒤 이마를 만지면서 울부짖듯이 말했다고 한다(이인수 증언).

"나는 자네를 알아, 나는 자네를 알아. 자네가 얼마나 조국을 사랑하고 있는지, 자네가 얼마나 억울한지를 내가 잘 안다네. 이 친구야, 그 일 때문에 자네가 얼마나 고생을 했는지, 바로 그 애국심 때문에 자네가 그토록 비난을 받고 살아왔다는 것을 내가 잘 안다네, 이 친구야…."

한 시간 가량 걸린 영결 예배가 끝나자 영구차는 하와이 경찰의 경호를 받으면서 히켐 공군기지로 향했다. 이승만 전 대통령이 살아서 귀국하는 것을 막았던 박정희 정부는 죽어서 귀국하는 것은 허용했다.

국내에서는 장례 절차를 두고 논란이 빚어졌다. 국장, 국민장, 사회장, 또는 가족장, 어느 쪽으로 할 것인가.

4·19 혁명 직후 하야한 이승만의 뒤를 이어 과도정부를 이끌었던 허

정 전 수반은 "무엇보다도 아쉬웠던 것은 정부가 이 박사의 소원을 들어주지 않아 그분이 고국에서 눈을 감지 못했다는 점이다"라고 말하면서 "장례식이나마 국장으로 했으면 한다"고 했다.

金泳三 민중당(민정당과 민주당이 합당하여 만든 야당) 대변인은 "적잖은 정치적 과오가 있긴 하지만 평생을 조국의 독립투쟁에 몸바쳐왔으며, 초대 대통령을 지냈다는 것을 감안하여 전 국민과 더불어 깊은 애도의 뜻을 표한다"고 했다.

4월 혁명동지회 등 일부 단체에선 국장, 국민장, 사회장 그 어느 것도 안 된다면서 반발하기 시작한다.

애도 人波

1965년 7월 20일 오후 정부는 국무회의에서 李承晩 전 대통령의 장례를 국민장으로 결정했다. 이석제 총무처 장관이 장례준비소위원회 위원장이 되었다. 李 장관이 박정희 대통령에게 보고를 하니 박 대통령은 "하여튼 정부로서 최선을 다해 도와주기 바라오"라며 간단하게 언급했다. 이 장관은 평소 박 대통령의 이승만 전 대통령에 대한 배려가 각별하다고 느끼고 있었다.

"많은 사람들이 오해를 하고 있는 것 중 하나가 당시 이 박사의 귀국을 박 대통령이 막은 것이 아니냐 하는 점인데, 그것은 당시 상황을 모르고 하는 말입니다. 이 박사 말년에 벌어진 부정선거와 4·19 등 失政(실정)의 여파가 정부에 큰 짐이 되고 있었습니다. 언론들도 국장에 절대 반대 입장이었습니다."

이승만 대통령을 모셨던 張澤相(장택상), 李範奭(이범석), 卞榮泰(변영태) 전 총리 등과 任興淳(임흥순) 전 서울시장 등은 國葬(국장)을 고집했고, 4월 혁명동지회원들은 국장이든 國民葬(국민장)이든 社會葬(사회장)이든 결사반대한다며 단식투쟁을 벌이고 있었다. 대다수 언론들도 4월 혁명동지회와 비슷한 태도로 사설을 쓰곤 했다.

李錫濟 장관은 국장으로 할 경우 반대여론이 드셀 것을 고려해서 국민장으로 하되 격식은 국장으로 하는 것이 정부로서 최선을 다하는 길이라고 판단했다.

7월 23일 오후 3시, 이승만의 유해를 실은 미 공군 수송기가 '고향생각'이 연주되는 가운데 김포공항에 도착했다. 프란체스카 여사는 하와이에서 과로로 입원, 서울로 오지 못했다. 박정희 대통령은 이효상 국회의장, 조진만 대법원장, 정일권 국무총리 등 3부 요인들을 데리고 공항으로 나가 5년 1개월 24일 만에 돌아오는 건국 대통령의 유해를 맞았다.

윤치영(이승만 정부에서 내무부 장관 역임) 서울 시장이 정일권 총리와 함께 비행기에 올라왔다. 윤 시장은 국민장을 할 수밖에 없는 사정을 양자 이인수에게 설명하려 했다. 그런 윤 시장이 매정하게 보이기만 했던 喪主(상주) 이인수는 아무 말도 하지 않은 채 유해를 따라 차에 올랐다.

영구차와 그 뒤를 따르는 세단의 행렬이 김포가도를 출발했다. 연도에는 많은 시민들이 나와 죽어서 돌아온 건국 대통령을 맞았다. 한국 부인회 소속 회원들이 검은 치마저고리를 입고 나와 꽃다발을 들고 이 박사의 유해를 기다리고 있었지만, 차량 행렬은 속도를 줄이지 않고 그냥 지나쳤다.

윤치영 시장은 차 안에서도 국민장을 수락하라고 이인수를 설득하다

이화장까지 따라 들어갔다. 문중 사람들은 상복을 갖춰 입고 길가에 나와 서 있었고 4·19 부상동지회원들은 '자유당 원흉들 사과하라. 이 박사 유해 못 들어온다'는 플래카드를 들고 이화장 앞에서 시위를 벌이고 있었다.

이 박사의 문중 사람들은 정부의 국민장 결정이 건국 대통령에 대한 홀대라고 생각했고, 4월 혁명동지회 등은 국민장이 너무 과분한 조치라며 정부를 규탄하면서 사흘째 농성 중이었다.

이날 밤 이승만의 양자 이인수는 "아버님은 자신의 死後(사후) 간소한 장례를 원하셨다"면서 정부가 결정한 국민장을 거부할 뜻을 비쳤다. 박 대통령은 舊자유당 인사들이 국민장에 불만을 품고 국장을 요구하고 있다는 보고를 듣고는 "정부가 국민장으로 양해했으면 고맙게 생각할 일이지… 개인장으로 지내겠다면 내버려두라"고 역정을 냈다고 보도되었다.

이석제 씨는 이를 부인했다.

"박 대통령은 그런 말씀을 하실 분이 아닙니다. 언론들이 비판적으로 보도하려는 성향이 강해서 만들어진 말로 알고 있습니다. 유족들과 정부 측 사이에는 사소한 장례 절차에 대한 논란이 더 많았습니다. 이 장례식은 철두철미하게 정부의 지도·배려하에 치러졌습니다."

7월 27일 아침 이승만 전 대통령의 유해는 이화장을 떠나 정동교회에서 장례식을 올렸다. 국립묘지로 運柩(운구)될 때 수십만 시민들이 연도에 몰려나와 애도를 표했다. 대중의 반응은 언론의 비판적 論調(논조)와는 사뭇 다른 것이었다.

이 장관은 이날 아침 서울 시청 옥상에 올라가 사방을 둘러보았다. 시선이 닿는 곳마다 사람들로 꽉 차 있었다. 이석제는 '이래 가지고는 장레 행렬이 제대로 지나갈 수 있을까' 하고 걱정했다. 정부가 동원한 인파도 아닌데 시민들은 한결같이 건국 대통령에 대한 존경과 애도의 염을 품고서 거리로 모여 나온 듯했다. 이석제 씨는 6 · 25 당시 중대장으로 전선에서 죽을 고비를 숱하게 넘길 때가 떠올랐다고 한다.

"적군에게 포위되고 식량조달이 안 돼 사기가 뚝 떨어져 있을 때에도 라디오를 통해 들려오는 '결사적으로 싸워 달라' 는 李 대통령의 육성 한 마디가 군인들에게 다시 일어나 싸울 수 있는 힘이 되었습니다. 이날 연도에 나온 일반 시민들도 이 분의 말년에 失政(실정)은 있었지만 이 박사는 독립운동을 하시고, 광복 직후 좌익들이 사람들을 구름같이 끌어 모으며 혼란을 조성하고 있을 때 홀로 그 상황을 타개하고 자유 대한민국을 건국하신 분이란 점을 고맙게 여기는 진지한 표정이었습니다."

巨人을 보내는 巨人의 弔辭

1965년 7월 27일 오전 이승만 전 대통령의 유해를 실은 영구차는 서울 시내를 가로질러 제 1한강교를 건넌 뒤 국립묘지에 도착했다. 국립묘지에 안장되기 전에 간단한 영결식이 있었다. 박정희 대통령의 弔辭(조사)는 정일권 국무총리가 代讀(대독)했다.

독립 · 건국의 거인을 조국 근대화의 거인이 격조 높은 문장으로써 평가하고 애도하면서 역사의 장으로 떠나보내는 이 弔辭는 이승만을 '독립운동의 元勳(원훈)이요 건국 대통령' 으로 지칭하면서 시작된다.

〈돌아보건대 한마디로 끊어 파란만장의 기구한 일생이었습니다. 과연 역사를 헤치고 나타나 자기 몸소 역사를 짓고 또 역사 위에 숱한 교훈을 남기고 가신 조국 근대의 상징적 존재로서의 박사께서는 이제 모든 榮辱(영욕)의 塵世因緣(진세인연)을 끊어버리고 영원한 고향으로 돌아가셨습니다. 그러나 생전의 一動一靜(일동일정)이 凡人庸夫(범인용부)와 같지 아니하여 실로 조국의 명암과 민족의 安危(안위)에 직접적으로 연결되었던 세기적 인물이었으므로 박사의 최후조차 우리들에게 주는 충격이 이같이 심대한 것임을 외면할 수 없습니다.

일찍이 대한제국이 기울어가는 것을 보고 용감히 뛰쳐나와 조국의 개화와 반제국주의 투쟁을 감행하던 날, 몸을 鐵鎖(철쇄)로 묶고 발길을 荊棘(형극)으로 가로막던 것은 오히려 선구자만이 누릴 수 있는 영광의 특전이었던 것입니다. 그리고 일제의 침략에 쫓겨 해외의 망명생활 30여 星霜(성상)에 문자 그대로 혹은 바람을 씹고 이슬 위에 잠자면서 동분서주로 쉴 날이 없었고 또 혹은 섶 위에 누워 쓸개를 씹으면서 조국광복을 맹서하고 원하던 것도 그 또한 혁명아만이 맛볼 수 있는 명예로운 향연이었던 것입니다.

(중략) 그러나 집권 12년의 종말에 이르러 이미 세상이 다 아는 이른바 정치적 과오로 인하여 살아서 역사의 심판을 받았던 그 쓰라린 기록이야말로 박사의 현명을 어지럽게 한 간신배들의 가증한 소치였을망정 究竟(구경)에는 박사의 일생에 씻지 못할 오점이 되었던 것을 통탄해마지 못하는 바입니다. 하지만 오늘 이 자리에서 다시 한번 헤아려보면 그것이 결코 박사의 민족을 위한 생애 중에 어느 일부분일망정 전체가 아닌 것이요, 또 외부적인 실정 책임으로써 박사의 내면적인 애국정신을 말살하지는 못할 것이라 생각하며, 또 일찍이 말씀하신 "뭉치면 살고 흩어지면 죽는다"는 귀국 第一聲(제일성)은 오늘날 오히려 이 나라 국민들에

게 들려주시는 최후의 유언과 같이 받아들여져 민족사활의 箴言(잠언)으로 삼으려는 것입니다.

어쨌든 박사께서는 개인적으로나 민족적으로나 세기적 비극의 주인공이었던 것을 헤아리면 衷心(충심)으로 뜨거운 눈물을 같이하지 않을 수 없습니다마는 그보다는 조국 헌정사상에 최후의 십자가를 지고 가시는 '어린 양'의 존재가 되심으로써 개인적으로는 '한국의 위인'이란 거룩한 명예를 되살리시고 민족적으로는 다시 이 땅에 4·19나 5·16과 같은 역사적 고민이 나타나지 않도록 보살피시어 자주독립의 정신과 반공투쟁을 위한 선구자로서 길이 길잡이가 되어주시기 바라는 것입니다.

여러 가지 사정으로 말미암아 박사로 하여금 그토록 寤寐不忘(오매불망)하시던 고국 땅에서 임종하실 수 있는 최선의 기회를 드리지 못하고 이역의 쓸쓸한 海濱(해빈)에서 고독하게 최후를 마치게 한 것을 가슴 아프게 생각하는 바입니다.

(중략) 생전에 손수 創軍(창군)하시고 또 그들로써 공산 침략을 격파하여 세계에 이름을 날렸던 그 국군장병들의 英靈(영령)과 함께 길이 이 나라의 護國神(호국신)이 되셔서 민족의 多難(다난)한 앞길을 열어주시는 힘이 되실 것을 믿고 삼가 두 손을 모아 명복을 비는 동시에 유가족 위에도 신의 가호가 같이 하시기를 바라는 바입니다〉

7 개방형 大戰略

289

朴正熙 7 – 개방형 大戰略

지은이 | 趙甲濟
펴낸이 | 趙甲濟
펴낸곳 | 조갑제닷컴

초판 1쇄 | 2007년 4월 16일
개정판 2쇄 | 2018년 5월 23일
개정판 3쇄 | 2022년 1월 22일

주소 | 서울 종로구 새문안로3길 36
전화 | 02-722-9411~3
팩스 | 02-722-9414
이메일 | webmaster@chogabje.com
홈페이지 | chogabje.com

등록번호 | 2005년 12월 2일(제300-2005-202호)

ISBN 979-11-85701-19-6

값 12,000원